甘肃省"十四五"普通高等教育规划教材

财 政 部 规 划 教 材

成本与管理会计
Cost and Management Accounting

南星恒　关瑞娣　主　编

中国财经出版传媒集团

经济科学出版社
Economic Science Press

·北京·

图书在版编目（CIP）数据

成本与管理会计／南星恒，关瑞娣主编． -- 北京：经济科学出版社，2025.7． -- （财政部规划教材）（甘肃省"十四五"普通高等教育规划教材）． -- ISBN 978 -7 -5218 -7174 -6

Ⅰ．F234

中国国家版本馆 CIP 数据核字第 2025ED4306 号

责任编辑：杜　鹏　胡真子
责任校对：齐　杰
责任印制：邱　天

成本与管理会计
CHENGBEN YU GUANLI KUAIJI
南星恒　关瑞娣　主　编
经济科学出版社出版、发行　新华书店经销
社址：北京市海淀区阜成路甲 28 号　邮编：100142
编辑部电话：010 -88191441　发行部电话：010 -88191522
网址：www.esp.com.cn
电子邮箱：esp_bj@163.com
天猫网店：经济科学出版社旗舰店
网址：http://jjkxcbs.tmall.com
固安华明印业有限公司印装
787×1092　16 开　17 印张　330000 字
2025 年 7 月第 1 版　2025 年 7 月第 1 次印刷
ISBN 978 -7 -5218 -7174 -6　定价：42.00 元
(图书出现印装问题，本社负责调换。电话：010 -88191545)
(版权所有　侵权必究　打击盗版　举报热线：010 -88191661
QQ：2242791300　营销中心电话：010 -88191537
电子邮箱：dbts@esp.com.cn）

前　言

在数字经济蓬勃发展、企业管理模式加速变革的时代背景下，管理会计作为单位提升管理效能、创造价值的核心工具，其"算管结合、算为管用"的理念正深刻重塑着财务人才的培养体系。《财政部关于全面深化管理会计应用的指导意见》明确指出，推进管理会计体系建设是实现企业高质量发展的重要路径。为响应这一战略导向，适应本科层次复合型、创新型、应用型人才培养需求，我们精心编写了这本《成本与管理会计》教材，旨在构建一套既立足中国实践又融合前沿趋势的知识体系。

本教材以"整合成本会计与管理会计核心内容，赋能新时代管理会计思维"为宗旨，在结构设计上注重系统性与逻辑性。全书共十章，从导论部分梳理学科发展脉络与理论框架，到成本管理基础、计算原理与方法的深入解析，再到本量利分析、短期决策、全面预算及业绩评价等管理会计核心模块的应用推演，形成了"理论奠基—方法工具—实践应用"的完整链条。本教材特别增设"智能管理会计"相关内容，将数字化技术对成本核算、决策支持的影响融入具体章节，引导读者洞察业财融合背景下管理会计的发展新貌。

立足中国本土实践是本教材的鲜明特色。本教材紧密对接财政部发布的管理会计应用指引，精选具有代表性的中国企业案例，展现管理会计工具在成本控制、预算管理、绩效评价中的实际运用，破除"管理会计西化"的刻板印象。

在编写过程中，我们始终秉持"以学生为中心"的理念，注重教材的可读性与延展性。每章开篇设置企业情境的引导案例，激发学习兴趣；强化理论与实践的联结；配套丰富的数字学习资源，包括知识点动画、微课视频、案例库等，为读者提供立体化的学习体验。此外，本教材严格遵循本科教学规律，在难度梯度、例题设计上精益求精，既满足课堂教学需求，也便于学生自主研习。

本书由兰州财经大学南星恒教授和关瑞娣副教授担任主编，杨芸香、蔡永斌、付艳阳、孙颖等教师共同参与编写。其中，第一、第九章由南星恒执笔，第二至第六章由杨芸香执笔，第七章由付艳阳、孙颖执笔，第八章由关瑞娣、杨芸香执笔，第十章由关瑞娣执笔。每章中国传统文化的融入由蔡永斌执笔，微课视频由关瑞娣录制，动画视频脚本由关瑞娣、蔡永斌、杨芸香、付艳阳、孙颖编写，本教材由南星恒、关瑞娣统稿。

管理会计理论与实践正处于快速发展期，尽管我们力求内容的科学性与前瞻性，但限于水平，教材中难免存在疏漏与不足，恳请广大读者与同行批评指正。期待本教材能成为本科院校管理类、财经类专业学生的良师益友，为我国管理会计人才培养贡献绵薄之力。

《成本与管理会计》编写组
2025年4月

目 录 Contents

第一章 导论 ··· 1

    第一节　成本与管理会计概述 / 2

    第二节　成本与管理会计发展简史 / 12

    第三节　成本与管理会计理论 / 22

    第四节　管理会计师能力框架和职业道德 / 25

第二章 成本管理概述 ·· 33

    第一节　成本管理的基本内容 / 33

    第二节　成本的概念与分类 / 39

    第三节　成本性态分析 / 47

第三章 成本计算原理 ·· 55

    第一节　各项费用的归集与分配 / 55

    第二节　辅助生产费用的归集与分配 / 68

    第三节　生产费用在完工产品与在产品之间的归集与分配 / 76

第四章 产品成本计算方法 ·· 83

    第一节　品种法 / 83

    第二节　分批法 / 93

    第三节　分步法 / 103

第五章 标准成本法 ··· 118

    第一节　标准成本概述 / 119

第二节　标准成本的制定 / 121
　　第三节　变动成本差异的计算、分析和控制 / 126
　　第四节　固定制造费用成本差的计算、分析和控制 / 131

第六章　作业成本法 　134

　　第一节　作业成本法概述 / 135
　　第二节　作业成本法的一般程序 / 142
　　第三节　作业成本管理 / 146

第七章　本量利分析　151

　　第一节　本量利的一般关系 / 152
　　第二节　盈亏平衡分析 / 161
　　第三节　目标利润分析 / 167
　　第四节　利润敏感性分析 / 168

第八章　短期经营决策　172

　　第一节　决策概述 / 173
　　第二节　生产决策 / 178
　　第三节　定价决策 / 194

第九章　全面预算管理　204

　　第一节　全面预算管理概述 / 205
　　第二节　全面预算编制原理 / 218
　　第三节　预算编制方法 / 230

第十章　业绩评价与责任会计　240

　　第一节　业绩评价概述 / 241
　　第二节　分权管理与责任会计 / 246
　　第三节　责任中心及其业绩评价 / 250
　　第四节　内部转移价格 / 260

主要参考文献　263

第一章　导　　论

[学习目标及开篇案例]

[学习目标]

理解管理会计、财务会计和成本会计的区别与联系。
了解成本与管理会计的发展过程。
理解成本与管理会计的目标、假设和对象。
了解管理会计职业组织。
理解管理会计师职业道德准则。

[开篇案例]

管理会计助力 HER 战略转型

HER 集团自 1984 年创立以来，坚持以用户需求为中心的创新体系，以此来驱动自身的持续健康发展，从一家资不抵债、濒临倒闭的集体小厂发展成为全球最大的家用电器制造商之一。现在，HER 正致力于从传统家电产品制造企业转型为开放的创业平台，打造以社群经济为中心，以用户价值交互为基础，以诚信为核心竞争力的"后电商时代共创共赢生态圈"，实现各利益相关方的共创共赢。在 HER 向全球大型家电第一品牌迈进的征途中，一直经历着各种变革。

今天的 HER，已经从传统的产品品牌、平台品牌，进化为物联网时代的生态品牌。能够实现这样的蜕变，得益于对"人单合一"这一颠覆传统管理模式的探索实践。HER 通过组织变革，打造出了一个拥有自驱力的生态体系，让企业家群体源源不断地涌现。自 2005 年提出"人单合一"，20 年来"人单合一"模式也在不断地自我进化中。"人单合一"模式的主要落地形式是数据驱动的大规模定制，借助物联网、"互联网＋"和大数据技术为创造顾客体验提供平台和条件以精准洞察需求，通过创新赋能平台将零碎独立的需求集并为场景需求，在平台上集成供给侧的能力、知识、资源，为场景需求提供敏捷、低成本的系统服务解决方案，实现需求从零碎化到规模化到平台化，再到生态系统的演变，使企业能够敏捷、低成本、精准响应用户个性化需求、获得竞争优势。

财务部门在企业变革过程中的重要性不言而喻，HER集团董事局主席、首席执行官张先生曾在沃顿商学院全球校友论坛上作主题演讲时表示，管理会计，说到底就是管理未来、规划未来的会计。如果把管理会计、规划未来的会计变成每个人都来规划未来，每个人规划未来和自己的未来是连在一起的，管理会计就一定会充满活力。HER的转型变革是和管理会计紧密相关的，作为企业战略落地的关键一环，管理会计必须紧盯企业的战略目标，并根据战略目标有效驱动参与各方不断优化、不断改进，最终促进战略目标的达成，实现价值最大化和可持续发展。

资料来源：谭丽霞．管理会计的创新驱动产业战略转型［J］．中国管理会计，2017(7)：56-62.

请以此案例为起点，通过课程学习，深入思考管理会计与企业发展、国家战略之间的关系。

第一节　成本与管理会计概述

一、会计信息与管理过程

无论何种类型的组织，管理人员的计划和控制决策均离不开会计信息的支持。会计信息不仅是企业内部管理的重要工具，也是企业与外部利益相关者沟通的重要桥梁。通过会计信息，管理者能够更好地制定战略、评估绩效、优化资源配置，并最终实现企业的目标。

(一) 会计信息在管理过程中的作用

会计信息在管理过程中主要发挥以下几方面的作用。

1. 支持决策制定

战略规划：会计信息能够提供企业当前的财务状况和经营成果，帮助管理层评估企业的市场地位、盈利能力和发展潜力。例如，通过分析财务报表中的关键指标（如毛利率、净利率、资产负债率等），管理层可以判断企业在市场中的竞争力，并据此制定长期战略规划。

资源配置：会计信息能够帮助管理层合理分配企业资源。通过成本分析和预算编制，管理层可以确定哪些业务部门或项目需要更多的资金支持，哪些可以优化资源配置。例如，某制造企业通过成本核算发现某一产品线的单位成本过高，通过进一步分析发现是原材料采购成本过高，于是决定优化采购流程，寻找更优质的供应商，从而降低了成本，提高了资源利用效率。

风险评估：会计信息能够帮助管理层识别和评估企业面临的各种风险。例如，通过分析财务报表中的流动比率、速动比率等指标，管理层可以评估企业的短期偿债能力；通过分析应收账款的账龄分布，可以评估企业的信用风险。这些信息有助于管理层采取相应的风险控制措施，确保企业的稳健运营。

2. 支持计划与控制

计划制订：会计信息通过预算的形式将企业的计划具体化和数量化。预算不仅是企业行动计划的书面表达，也是协调和实施计划的重要工具。例如，某连锁餐饮企业计划在新的一年中扩大门店数量，通过编制收入预算和成本预算，明确每个新门店的预期收入和成本，从而确定扩张计划的具体目标和实施步骤。

控制与反馈：会计信息通过业绩报告的形式提供实际业务活动的结果，并与预算进行对比，从而实现对计划执行情况的控制。例如，某企业通过管理会计报告将实际销售数据与预算进行对比，发现某一地区的销售额低于预期，通过进一步分析发现是市场竞争加剧导致的。于是，管理层及时调整营销策略，加大市场推广力度，最终使销售额回升到预算水平。这种基于会计信息的控制和反馈机制，能够确保企业的各项计划得到有效执行，并及时调整策略以应对市场变化。

3. 支持绩效评价

内部绩效评价：会计信息能够为企业的内部绩效评价提供客观依据。通过设定关键绩效指标（KPI），如收入增长率、成本控制率、客户满意度等，管理层可以对各个部门和员工的工作绩效进行评估。例如，某企业通过管理会计报告对各个部门的预算执行情况进行评估，发现某一部门的成本控制表现优异，而另一部门则存在成本超支的问题。通过进一步分析，发现成本超支的部门在原材料采购和生产流程管理方面存在问题，于是对该部门进行针对性的培训和改进措施，最终提高了整体绩效。

外部绩效评价：会计信息通过财务报表的形式向外部利益相关者（如投资者、债权人、供应商等）提供企业的财务状况和经营成果。这些信息有助于外部利益相关者评估企业的信用状况和投资价值。例如，某企业在年度财务报告中显示了良好的盈利能力和稳健的财务状况，吸引了更多的投资者和供应商，从而为企业的发展提供了更多的资源支持。

（二）案例分析：某餐饮企业的会计信息应用

以国内某中高端餐饮企业为例，2009~2012年，其净利润持续增长，同比增幅依次为11.57%、18.76%、28.81%和17.71%。然而在2013年，该企业归属于上市公司股东的净利润出现了27.62%的下滑。面对宏观形势及餐饮市场的剧烈变化，该企业选择从中高端目标市场转向聚焦"宴请"大众消费市场。通过完善管控模式、整合营销传播、系统建设客户关系管理、精简统一菜品以及优化资源配置等一系列措施，取得了较为显著的效果，2014年归属于上市公司股东的净利润实现了14.04%的增长。那么，在这一过程中，会计信息究竟发挥了何种作用呢？

图1-1左侧展示了该餐饮企业所采用的计划和控制循环。计划是组织设定目标并明确实现目标的具体路径的过程。对于这家餐饮企业而言，管理者旨在扭转业绩下滑的局面，提升盈利能力。为了达成这一目标，他们制订了扩张规模、精简菜品、加大宣传力度等计划。管理者依据选定的业绩评价指标，如收入增长率、门店毛利率、菜品毛利率、广告投放增长率等，来评估这些活动的效率，并参考业绩评价的结果，制订未来的计划和行动方案。图1-1右侧阐述了会计通过预算的形式将计划正式确定下来。预算作为行动计划的数量化表达方式，不仅是协调和实施计划的重要辅助手段，也是控制和规范管理的主要方式。若无预算，计划便难以受到应有的重视。该餐饮企业通过收入预算和广告预算，明确了其扩张门店、精简菜品、改进营销的计划，借助财务会计系统对实际业务活动进行记录、计量，最终形成业绩报告（包括财务会计报告和管理会计报告）。其中，管理会计报告通过将实际结果与预算进行对比，并对差异信息进行分析，从而提供反馈。该餐饮企业依据业绩报告来判断决策的正确性，并可据此对未来的计划进行有效的改进和修正，同时利用差异信息激励管理者完成预算目标。

（三）会计信息在管理过程中的具体应用

1. 财务会计信息

财务报表：财务会计通过定期编制财务报表，如资产负债表、利润表和现金流量表，为企业外部的利益相关者提供企业的财务状况和经营成果。这些报表不仅反映了企业过去的经济活动，还为投资者、债权人等提供了评估企业信用状况和投资价值的重要依据。

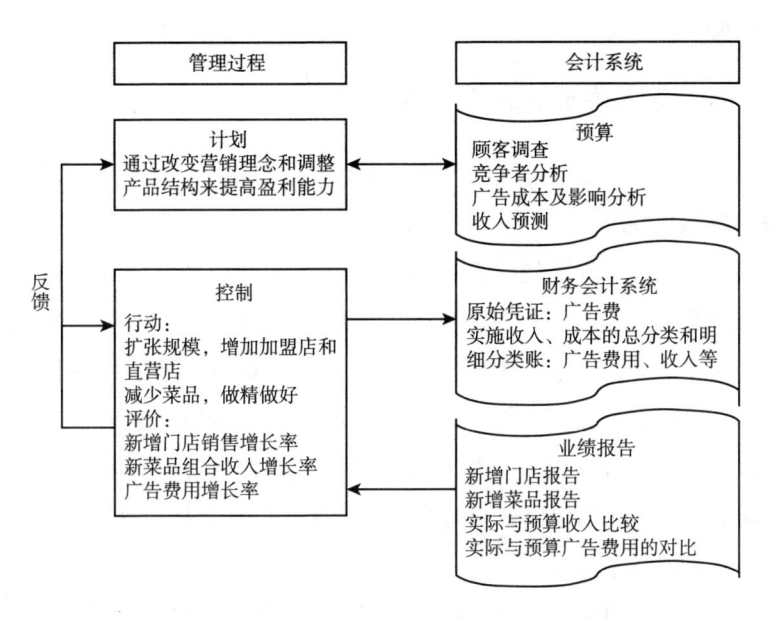

```
   管理过程                   会计系统
┌──────────────┐         ┌──────────────────┐
│     计划      │         │      预算         │
│ 通过改变营销理念和调整 │◄──────►│ 顾客调查          │
│ 产品结构来提高盈利能力 │         │ 竞争者分析        │
└──────────────┘         │ 广告成本及影响分析 │
                         │ 收入预测          │
反                        └──────────────────┘
馈    ┌──────────────┐         ┌──────────────────┐
      │     控制      │         │   财务会计系统    │
      │ 行动：        │◄──────►│ 原始凭证：广告费  │
      │ 扩张规模，增加加盟店和│         │ 实施收入、成本的总分类和明│
      │ 直营店        │         │ 细分类账：广告费用、收入等│
      │ 减少菜品，做精做好 │         └──────────────────┘
      │ 评价：        │         ┌──────────────────┐
      │ 新增门店销售增长率 │         │    业绩报告       │
      │ 新菜品组合收入增长率│◄──────│ 新增门店报告      │
      │ 广告费用增长率 │         │ 新增菜品报告      │
      └──────────────┘         │ 实际与预算收入比较 │
                               │ 实际与预算广告费用的对比│
                               └──────────────────┘
```

图1-1 某餐饮企业计划与控制循环的会计框架

财务分析：通过对财务报表的分析，管理层可以评估企业的财务健康状况。常用的分析方法包括比率分析、趋势分析和同行业比较分析等。例如，通过计算流动比率和速动比率，管理层可以评估企业的短期偿债能力；通过分析毛利率和净利率，可以评估企业的盈利能力。这些分析结果有助于管理层及时发现问题并采取相应的措施。

2. 管理会计信息

预算编制：管理会计通过预算编制将企业的计划具体化和数量化。预算不仅是企业行动计划的书面表达，也是协调和实施计划的重要工具。例如，某餐饮企业通过编制收入预算和成本预算，明确战略调整对于企业收入和成本的影响，从而确定计划的具体目标和实施步骤。

成本管理：管理会计通过成本核算和分析，帮助企业优化成本结构。例如，某餐饮企业通过成本核算发现某一菜品的单位成本过高，通过进一步分析发现是食材损失率较高，于是决定优化食材加工流程，从而提高食材利用率，降低成本。

绩效评价：管理会计通过设定关键绩效指标（KPI），如收入增长率、成本控制率、客户满意度等，为企业的内部绩效评价提供客观依据。例如，某餐饮企业通过新增菜品毛利率对优化菜品战略进行评估，发现一种新增菜品毛利率较低。通过进一步分析，发现毛利率较低是因为食材采购量较低，单位成本较高，于是对该菜品的市场需求进行深入分析，决定扩大该菜品供应量的可行性，进而降低购买食材的成本。

（四）会计信息在管理过程中的重要性

会计信息在管理过程中具有不可替代的重要性，主要体现在以下几个方面。

1. 提供决策支持

会计信息能够为管理层提供企业当前的财务状况和经营成果，帮助管理层制定战略规划、优化资源配置，并评估企业面临的各种风险。例如，某新能源汽车制造企业，通过分析会计信息中研发投入与专利转化带来的收益占比、生产线设备折旧与产能利用率等数据，结合市场对新能源车型的需求趋势，判断出应加大智能驾驶辅助系统的研发投入，并调整生产线布局，以提升企业在新能源汽车高端市场的竞争力，从而制定出聚焦智能化、高端化的长期战略规划。

2. 支持计划与控制

会计信息通过预算编制和业绩报告的形式，将企业的计划具体化和数量化，并对计划的执行情况进行监控和反馈。例如，某连锁餐饮企业，通过管理会计报告将各门店实际销售数据与预算数进行对比，发现某新开的二线城市门店堂食销售额远低于预期。经深入分析，发现该地区消费者更倾向于外卖消费，且周边竞争对手推出了力度较大的外卖优惠活动。于是，管理层及时调整经营策略，增加外卖菜品研发，最终使该门店的整体销售额达到并超过预算水平。

3. 促进绩效提升

会计信息通过设定关键绩效指标（KPI），为企业的内部绩效评价提供客观依据。例如，某电商企业通过管理会计报告对各业务部门进行绩效评估，发现市场推广部门的获客成本与转化率指标未达预期。进一步分析发现，市场推广部门在广告投放渠道选择上不够精准，存在无效投放。针对此问题，企业对市场推广部门员工进行精准营销培训，并调整广告投放策略，最终提高了获客转化率，降低了获客成本，实现了企业整体绩效的提升。

4. 增强透明度

会计信息通过财务报表的形式向外部利益相关者提供企业的财务状况和经营成果，增强了企业的透明度。例如，一家专注于人工智能算法研发的科技初创企业，在寻求 C 轮融资时，主动公开经审计的财务报表，详细披露研发投入占比以及与头部企业合作项目的预期收益。清晰的财务数据不仅展示了企业的技术研发潜力和盈利前景，还体现了规范的财务管理体系。这使得原本对初创企业持观望态度的风险投资机构，对企业的运营和发展充满信心，最终顺利完成融资。

综上所述，会计系统能够精准地识别问题所在，并及时提供各项行动的计量指标，辅助管理者进行计划和控制。在此过程中，财务会计和管理会计各自发挥了不可替代的重要作用。接下来，我们将从管理会计和财务会计的区别与联系入手，引导大家初步认识管理会计。

二、管理会计和财务会计

现代会计分为两大分支：我们将管理者为实现企业目标而对会计信息进行确认、计量、收集、分析、解释和交流的过程称为管理会计；而将为股东、供应商、债权人和政府监管机构等外部决策者提供财务信息的会计领域称为财务会计。财务会计通过定期提供财务报表，服务于企业外部的有关组织和个人，其提供的财务会计信息是决策执行的结果，反映的是过去的信息，例如前面提到的餐饮企业净利润下滑27.62%的情况。同时，财务会计需受到会计准则的约束，在我国，制定会计准则的部门是财政部。管理会计则主要为企业内部的管理者提供各种面向未来的财务和非财务信息。各企业在设计其管理会计系统时，具有较大的灵活性，可根据不同的企业文化、组织结构、商业模式和技术水平，采用不同的管理会计工具和方法，以支持企业进行计划、组织、控制和评价等管理活动的决策，例如前面中提到的收入预算、菜品业绩报告的编制等。

（一）管理会计与财务会计的区别

管理会计与财务会计虽然同属于现代会计体系，但它们在服务对象、报告时间、信息类型、报告类型、方法选择的自由度以及行为影响等方面存在显著区别。这些区别使得管理会计和财务会计在企业管理和决策中各自发挥着独特的作用。管理会计与财务会计的区别如表1-1所示。

表1-1　　　　　　　　管理会计与财务会计的区别

项目	管理会计	财务会计
服务对象	侧重于企业内部的各级管理者	侧重于外部人员，如投资者、债权人
报告的关注时点	未来导向型	历史导向型
信息类型	财务信息和非财务信息	仅以货币形式表现的财务信息
报告的时间跨度	灵活，因决策的需要而定	不灵活，月、季度、年
报告的类型	详细的，关于局部决策和行动的信息	概括的，关于企业整体的状况

续表

项目	管理会计	财务会计
会计方法选择的自由度	除了考虑改进管理决策所涉及的成本效益问题外没有任何限制	严格遵循公认会计准则
会计方法选择的行为影响	所做的选择应该考虑方法和报告对管理人员日常行为的影响	尽管基于报告结果的薪酬会对管理人员的行为产生影响，但选择是基于如何衡量和传递业绩表现，对行为影响的考虑位居其次

1. 服务对象不同

管理会计主要致力于强化单位内部经营管理，提升经济效益，属于"对内报告会计"。管理会计主要服务于企业内部的各级管理者，包括高层管理者、部门经理、项目经理等。其目的是通过提供决策支持信息，帮助内部管理者制定战略、优化资源配置、控制成本、提高效率。而财务会计则主要侧重于向外部相关单位和人员提供财务信息，属于"对外报告会计"。财务会计主要服务于企业外部的利益相关者，如投资者、债权人、供应商、税务机关和政府监管机构等。其目的是通过提供财务报表，反映企业的财务状况和经营成果，帮助外部利益相关者作出投资和信贷决策。

2. 报告关注的时点不同

管理会计的工作重点在于"创造价值"，其职能是将解析过去、控制现在与筹划未来有机结合，其中，面向未来的作用时效居于首位，而分析过去是为了更好地指导未来和控制现在。因此，管理会计实质上属于算"活账"的"经营型会计"。财务会计以"记录价值"为工作重点，通过确认、计量、记录和报告等程序，反映和报告过去实际已经发生的经济业务的历史信息。因此，财务会计实质上属于算"呆账"的"报账型会计"。

3. 信息类型不同

管理会计所提供的信息往往是为满足内部管理的特定要求而有选择的、部分的和不定期的管理信息。管理会计所提供的信息既包括财务信息，也包括非财务信息。其计量单位既可以使用货币单位，也可以选择实物量单位、时间量单位和相对数单位。例如，管理会计可以提供关于生产效率、客户满意度、员工绩效等非财务信息，这些信息对于内部管理决策同样重要。财务会计从产生开始就以货币为计量单位，尽管近年来财务报告中的非财务信息（如社会责任信息）有所增加，但提供财务信息的特点没有根本改变。财务会计主要提供以货币形式表现的财务信息，如收入、成本、利润等。

4. 报告的时间跨度不同

管理会计编制内部报告的时间跨度具有较大的弹性，短至每小时、半天、一天，长至十年或十五年，完全取决于管理者的需要。例如，某企业的生产部门可能需要每小时的生产成本报告，而战略规划部门可能需要未来十年的预算报告。财务会计在这方面则很少有弹性，对外编制基本财务报表通常是一月、一季度或一年。例如，企业的财务报表通常按月、季或年编制，以满足外部利益相关者的需求。

5. 报告的类型不同

管理会计主要以企业内部各个责任单位为主体，对它们的日常经济活动和成果进行控制、评价与考核。管理会计报告通常详细且具体，针对局部决策和行动提供信息。例如，某企业生产部门的管理会计报告可能包括生产成本分析、生产效率评估等内容。财务会计将企业视为一个整体，编制资产负债表、利润表和现金流量表等报表，提供企业整体的财务状况和经营成果。这些报表通常较为概括，主要面向外部利益相关者。从财务会计的角度来看，无论公司规模大小，均将其视为一个整体，编制资产负债表、利润表和现金流量表等报表，中国石油、中国建设银行、中国移动等也不例外。

6. 会计方法选择的自由度不同

管理会计在一定期间内采用的方法可灵活多样，以便提出不同的备选方案，并大量应用现代数学方法（如微积分、线性规划、概率论等）和计算技术。例如，某企业通过管理会计系统应用线性规划方法优化生产计划，提高资源利用效率。财务会计工作必须严格遵守"公认的会计原则"（在我国则为企业会计准则和行业统一会计制度），以保证其所提供的财务报表在时间上的前后一致性和空间上的可比性。例如，某企业的财务会计必须按照企业会计准则编制财务报表，确保报表的准确性和可比性。

7. 会计方法选择的行为影响不同

管理会计吸收行为科学的"以人为本"的思想，最关心业绩报告中计量的结果将如何影响员工的日常行为，并想方设法调动他们的主观能动性。例如，某企业通过管理会计系统设计的绩效考核指标，激励员工提高工作效率，完成预算目标。财务会计最关心的则是如何计量和传递财务信息，一般不重视对员工行为的影响。尽管基于报告结果的薪酬会对管理人员的行为产生影响，但选择是基于如何衡量和传递业绩表现，对行为影响的考虑位居其次。

（二）管理会计与财务会计的联系

尽管管理会计和财务会计在多个方面存在显著区别，但它们之间也存在着紧密的联系。这种联系主要体现在以下几个方面。

1. 同属于现代会计体系

管理会计与财务会计都源于同一母体，即现代会计。它们共同构成了现代会计系统的有机整体，是企业会计工作的两个重要分支。现代会计的目的是通过提供和利用会计信息，帮助企业管理者和外部利益相关者作出更明智的决策。管理会计和财务会计虽然服务对象不同，但都是实现这一目标的重要工具。

2. 最终目标一致

管理会计和财务会计的最终目标都是帮助企业实现最大的经济效益和价值增值。管理会计通过提供内部决策支持信息，帮助企业管理者优化资源配置、提高运营效率、制定战略规划，从而提升企业的竞争力和盈利能力。财务会计则通过提供外部财务报告，帮助投资者、债权人等外部利益相关者评估企业的财务状况和经营成果，从而吸引更多的资源支持企业的发展。两者在实现企业价值最大化这一终极目标上是一致的。

3. 信息共享与相互利用

在实际工作中，管理会计和财务会计之间存在着广泛的信息共享和相互利用。财务会计系统提供的历史财务数据是管理会计进行分析和预测的重要基础。例如，管理会计在编制预算时，通常会参考财务会计系统中的历史收入、成本和利润数据，以确保预算的合理性和可行性。同样，管理会计提供的内部管理信息也可以为财务会计提供更深入的分析和解释。例如，管理会计的成本分析报告可以帮助财务会计更准确地计算产品成本，从而在财务报表中更合理地反映企业的经营成果。

4. 协同作用

管理会计和财务会计在企业管理和决策中发挥着协同作用。管理会计通过提供内部决策支持信息，帮助企业制定战略规划和优化运营流程；财务会计通过提供外部财务报告，确保企业对外部利益相关者的透明度和信任度。这种协同作用使得企业能够更好地应对内外部环境的变化，实现可持续发展。例如，企业在制订扩张计划时，管理会计可以通过成本效益分析和预算编制提供内部支持，财务会计则可以通过财务报表和财务分析向外部利益相关者展示企业的财务实力和扩张潜力。

5. 共同遵循会计基本假设和原则

管理会计和财务会计在运行过程中都遵循一些基本的会计假设和原则，这些假设和原则为会计信息的生成和使用提供了统一的框架，确保了会计信息的可靠性和一致性。例如，持续经营假设要求企业在编制财务报表和管理会计报告时，都假设企业将在可预见的未来继续经营下去，这有助于企业管理者和外部利益相关者作出合理的决策。

6. 共同支持企业治理结构

管理会计和财务会计共同支持企业的治理结构，确保企业的决策过程透明、高效和符合法律法规要求。财务会计通过提供准确的财务报告，帮助董事会和监事会履行监督职责；管理会计通过提供内部管理信息，支持管理层的日常决策和战略规划。这种共同支持作用有助于企业建立健全的内部控制体系，防范风险，提高企业治理水平。

综上所述，财务会计和管理会计是现代会计的两个分支。财务会计主要为企业外部的组织服务，而管理会计主要为企业内部的管理者提供服务，但这并不意味着应该设置两套不同的会计信息系统来分别对外、对内服务。管理会计与财务会计虽然在服务对象、报告时间、信息类型等方面存在显著区别，但它们在现代会计体系中相互依存、相互补充。它们共同服务于企业的最终目标，即实现企业价值的最大化。通过信息共享和协同作用，管理会计和财务会计能够为企业提供全面、准确的会计信息，支持企业的决策制定和可持续发展。

三、管理会计的定义

（一）国外会计学者及机构对管理会计的定义

20世纪20~70年代，国外会计学界普遍认为管理会计仅为企业内部管理者提供计划与控制所需信息的内部会计。1958年，美国会计学会管理会计委员会定义："管理会计就是运用适当的技术和概念，处理企业历史的和计划的经济信息，以有助于管理人员制订合理的、能够实现经营目标的计划，以及为达到各项目标所进行的决策。"管理会计包含进行有效计划的制订、替代方案的选择、对业绩的评价以及控制等所必需的各种方法和概念。1966年，美国会计学会的《基本会计理论》从管理会计的内在属性进行定义："管理会计，就是运用适当的技术和概念，对经济主体的实际经济数据和预计经济数据进行处理，以帮助管理人员制定合理的经济目标，并为实现该目标而进行合理决策。"美国管理会计协会（IMA，2008）从功能角度对管理会计进行了定义："管理会计是一门专业学科，在制定和执行组织战略中发挥综合作用。管理会计师应该具备会计和财务报告、预算编制、决策支持、风险和业绩管理、内部控制和成本管理方面的知识和经验。"英国特许管理会计师公会（CIMA，2024）在其发布的全球管理会计原则中强调了管理会计助力企业价值创造的作用。该机构认为，管理会计是获取、分析、沟通和使用与决策相关的财务与非财务信息，为组织创造和保全价值。

（二）国内会计学者及机构对管理会计的定义

在国内，对于什么是管理会计也存在不同的观点。汪家佑（1987）认为，管理会计是西方企业为了加强内部经营管理，实现最大利润的目的，灵活运用多种多样的方式方法，收集、加工和阐明管理当局合理地计划和有效地控制经济过程所需要的信息，围绕成本、利润、资本三个中心，分析过去、控制现在、规划未来的一个会计分支。李天民（1995）认为，管理会计主要是通过一系列专门方法，利用财务会计提供的资料及其他有关资料，进行整理、计算、对比和分析，使企业各级管理人员能据以对日常发生的一切经济活动进行规划与控制，并帮助企业领导作出各种决策的一整套信息处理系统。孙茂竹（2020）认为，管理会计是以使用价值管理为基础的价值管理活动。它运用一系列专门的方式方法，通过确认、计量、估值等一系列工作，为预算、过程控制、报告和考核提供信息，并参与企业经营管理。

2016年，财政部发布的《管理会计基本指引》指出，管理会计是通过运用管理会计工具方法，参与单位规划、决策、控制、评价活动并提供有用信息，推动单位实现战略规划，以持续创造价值为核心，促进单位可持续发展。

本教材采纳财政部给出的管理会计定义。

第二节　成本与管理会计发展简史

成本与管理会计的发展与经济制度、技术创新和管理科学的演进过程紧密相连。

一、美国成本与管理会计发展史

成本与管理会计起源于美国，直到20世纪50年代以后才逐渐发展成为一门相对独立的学科。然而，从学科内容来看，它实际上经历了一个长期的积累过程，且至今仍在不断发展。

（一）第一阶段：1900年以前，成本会计阶段

众多学者认为，管理会计的前身是成本会计，成本会计的产生标志着管理会计的萌芽。18世纪末的工业革命极大地推动了生产力的发展，企业规模逐渐扩大。当时的纺织、钢铁等制造业企业充分利用规模经济的优势，在资本相对集中的条件下雇用大量工人进行生产。这些企业的生产形式大多是大规模、多步骤生产。通常，制造业企业的厂址位于可利用能源附近，如流速较高的水资源附近。这使得设在城区的总厂与厂区存在一定距离，因此，需要新的反映厂区内部各步骤生产效率的信息，以取代过去从市场交易中获取的信息。同时，总厂需要建立一个信息系统，以评价厂区管理者和工人的工作效率。纺织企业需要在各自独立的纺织、编织、漂白过程中，按照每码成本或每磅成本建立内部经营效率评价指标。以卡耐基钢铁公司为代表的钢铁企业则致力于持续收集生产活动各过程，从鼓风炉到轧钢厂的所有直接成本数据，以作出运营决策。

管理会计系统发展的动力主要源自19世纪中叶铁路的产生和迅速发展。铁路业是当时人类创建的规模最大、经营最复杂的企业组织，其经营跨越广泛的地理空间。铁路业的管理者发明了管理铁路经济业务的复合计量指标，如吨公里成本、人公里成本等，用以帮助管理者评估各层级单位的经营业绩。

19世纪末，大型分销企业凭借销售大量消费品的规模经济优势发展起来。这些商业企业同样需要计量指标来评估企业内部经营的效率。传统的制造业企业的业绩计量指标对于评价零售企业的采购、储存和销售活动已失去相关性。商业企业中则创新性地采用毛利率、存货周转率等指标来评价企业的获利能力和存货的周转速度。

上述所有企业的管理者在一定程度上进行了成本计算，并建立起相应的计量指标以激励和评价企业内部经营的效率。然而，当时的成本计算技术相对简单。由于企业的管理水平有限，成本会计未能充分发挥其会计管理的职能。

在管理会计中具有里程碑意义的理论和方法是19世纪末期出现的标准成本制

度。标准成本制度是"泰罗制"的组成部分。"泰罗制"由美国工程师泰勒创立，是世界历史上第一个系统的管理理论，又被称为"科学管理"，泰勒因此被誉为"科学管理之父"。"泰罗制"的产生并非偶然，而是多种因素综合作用的结果。首先，18世纪英国工业革命在美国的延伸，使得美国的手工作坊逐渐转变为以机器为动力的工厂制企业。其次，19世纪中叶南北战争的结束刺激了美国国内生产和生活资料需求的增长，面对有利的生产者市场，企业管理的突出问题并非市场，而是如何提高生产效率。最后，当时的企业管理者大多凭借经验和直觉，甚至采用体罚和饥饿等非人道的手段管理工人，这些手段随着企业的产生而兴起，且已延续上百年，引发了美国乃至整个西方发达国家上百年轰轰烈烈的工人运动，其结果是一系列法律进行调整，特别是代表工人利益的工会组织合法化，资方被迫放弃了那些非人道的手段。然而，这又带来了新的问题，即工人的偷懒和磨洋工现象。

"泰罗制"正是在这样的背景下应运而生，其包含两个要点：一是在内部结构上按职能组织设置，即所谓的管理专业化；二是为每位工人制定一个标准的"日工作量"，然后根据标准"日工作量"完成情况实行经济奖惩，即所谓的"胡萝卜＋大棒"。

标准成本制度是"泰罗制"的具体化，最初由工程师们发明和运用，后来被移植到会计领域并与账簿系统结合。它由以下四个基本要素组成。

（1）界定成本责任单位或个人；

（2）制定单位产品成本标准，重点是利用"工程方法"制定单位产品材料耗用量标准，利用"时间动作研究"制定单位产品工时标准；

（3）监控成本责任单位执行成本标准的过程，由计算成本、分解差异和编制成本业绩报告三个环节组成；

（4）根据成本业绩报告或者产品成本标准执行的结果进行奖惩。

科学管理使会计发生的最大变化是引入了事前计算，即采用了标准成本和预算控制。这两者的共同点是以事前计算为基础。此前，会计主要是对过去数值的计算，并对计算结果加以利用。与此相反，标准成本和预算控制这两种方法预先确定作为规范的数值，并以此数值为基数与实际执行的数值进行比较。通过对比较中出现的差异进行分析，以评价经营效率，并明确提出有关差异的责任归属及效率低下的原因，以研究改进的对策，从而加强对经营活动的管理。

（二）第二阶段：1900～1985年，管理会计体系形成的阶段

进入20世纪，美国经历了一次空前规模的兼并浪潮，一大批公司制企业如雨

后春笋般涌现。在典型意义上，公司制企业由若干家工厂组成，其采购、生产和销售在地域上几乎扩展到全国乃至全世界，且具有多层级、多单位或部门、多业务、多产品的特点。从今天的观点来看，这其实就是集团公司。对于集团公司的每一家工厂而言，提高经营效率仍然是首要任务，"泰罗制"及其标准成本制度仍然有效。但对于整个集团公司来说，如何将各个层级、各个单位或部门、各项业务、各种产品或服务以及那些分散在各地的供产销机构和所有的员工有机地连接起来，围绕一个共同的目标运作，实现目标一致，在当时是一项全新的、对集团公司生死攸关的挑战。根据美国学者的研究，为了应对这一挑战，美国集团公司进行了连续不断的探索和尝试，其中，最为成功的当属杜邦化学公司和通用汽车公司，它们的经验被概括为"杜邦通用模式"。"杜邦通用模式"实际上是政府预算方法被企业成功引进和发展的结果，属于典型的财务控制。它是以事业部为基础、以投资报酬率为标准构建起来的全面预算管控系统，其精髓在于"权责分散，监控集中"。也就是说，一方面，集团公司高层将产品定价、品种结构安排、产品设计、材料采购、客户关系等权力下放给事业部经理，让他们根据集团公司投资报酬率的要求和供产销的具体情况作出决策，并在此基础上形成全面预算；另一方面，又以全面预算为基础，定期获取各事业部经营活动和盈利情况的反馈信息，以确保事业部经理的决策和行动符合集团公司投资报酬率的要求，从而达到集团公司权力"集而不死，放而不乱"的理想状态。这与工厂制企业的管理截然不同。"杜邦通用模式"在管理会计中具有奠基石作用，它不仅丰富和发展了管理会计学科的内容，而且在实务上使管理会计成为集团公司管控系统的基础。这个阶段形成了现代管理会计的基本框架，如图 1-2 所示。

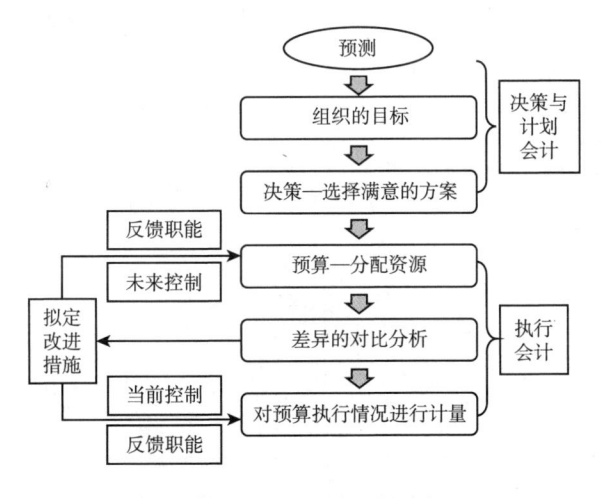

图 1-2　管理会计体系基本框架

（三）第三阶段：1985年至今，战略管理会计阶段

20世纪80年代，美国企业环境进入新的变革时期，"杜邦通用模式"独步天下的局面开始被打破。首先，由于西欧、日本、新加坡等国家和地区的企业的发展，极大地挤压了美国企业在这些国家和地区的市场空间，同时在国际市场以及美国国内市场与美国企业展开直接竞争，其结果是美国企业长期"受用的"生产者市场逐渐被消费者市场取代，从而要求美国企业必须在经营管理中充分体察和满足客户需要，"杜邦通用模式"显然无法满足这样的要求。其次，美国科学技术的发展，特别是计算机、网络和长程通信技术上的突破，使美国开始由工业社会向信息社会转变，从而使企业"赚钱"的方式也相应由依靠实物资本投资转变为依靠无形资产（如人力资产、信息资产、组织资产、声誉等）的开发和利用，而这一点正是"杜邦通用模式"的"软肋"。最后，预算或者纯粹的财务指标具有内在的缺陷，那就是无法直接反映那些导致财务指标变化的驱动因素（如人力资源、客户满意度、品牌等），这也一直是财务指标被肆意操纵和扭曲的主要原因，在新的企业经营环境下，财务指标的这些内在缺陷越来越充分地暴露出来。

为了克服"杜邦通用模式"的局限性，适应新的企业经营环境，1981年美国管理学家西蒙提出了战略管理会计的概念。他指出，战略管理会计是对关于企业及其竞争者管理会计指标的准备和分析，用来建立和监督企业战略。具体来说，战略管理会计强调从战略的高度，围绕本企业、顾客和竞争对手组成的"战略三角"，既提供顾客和竞争对手具有战略相关性的外向型信息，也对本企业的内部信息进行战略审视，帮助企业的领导者知己知彼，进而据此制定和实施竞争战略，借以最大限度地改善"价值链"，保持并不断创新其长期竞争优势。

战略管理会计的基本内容如图1-3所示。

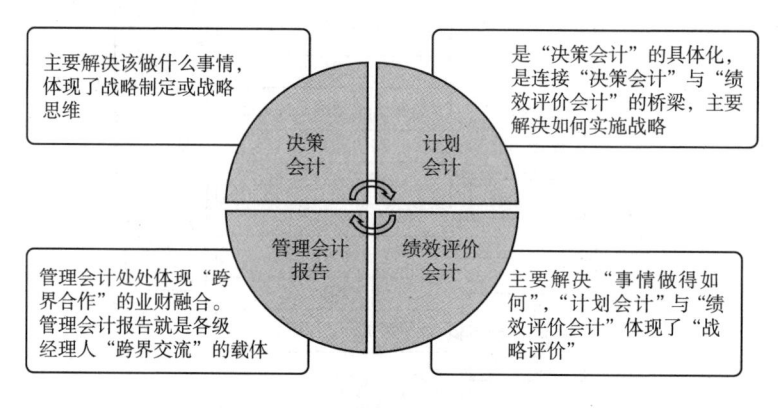

图1-3 战略管理会计的基本内容

- 决策会计：主要解决该做什么事情，体现了战略制定或战略思维
- 计划会计：是"决策会计"的具体化，是连接"决策会计"与"绩效评价会计"的桥梁，主要解决如何实施战略
- 绩效评价会计：主要解决"事情做得如何"，"计划会计"与"绩效评价会计"体现了"战略评价"
- 管理会计报告：管理会计处处体现"跨界合作"的业财融合。管理会计报告就是各级经理人"跨界交流"的载体

二、中国成本与管理会计发展史

从形式上看,我国的管理会计属于"舶来品",随着我国改革开放,我国学者将其从美国引进。但从内容上看,我国在引进管理会计之前已经有了与美国管理会计类似的理论与方法,同时,我国企业在引进和消化美国管理会计的过程中也创新和发展了具有我国特色的管理会计内容。因此,中国成本与管理会计的发展历程可以分为五个阶段,每个阶段都有其独特的特点和标志性事件。这些阶段反映了中国在不同历史时期对管理会计理论和实践的探索与创新。

(一)第一阶段:1950~1978年,以经济责任制为基础的管理会计实践探索期

这一阶段中国实行的是集权式的经济管理体制,所有企业均为国有企业。企业的生产活动、原材料供应、产品销售、财务收支等均由国家统一组织,其产量、品种、供销价格、工资等均由国家统一规定。因此,企业管理的重点在于提高效率,降低成本是这一时期企业唯一可探索管理会计的途径。这种对以成本为核心的内部责任会计的重视,使得我国企业在此阶段涌现出大量对管理会计的探索性应用,包括班组成本核算、经济活动分析和流动资金定额管理等,其中天津自行车厂和鞍山钢铁厂最具代表性。

(二)第二阶段:1979~1989年,以经济责任制为基础的管理会计体系建设发展阶段

1978年之后,中国进入改革开放时期,市场机制开始发挥作用。国家开始探索建设具有中国特色的管理会计制度体系,并形成了一套完整的成本管理制度。同时,结合经济责任制的贯彻和深化,厂内经济核算纳入了经济责任制,形成了以企业内部经济责任制为基础的、具有中国特色的管理会计制度,如责任会计制度等。这一阶段,一批能够适应市场变化并有一定活力的国有企业崭露头角,它们将目光投向市场和企业内部,向管理要效益,掀起了责任会计应用的高潮。

(三)第三阶段:1990~1999年,管理会计主题转变的过渡时期

20世纪90年代是中国管理会计发展的一个重要分水岭。在此之前,管理会计的应用仅侧重于企业内部,内涵也局限于责任会计基础下的成本管理,缺乏明显

的市场特征。随着中国市场经济体制的建立和市场竞争的兴起，以及西方多元化管理会计理念和工具的冲击，管理会计在中国企业的应用有所突破，出现了"模拟市场核算、实行成本否决的邯钢模式"这一在中国管理会计应用史上具有里程碑意义的典型案例。此外，管理会计的内涵也不再仅仅表现为成本管理，而是进一步表现为成本管理与资金管理的结合。这一时期的管理会计开始由与市场无关的执行性管理会计转变为以市场为导向的决策性管理会计，全面预算管理、平衡计分卡等西方先进的管理会计工具开始进入中国，信息系统在管理会计领域的应用也在这一阶段开始萌芽。

（四）第四阶段：2000～2008年，以计划、决策为主旨的管理会计发展阶段

随着经济全球化进程的加速，市场竞争日益激烈，中国企业建立现代企业制度和完善内部管理的进程也不断加快，这有力地推动了管理会计实践的快速发展。管理会计的计划、决策和规划未来的功能在此阶段获得了前所未有的重视和研究，以计划、决策为主旨的管理会计得到了广泛应用与发展。西方管理会计理念与工具的大量涌入对中国的管理会计的应用和发展起到了极大的推动作用。全面预算管理、作业成本管理、经济增加值、平衡计分卡、标杆管理等先进的管理会计方法在中国企业获得了不同程度的应用，并涌现出大批成功案例。一些方法的本土化改良研究开始广泛开展，信息系统在管理会计领域的研发和应用也进入了新的阶段，管理会计信息化成为大势所趋。在此阶段，以中华人民共和国财政部、国务院国有资产监督管理委员会为主的企业管理部门出台了一系列以预算管理为重点的制度和办法，有力地推动了企业管理会计的应用和快速发展。

（五）第五阶段：2009年至今，以价值创造为核心的战略管理会计体系建设发展阶段

2008年金融危机之后，全球经济陷入低谷，中国经济在经历多年的快速发展后，也逐渐进入调整阶段。与此同时，信息技术飞速发展，移动互联时代拉开序幕。在经济环境不确定性加剧、信息技术发展日新月异、全球化竞争日趋白热化的局面中，企业要想脱颖而出，必须从粗放式管理向精细化管理转变，即从机会导向向战略导向转变，从简单资源整合向核心能力培养转变。管理会计正是帮助中国企业成功实现这一转变的关键学科。中国管理会计的发展从2009年开始提速，2014年后，受益于财政部的有力推动，呈现出繁荣之势，应用管理会计实现企业

做强、做优成为企业界的主基调。监管层频频出台政策助力推动企业管理升级，财务工作由财务核算向价值创造转型，各类管理会计工具的应用与创新层出不穷。在此阶段，随着战略管理的思想在企业经营中占据主流，中国管理会计开始迈入"战略管理会计"时代，其研究和应用进入了一个与国际趋同、与本土化发展相适应的多内容、多视角、多学科的创新时期，并将继续得到进一步的发展。

三、未来发展的方向：智能管理会计

（一）智能管理会计产生的背景

2017年12月8日，习近平在中共中央政治局就实施国家大数据战略第二次集体学习时强调，大数据发展日新月异，我们应该审时度势、精心谋划、超前布局、力争主动，应加快完善数字基础设施，推进数据资源整合和开放共享，要构建以数据为关键要素的数字经济。我们要坚持以供给侧结构性改革为主线，加快发展数字经济，推动实体经济和数字经济融合发展，推动互联网、大数据、人工智能同实体经济深度融合。[①] 在此背景下，管理会计信息化的优势日益凸显，成为财务信息化发展的主要趋势。

从技术进步的角度来看，一方面，物联网、大数据等信息技术的不断发展使企业获取数据变得更加容易，成本更低，这使得企业拥有的数据量暴增，获取数据也更加完整、及时和可靠；另一方面，人工智能、云计算、移动互联网等技术的进步使数据存储、计算速度日益加快，企业将有能力对海量的内部和外部数据进行加工、分析、报告和展现，预算管理、绩效管理、成本管理等管理会计职能可以更加高效、顺畅地发挥作用。从外部环境的变化来看，随着市场环境日趋复杂多变，经济波动的周期越来越短，企业的战略能见度越来越低，经营变得越来越复杂，企业对形成决策依据的各项数据的获取、提炼、分析的准确性、及时性的要求也越来越高。这极大地削弱了以描述性和诊断性为目标的数据应用的作用，同时又极大地提升了以预测性、优化性为目标的未来预测型数据应用的价值，使得企业对未来预测型数据应用的关注度陡增。

近两年，"数字化"取代了"信息化"，数字化是运用数字技术将企业内外部的信息转化为数据的过程，即从信息科技（Information Technology，IT）向数据科

---

① 习近平：实施国家大数据战略加快建设数字中国 [EB/OL]．http：//www.xinhuanet.com/politics/2017-12/09/c_1122084706.htm.

技（Data Technology，DT）转化的过程。然而，数字化无法使系统具备学习能力和决策能力，要让系统拥有人脑的智慧，就需要将数字化升级为智能化。智能管理会计正是数字化与智能化的融合。

（二）智能管理会计的含义及特点

1. 智能管理会计的含义

智能管理会计是通过应用数字技术获取真实、完整、实时、有效的数据资产，再基于对智能技术的深度应用完成企业复杂的管理会计活动，指导企业未来的决策和行为，其核心内容就是数据发现、智能决策和智能行动。

2. 智能管理会计的特点

（1）深度融合内外部海量数据。传统管理会计所应用的数据主要局限于财务数据和部分业务数据，而智能管理会计则需要依赖涵盖内部数据和外部数据的大规模数据来产生价值。

（2）提供实时、动态的数据服务。企业从原来被动的事后分析转变为主动的实时决策，并能够以此为基础创建基于预测而非响应的业务模型。

（3）直接赋能企业业务发展。在数字化时代，数据的数量、质量以及对数据的治理能力均大幅提升，管理会计与业务经营的融合更加紧密。这使智能管理会计能够更多地应用于供产销和研发创新等价值链环节的具体业务场景中，直接为业务运营赋能。

（4）深入应用人工智能技术。人工智能在管理会计中主要应用于三个方面：运算智能、感知智能和认知智能。运算智能让系统"能存会算"；感知智能让系统"能听会说，能看会认"；而认知智能让系统"能理解，会思考"，即可以进行联想推理。智能管理会计涵盖对人工智能的全方位深入应用。

（5）更具有前瞻性。传统管理会计主要是感知未来的数据应用，而智能管理会计则更加重视预测未来的数据应用。

（三）智能管理会计的应用领域

财政部发布的《管理会计基本指引》中明确提出，管理会计工具方法主要应用于以下领域：预算管理、成本管理、绩效管理、战略管理、营运管理、投融资管理、风险管理等。这也是智能管理会计的主要应用领域。

1. 预算管理

预算管理是企业管理体系中的核心工具方法，智能技术将赋予预算管理强大的数据基础和快速的建模能力，实现预算数据的可视化展现，并使预算导向从战略化转向业务化，预算内容从全面化转向场景化，预算周期从年度化转向滚动化。

2. 成本管理

随着物联网、"互联网＋"技术的深入应用，企业生产组织和分工方式更倾向于网络化、扁平化，个性化客户需求将逐渐成为企业设计和生产产品的起点。智能管理会计能够动态地在产品设计和制造环节对单件、单批次产品的实际成本进行及时、准确的归集和分配，满足企业进行订单盈利分析的需求，实现与业务更紧密的结合。

3. 绩效管理

在智能技术、大数据、区块链等新技术的驱动下，智能绩效管理系统能够获取多角度、结构化和非结构化数据，从而建立起更为科学的绩效评价数据库，更精准地对绩效结果进行评价。同时，它能够快速响应环境变化，及时对绩效数据和绩效分析结果进行调整，推动绩效管理持续改善。

4. 战略管理

智能管理会计集合了海量内外部数据，并开展"向前看"的数据洞察，能够为战略管理从战略分析、战略制定、战略执行到战略评价的各环节提供有力的数据支持。

5. 营运管理

智能管理会计将从研发环节的成本管控，到销售环节的客户画像管理、定价决策、促销方案决策，再到生产环节的供应链管理，以及采购环节的采购一体化管理，直接让数据赋能营运决策。

6. 投融资管理

智能管理会计有助于企业收集全面的投资信息，解决信息不对称带来的投资误判问题。它有助于企业科学、准确地预测投资项目所涉行业、区域的发展趋势，对投资的可行性进行深入评价，科学评估投资项目的风险。同时，它有助于企业实时跟踪资金需求，维持资金链安全，节约融资成本。

7. 风险管理

智能技术可以有效提升风险管理的工具效率和工作质量，能够从事前、事中和事后三个层次防范财务操作风险。在数字风控的思路下，大量的风险控制可以通过自动化规则前移至交易环节，实现对风险的场景化事前识别和事前控制。

8. 管理会计报告

随着智能管理会计带来的数据获取、数据处理和数据分析能力的巨大提升，管理会计报告系统在数据展现方面将具备多维度、可视化、定制化的鲜明特点。这将提升管理者的数据认知效率，提高决策的及时性和准确性。

智能时代已然来临，管理会计各个领域的智能化应用已接踵而至。管理会计的发展取决于时代的变化与要求，反映了企业在不同经营环境下对管理变革与创新的应对。在上百年的发展过程中，管理会计基于管理者经营管理的实际需求，通过持续进行经验总结和理论创新，已经形成了行之有效的工具方法体系，并不断丰富和发展。

第三节　成本与管理会计理论

一、成本与管理会计的目标

成本与管理会计的目标归根结底是通过提供信息和利用信息开展管理活动，借助专业工具与方法，遵循经济管理活动的"成本—效益"原则，辅助管理者优化资源配置，有效开展规划、决策、控制与评价等活动，为企业单位创造价值。成本与管理会计的目标并非单一维度和单一层次，而是由多维度和多层次的"目标体系"构成（贺颖奇，2020）。

（一）终极目标

成本与管理会计的终极目标与企业单位的终极目标相一致，即创造价值。然而，成本与管理会计并不直接创造价值，而是通过提供与使用决策有用的信息，不断改进经营管理，优化资源配置决策，实现"向管理要效益"。因此，管理会计的终极目标可以抽象地表述为企业价值最大化。

（二）代理目标

由于终极目标是抽象的，在实际管理活动中难以直接计量和反映。因此，从实现终极目标的可操作性和可计量性考虑，有三个基本目标可以作为终极目标的代理目标，即经济性、效率性和效果性。这三个代理目标分别与企业单位取得资源、使用与转换资源和输出资源的过程相对应。

（三）直接目标

成本与管理会计并不直接创造价值，其作用是支持企业单位内部管理者有效开展规划、决策、控制和评价等活动。这些活动是通过具体的战略管理、预算管理、成本管理、运营管理、绩效管理、投融资管理和风险管理等管理职能活动来实现的。因此，成本与管理会计的直接目标就是为企业单位有效开展这些管理职能活动提供各类有用信息（包括财务与非财务信息，定量信息和定性信息），并利用信息参与这些管理职能活动过程，以保证直接目标的实现。

在上述目标体系中，直接目标保证代理目标的实现，代理目标促进终极目标的实现。

二、成本与管理会计的基本假设

基本假设源于企业单位环境对管理会计的客观要求或规定，属于不言自明的规律性知识（葛家澍，2005），决定着管理会计系统的运行及其原则，通常被认为是界定会计有效性边界的约束条件和行为前提。成本与管理会计的基本假设包括多层主体假设、持续经营假设、价值计量假设。

（一）多层主体假设

这是成本与管理会计的空间范围假设。与财务会计不同，管理会计的主体不是企业单位整体，而是企业单位内部各个层级的、具有责任边界的责任中心。这意味着特定的管理会计信息及其使用主要限定在特定的责任中心范围。

（二）持续经营假设

这是成本与管理会计的时间维度假设。持续经营假设与财务会计假设中的概念相同，指假设在可预见的未来，企业能够持续经营下去，不存在终止经营的情况。持续经营假设是必要的，因为成本与管理会计的基本属性是面向未来，以对未来的预测、规划和决策支持为目的，开展解析过去、控制现在和筹划未来的活动，在时间上具有连续性要求。没有持续经营假设，服务于企业单位管理决策的预测性信息就失去了价值。

（三）价值计量假设

这是决定成本与管理会计要素计量及其属性的重要假设。与财务会计的"货币单位计量假设"不同，成本与管理会计为内部管理者提供的信息既包括财务信息，也包括非财务信息；既包括定量信息，也包括定性信息。责任主体利用这些信息开展管理活动时，其成果形式表达既包括财务形式（如收入、成本、贡献毛益等），也包括非财务形式（如满意度、质量、环保、时间等）。因此，只有将这些不同计量表达方式统一到价值平面，才能消除不同成果和不同计量量纲的影响，以保证成本与管理会计信息的统一性和可比性。

三、成本与管理会计的对象

成本与管理会计的对象是以使用价值管理为基础的价值管理活动。

从本质上讲，成本与管理会计的对象是企业的生产经营活动。企业的生产经营活动是管理学各门课程共同研究的对象，各门课程之所以能够相互区分开来，是因为它们基于不同目的、从不同角度、采用不同方法、在不同层面上展开研究。例如，财务会计主要是从外部报表使用者的角度出发，通过记账、算账、报账等会计循环工作，对已经发生或已经完成的生产经营活动进行核算，以提供管理所需的会计信息。财务管理主要是从内部使用者的角度出发，通过筹资、投资、营运和分配等工作，对生产经营活动产生的现金流动进行规划和控制，以提高资金的使用效果。成本与管理会计则是以企业内部的各级责任单位为主体，为整个管理活动过程（规划、决策、控制和评价）提供决策的有用信息，从而实现持续的价值创造。

从管理体现经济效益的角度来看，成本与管理会计的对象是企业生产经营活动中的价值运动。在商品经济条件下，企业的生产经营活动表现为两个方面：一方面表现为使用价值的生产和交换过程；另一方面表现为价值形成和价值增值过程。企业生产产品、提供服务，是为了赚得利润（即获得价值增值）。在这一过程中，成本与管理会计以生产经营活动中价值形成和价值增值过程为对象，通过对使用价值的生产和交换过程的优化，提供信息并参与决策，以实现价值最大增值的目的。

从实践角度来看，成本与管理会计的对象具有复合性的特点。一方面，成本与管理会计致力于使用价值生产和交换过程的优化，强调加强作业管理和流程优化，其目的在于提高效率。因此，作业管理必然强调有用作业和无用作业的区分，并致力于消除无用作业。为此，必须按生产经营的内在联系，设计作业环节和作业链，为作业管理和成本与管理会计的实施奠定基础。另一方面，在价值形成和价值增值过程中，成本与管理会计强调加强价值管理，其目的在于实现价值的最大增值。因此，价值管理必然强调价值转移、价值增值与价值损耗之间的关系：价值转移是价值增值的前提，减少价值损耗是增加价值增值的手段。为此，必须按照价值转移和增值的环节，设计价值环节和价值链。

正是这种复合性特征，才使作业管理和价值管理统一，并构成完整的成本与管理会计对象，从而与其他课程区别开来。一方面，价值环节和价值链与作业环节和作业链密切联系，基本形成一一对应的关系；另一方面，价值的增值取决于作业环节的减少和无用作业的消除，因为作业环节的减少和无用作业的消除将减少资源的耗费，在整个纵向价值链的价值增值额不变的情况下，必然会增加企业的价值增值额。

第四节 管理会计师能力框架和职业道德

一、管理会计职业组织

管理会计的概念是从西方传入中国的，西方国家建立管理会计职业组织的目的是指导管理会计的研究与实务，并负责举办管理会计师资格考试以及管理会计师业务培训与管理等。英国特许管理会计师公会和美国管理会计师协会在世界上有较大影响。

（一）英国特许管理会计师公会

英国特许管理会计师公会（The Chartered Institute of Management Accountants，CIMA）成立于1919年，是全球最大的国际性管理会计师组织，也是国际会计师联合会的创始成员之一，拥有逾65万会员和学员，遍布179个国家和地区。

CIMA以"财务支持战略决策，战略融于财务管理"为理念，其资格考试不仅局限于会计内容，还涵盖了管理、战略、市场、人力资源、信息系统等多方面的商业知识和技能。通过CIMA三级认证考试并达到工作经验要求者可获得CIMA会员资格,成为特许管理会计师(Associate of the Chartered Institute of Management Accountants,ACMA);而拥有三年决策管理高层工作经验的 ACMA 可申请成为特许管理会计师公会资深会员(Fellow of the Chartered Institute of Management Accountants,FCMA)。

2012 年 1 月,英国特许管理会计师公会(CIMA)与美国注册会计师协会(AICPA)联合创建了全球特许管理会计师(CGMA)头衔。全球已有超过 150 000 名精通财务、运营、战略与管理的会计和财务专业人士荣获此头衔。CGMA 代表全球品质标准,致力于进一步提升管理会计职业的影响力。该头衔授予德才兼备、克己自律的顶尖管理会计师,肯定他们为推动公司强劲业绩表现所作的贡献。通过 CIMA 考试并成为 CIMA 的会员,将自动获取 CGMA 头衔。

(二) 美国管理会计师协会

美国管理会计师协会(Institute of Management Accountants,IMA)是一家在全球具有重要影响的国际性管理会计师组织。IMA 由美国成本会计师协会(NACA)衍生而来,1991 年更名为管理会计师协会。IMA 在 150 个国家和地区拥有规模超过 140 000 名 CMA 考生及持证者,以及 300 多个分会和精英俱乐部。

在国际上,作为 COSO 委员会的创始成员及国际会计师联合会的主要成员,IMA 在管理会计、公司内部规划与控制、风险管理等领域均参与全球最前沿实践。此外,IMA 还在美国财务会计准则委员会(FASB)和美国证券交易委员会(SEC)等组织中起着非常重要的作用。

1972 年,IMA 开始举办注册管理会计师认证考试。CMA 资格证书是一个对财务管理综合能力考核的证书,考试包括两大部分:第一部分财务规划、绩效和分析;第二部分战略财务管理。

作为全球领先的国际管理会计师组织,IMA 通过其注册管理会计师的资格认证、研究与实践、教育与培训、会员社交网络以及最高的职业道德规范等,为全球管理会计和财务专业人士提供一个动态发展和交流的平台,从而推动 IMA 会员职业生涯的发展。

(三) 我国管理会计职业组织

中国总会计师协会于 2015 年成立了管理会计分会,对管理会计能力框架及人才评价体系进行系统研究,并响应财政部号召,积极推进各级管理会计人才的培养、管理会计的学习、交流和推广;2016 年,启动了管理会计师专业能力认证项目（PCMA）；2019 年 3 月，发布了《中国管理会计职业能力框架团体标准》。

二、管理会计师的能力框架

（一）中国总会计师协会设计的能力框架

按照我国现行会计师职称序列以及职业能力达到的不同程度，将管理会计师分为初级、中级、高级、特级 4 个等级。《中国管理会计职业能力框架》是对不同等级管理会计职业能力水平的描述。

能力框架确定管理会计职业能力包括专业能力和综合能力两大类，并要求符合相应的职业道德行为规范要求。管理会计的职业能力框架见表 1-2。

表 1-2　　　　　　　　　　　管理会计职业能力框架

专业能力		财务会计能力
	管理筹划能力	战略管理能力
		预算管理能力
		成本管理能力
		营运管理能力
		绩效管理能力
		投融资管理能力
		风险管理能力
		管理会计报告能力
综合能力	创新能力	思维创新能力
		信息技术应用能力
		管理会计工具方法创新能力
	领导力	沟通协调能力
		团队建设能力
		组织能力
职业道德规范		
践行社会主义核心价值观，树立新发展理念；爱岗敬业，坚守诚信原则，提供真实、准确的管理和会计信息，如实反映、报告单位财务状况与经营业绩；维护单位的合法权益，保守工作秘密，积极促进所在单位承担必需的社会责任；在与道德规范冲突的情况下，不以牺牲道德规范为代价达到个人或单位的目的；廉洁自律，不参与舞弊或行贿、受贿等		

（二）全球特许管理会计师（CGMA）职业能力框架

2019 年，CGMA 公会推出《全球特许管理会计师（CGMA）职业能力框架》，该框架以道德、诚信和专业精神为基础，确定了财务和会计专业人士所必需的五大技能，如图1-4所示。

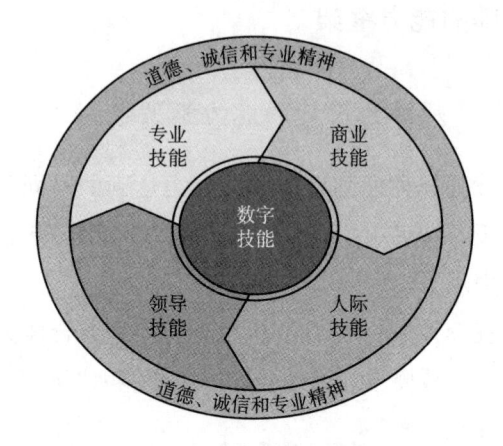

图1-4 CGMA职业能力框架

1. 专业技能

使财务专业人员能够收集、存储、处理和分析信息，用于与各利益相关方分享。这些技能包括根据专业会计标准编制和传播外部和内部报告。

2. 商业技能

使财务专业人员能够利用其商业知识及其运营的生态系统将数据转化为洞察力，帮助企业评估其战略定位、业务模式与战略的一致性，以及未来的表现和机遇。

3. 人际技能

有效沟通的能力会影响决策者和整个组织其他人员的决策、行动和行为，也会影响其利益相关者。合作和共事的能力也是一项关键技能。

4. 领导技能

发生在各个层面，有助于推动组织目标的实现。

5. 数字技能

对于财务专业人员至关重要，从基本的数字素养到云计算、网络安全、数据分析和数字成本核算的深入专业知识。如果财务专业人员要与时俱进，他们需要跟上技术进步的步伐，并能够在数字世界中管理和指导财务职能。除了作为独立的知识领域，数字技能也渗透其他知识领域。每一项技能都有四种熟练级别：基础级、中级、高级、专家级。

（三）美国管理会计师协会（IMA）管理会计能力素质框架

2018年，美国管理会计师协会（IMA）在一年一度的全球年会中发布了加强版《IMA管理会计能力素质框架》的征求意见稿。该框架确定了财务和会计专业人士所必需的六项核心技能领域，如图1-5所示。

图1-5　IMA管理会计能力素质框架

1. 战略规划和分析

战略规划和分析是指展望未来、领导战略规划过程、指导决策、管理风险和监控绩效所需的能力。

2. 报告和控制

报告和控制是指根据相关标准和法规衡量和报告组织绩效所需的能力。

3. 技术和分析

技术和分析是指管理技术和分析数据以提高组织成功所需的能力。

4. 商业敏锐度和运营

商业敏锐度和运营是指作为一个跨职能的业务伙伴，为改变公司范围内的运营作出贡献所需的能力。

5. 领导力

领导力是指与他人合作并激励团队实现组织目标所需的能力。

6. 职业道德和价值观

职业道德和价值观是指职业价值观、道德行为，以及法律合规对可持续的商业模式至关重要所需的能力。

三、管理会计师的职业道德规范

从上述三个专业机构的能力框架中可以看出,管理会计师在对其服务机构、专业团体、公众及其本身履行职责时,必须遵循职业道德标准。美国管理会计师协会(IMA)2017年发布了修订后的《职业道德守则公告》(Statement of Ethical Professional Practice),提出了会计人员必须遵循的四项核心道德原则:诚信(Honesty)、公平(Fairness)、客观(Objectivity)和负责(Responsibility),并以此为基础,阐述了每位会计人员须遵守并坚持的四项职业道德标准:能力(Competence)、保密(Confidentiality)、正直(Integrity)和可信(Credibility)。这些原则和标准体现了IMA所信奉的价值观和标准,同时,IMA也要求其成员在其所在组织中为树立积极的道德文化作出贡献,并将职业诚信置于个人利益之上。这些要求充分体现出IMA成员需要发挥积极作用,确保所在组织建立强大、开放和积极的道德文化。

(一)《职业道德守则公告》的核心道德原则

《职业道德守则公告》的核心道德原则如下。

1. 诚信

诚信是会计人员最重要的道德品格之一,代表着善良和正直的品行,要求会计人员在提供专业服务时言行直率、坚持事实,提供可靠、充分的相关信息,禁止说谎、作弊和盗窃等行为。

2. 公平

相对于偏袒而言,公平与行为、程序和结果有关,这些行为、程序和结果在道德上应当保持中立,没有偏见和歧视。

3. 客观

相对于主观而言,客观要求会计人员忠于事实,以客观公正的态度处理各项事务。

4. 负责

负责是指根据相关的法律、规章和技术标准履行其职责;在恰当地分析相关且可靠的资料后,编制完整清晰的报告和建议书。

(二) 会计人员的职业道德标准

1. 能力

会计人员应该对自己的专业知识和能力不断精益求精,学习最新的业界实践、法律法规以及工具技能等。高级职员应关心下属的成长,对他们进行合适的培训和监督。在能力方面,会计人员有以下责任。

(1) 通过充实知识储备和提高技能水平,保持适当的职业领导力和专业知识与能力。

(2) 按照有关的法律、法规和技术标准,认真履行其专业职责。

(3) 提供准确、清楚、简洁和及时的决策支持信息和建议;识别风险并协助组织进行风险管理。

2. 保密

保密方面,会计人员有以下责任。

(1) 除了授权或法律要求之外,禁止披露机密信息。

(2) 告知有关方面或人员恰当使用机密信息,通过监督确保合规性。

(3) 禁止为谋取违反职业道德或者法律规定的利益使用机密信息。

3. 正直

在处理任何职业或者商业关系时保持直率、诚实和信任,不能提供误导性信息和重大错误的信息,不能进行虚假陈述。正直方面,会计人员有以下责任。

(1) 减缓实际的利益冲突,定期与业务伙伴进行沟通,避免明显的利益冲突,就任何潜在的利益冲突向各方提供建议。

(2) 避免从事任何有碍于以符合道德规范的方式履行专业职责的行为。

(3) 避免从事或支持任何可能使管理会计职业信誉受损的行为。

(4) 促进培养积极的道德文化,并将职业诚信置于个人利益之上。

4. 可信

可信方面,会计人员有以下责任。

(1) 公平客观地沟通传递信息。

(2) 提供可能合理地影响预期使用者理解报告、分析和建议的所有相关信息。

(3) 按照组织政策和(或)适用法律,报告信息、及时性、流程或者内部控制上的延迟或者缺陷。

(4) 交流沟通专业或其他方面的限制因素,避免对作出负责任的判断或某项活动的成功执行造成阻碍。

（三）职业道德冲突的解决办法

在应用各项道德行为标准时，管理会计师可能会遇到如何确认非道德行为或如何解决不道德行为的问题。对于重大的道德行为问题，管理会计师应遵循企业已经制定的方针政策中的有关条款来解决。如果这些政策仍不能解决道德行为冲突问题，管理会计师应考虑采取如下行动。

（1）和直接主管人员商讨解决有关冲突，如果直接主管人员牵涉到该种道德冲突，则应将问题提交到上一级主管人员；如果问题还得不到满意的解决，再呈交给更高一层的主管人员，直到问题解决为止。如果直接上级主管是总经理或具有相当于总经理的职务，则解决道德行为冲突的权威性机构一般是审计委员会、董事会等。

（2）和一位客观公正的顾问进行缜密的讨论，以澄清有关问题，并确定可能的解决方案。

（3）如果道德行为冲突在经过企业内部所有管理层努力解决后仍然存在，管理会计师必须向企业组织中的一个合适的管理部门或代理人提交有关资料的备忘录，以待日后处理。如果企业中的某些道德行为冲突涉及法律或相关规定，企业应将这些问题通知给适当的官方权力机构或个人。

第二章 成本管理概述

[学习目标及开篇案例]

[学习目标]

理解并掌握成本性态的定义及分类。
掌握混合成本的分解方法。
认识成本管理的重要性。
了解我国成本管理的发展历程。

[开篇案例]

JD，作为中国知名的综合网络零售商，提供包括家电、数码、电脑、家居百货、服装服饰、母婴、图书、视频、在线旅游等在内的 12 大类数万个品牌百万种产品。2014 年 5 月，JD 在美国纳斯达克成功挂牌上市，市值一度达到 286 亿美元，成为当年在纽约上市的中国互联网公司中最大的一次 IPO。上市后，JD 的市值和股价经历了波动，但其基于价值链的全方位成本管理是其成功上市并持续发展的重要原因之一。

JD 的全方位成本管理，基于先进的信息系统，以即时库存管理为基石，高效物流体系为核心驱动力。该公司通过"提高价值链效率"和"降低价值链各个环节的成本"两条曲线，将成本管理嵌入价值链的各个环节，采取有针对性的措施对价值链节点加以完善，全方位降低成本，实现企业战略目标。

请查阅相关资料，思考价值链与成本管理的关系。

第一节 成本管理的基本内容

一、成本管理的概念

成本管理是指企业或组织在生产、销售和服务等活动中，通过合理的成本核算、控制、分析、考核和决策，以达到降低成本、提高效率、优化资源配置等目标的管理过程。它涉及对各项成本的全面管理和控制，包括生产成本和非生产成本、直接成本和间接成本、固定成本和变动成本等。成本管理旨在助力企业削减生产和运营成本，提升产品质量及竞争力，进而推动企业长远发展，实现利润最大化。

成本管理过去被认为仅适用于制造业，然而，在当今的经济社会里，任何类型的组织都能从运用成本管理的相关技术中获得利益。成本问题备受企业内外各方关注，它不仅是编制财务报表的关键要素，更是成本控制与计划不可或缺的基础。因此，成本管理会计人员必须以通过一定的方法进行成本计算所取得的成本数据为基础，进行加工、改制和延伸，为不同的目标提供不同的成本资料。

成本管理应运而生，以适应特定经济发展的需求，并在与外部环境的互动中持续演进。在过去几十年中发展起来的产品成本计算方法和成本管理实践，对特定类型的决策环境和特定类型的生产技术是适用的。在当今的经济环境中，信息的产生和使用，尤其是成本管理信息的产生和使用是管理者有效进行管理、提升竞争地位的重要因素。

二、成本管理的必要性

随着市场经济的不断发展和全球化竞争的加剧，成本管理在企业运营中的重要性日益凸显。有效的成本管理不仅能提升企业经济效益，还能帮助企业在复杂多变的市场环境中保持竞争优势。

（一）提升企业经济效益

通过对企业各项成本的精细核算与严格控制，成本管理能够敏锐洞察成本浪费与不合理支出，进而采取针对性措施，有效削减成本。这不仅能够提高企业的盈利水平，还能增强企业的市场竞争力。

（二）优化资源配置

成本管理有助于企业更准确地了解各项资源的消耗情况，从而根据市场需求和企业战略，合理调配资源，实现资源的优化配置。此举不仅能显著提升企业的运营效率，还能大幅度降低资源的浪费与闲置现象。

（三）增强企业决策的科学性

成本管理提供的数据和信息是企业决策的重要依据。借助对成本的严密监控与深入分析，企业能够更为精准地识别并有效控制潜在的财务风险。通过对成本数据的分析，企业可以更加准确地了解产品的成本构成、生产效率和市场竞争力等方面的情况，有助于企业制定和遵守预算，确保支出在预定的范围内，为企业的战略决策提供有力支持。

（四）提升企业竞争力

在激烈的市场竞争中，成本管理是企业保持竞争优势的重要手段。通过有效的成本管理，企业可以降低产品成本，提高产品质量和服务水平，从而赢得客户的青睐和市场份额。

（五）促进企业可持续发展

成本管理有助于企业建立长效机制，推动企业持续改进和创新。成本管理乃企业持续精进之道，它鞭策企业不断探索优化之道，力求成本削减与整体效能的双重提升。经由对成本的恒久优化与精细管控，企业得以持续削减生产成本，增进经济效益，进而为企业的长远发展筑牢坚实根基。

三、我国成本管理制度的发展历程

（一）发展历程

2013年8月16日，财政部根据《中华人民共和国会计法》、企业会计准则等国家有关规定制定并发布了《企业产品成本核算制度》，要求自2014年1月1日起在我国大中型企业施行，其他未明确规定的行业比照以上类似行业的规定执行。财政部颁布并实施《企业产品成本核算制度》，旨在深化成本核算体系的完善，以强制性规范引领企业成本管理行为，促使企业渐趋重视成本核算之精髓，严斥成本资料之虚假，力图规整市场主体经济举止，弘扬市场诚信经营之风。这次成本核算制度的颁布与实施对我国的成本管理乃至管理会计发展，都具有举足轻重的作用。

成本核算是企业在日常运营当中非常重要的内容之一，制定相应的成本核算制度，要通过对会计核算知识的相应把握，并从企业的实际情况出发，去制定符合企业内部发展的成本核算制度。成本核算制度涉及了企业日常经营过程中产生的各项收支明细，其本身是否具有科学性和合理性、是否满足企业发展的需要以及对成本的考核工作是否到位，都会影响到企业进行成本核算时的工作。

尽管我国早在计划经济时期就已经开始重视成本核算的工作，对企业的各种行为进行一定的管束，但是我国的成本会计仍一直处于发展不充分的阶段。1952年颁布的《国有企业决算报告编送暂行办法》中要求，成本核算表应当和财务报表一同报送。随后一年，财政部又正式颁发了《国有企业工业企业统计成本计算规程》，主要针对国有企业工业企业的产品核算，涉及的具体项目内容、收支明细等方面，都在不断细化、不断完善，让企业能按照具体的规定来进行管理，并开展更有利于企业经营的活动。1959年，相关部门又正式颁布了《关于进一步加强成本计划管理工作的几项规定》和《关于国营工业企业生产费用要素、产品成本项目和成本核算的几项规定》。在之后的1961年和1965年，《关于加强国有企业成本管理工作的联合规定》以及《企业会计工作改革纲要》的正式颁布，这也在一定程度上体现了我国对企业成本制度改革的高度重视。

1973年财政部发布了《国营工业企业若干费用开支办法》，从不同企业的运营情况出发，实现对运营成本真正有效的管理，并制定相关的具体措施，对企业的行为进行约束，适应企业更高层次的要求。其明确指出，为了促进企业健康可持续发展，这些法规制度都应该得到更好的贯彻落实。自1978年改革开放以来，中国经济实现了持续快速发展，市场规模显著扩大，经济结构日趋合理，第三产业逐渐占据主导地位，成为拉动经济增长的主要力量。同时，中国在制造业和服务业领域取得显著成就，形成了全球制造业大国的地位，树立了中国的竞争优势。所以为了维持当前持续向好的经济发展状态，应当不断对国有企业进行升级和转型。1984年和1986年，《国有企业成本管理条例》和《国营工业企业成本核算办法》的陆续出台，正式奠定了我国成本核算制度的基础。这些不断颁布的有关成本核算的各项法律法规，更加明确成本核算的具体内容以及针对不同企业的成本核算要求，主要是为了实现企业更快、更好的发展，并且能够约束企业的行为，实现诚信经营，节约企业的生产成本，明确企业的收支情况。随后财政部又和各行业主管部门联合制定发布了针对各个行业的成本核算法规，包括《交通运输企业成本费用管理核算办法》《铁路运输企业成本费用管理核算规程》等法规，将成本核算制度确立为我国重要的财务管理制度之一，让更多企业能够不断对内部运营进行完善，规范自身的行为，实现健康良好的发展，不断提高成本核算工作的质量，严格按照成本核算制度的相关规定去进行。

自 1990 年起，我国主要推行以《企业会计准则》和《企业财务通则》为主要内容的企业会计制度。这些制度不仅基于国家的发展状况，而且旨在适应各行业在经济发展中的需求。它们吸收了国际上的先进经验与核算方法，以确保成本核算方法的有效性和可操作性。《企业财务通则》特别强调了财务管理的五大影响：确保企业及其相关方的合法权益最大化、规范企业筹资活动、促进科学的投资管理、加强日常营运资金的管理以及明确收益分配的原则。表 2-1 为我国成本制度改革的一些标志性事件。这些改革有助于推动我国成本管理和成本核算的科学发展。

表 2-1　　　　　　　　　我国成本制度的改革

年份	制度名称	制定部门
1953	《国营工业企业统一成本计算规程》	财政部
1959	《关于进一步加强成本计划管理工作的几项规定》	国家计划委员会 财政部
1961	《关于加强国有企业成本管理工作的联合规定》	财政部
1963	《关于基本建设投资和各项费用规划的规定》	财政部
1973	《关于加强国营工业企业成本管理工作的若干规定》	财政部
1984	《国有企业成本管理条例》	国务院
1986	《国营工业企业成本核算办法》	财政部

（二）《企业产品成本核算制度（试行）》

随着我国经济的迅猛发展以及全球经济一体化的不断加深，建立一套适用于我国的成本核算制度成为学术界和实务界重点关注的问题，也被正式纳入相关部门的工作议程。2013 年起，财政部正式确定管理会计将会成为国家未来实施会计改革的主要内容之一，成本核算制度的推行标志着管理会计领域迎来了一场大发展。它不仅旨在实现节约成本，还追求经济利益的提升，在双重目标共同作用下，企业得以获取更为可观的资本效益。

随着全面深化改革的推进，为了使企业成本管理更好地服务于经济发展，2013年财政部颁布了《企业产品成本核算制度（试行）》，并于 2014 年 1 月 1 日起在大中型企业试行，不再执行 1986 年颁布的《国营工业企业成本核算办法》。2014 年和 2017 年，财政部在借鉴国际财务报告准则和结合我国经济发展需要的基础上，两次对《企业会计准则》进行了大规模的修订和增补，对公允价值计量、职工薪酬、金融工具确认和计量、金融资产转移、套期会计等准则作出了新规定。此次修订不仅提高了企业成本核算质量，而且对促进企业和社会经济的可持续发展具有重要意义。2016年财政部印发了《管理会计基本指引》，对成本管理领域应用的管理会计工具方法做了介绍。在此基础上，2017年财政部印发了首批22项《管理会计应用指引》，对成本管理的原则、程序、工具方法作出了明确规定，要求企业建立健全成本管理制度体系和成本相关原始记录，加强存货的计量验收管理，充分利用现代信息技术，规范成本管理流程，提高成本管理效率。同时，其对目标成本法、标准成本法、变动成本法、作业成本法的适用行业、应用环境、应用程序进行了详细介绍，对各种方法的优缺点进行了评价。

成本核算制度的诞生，旨在解决旧制度不统一所带来的诸多问题。自旧制度提出以来，我国众多企业纷纷采用了分行业的成本核算体系。由于企业的外部环境已经发生了许多改变，同一行业的竞争者层出不穷，因此，分行业成本核算所存在的问题逐渐突出，如核算口径存在差异等。部分国外企业察觉到我国在成本核算上的漏洞，借此尚未健全的制度，对我国产品进行"反倾销"操作。成本核算制度是在会计准则和以往成本制度基础上的一次具体结合，在总结了之前关于成本核算种种做法的基础上，提出了新的成本管理理念和成本管理创新，此次成本制度改革还创新性地引进了很多新的管理会计思想。近年来，我国对成本核算制度进行了重大改革，这一改革不仅标志着我国成本管理的现代化，而且对于提升企业成本管理效率、促进企业的健康可持续发展以及推动管理会计的发展具有深远的意义。

成本核算制度是管理会计的基石，要充分发挥管理会计的效能，首要任务是从成本管理着手，将管理会计的先进理念和方法深度融入企业的全面管理之中。通过这一系列的举措，我们不难看出，我国将正式进入会计改革的崭新阶段，管理会计已经被提高到国家发展的战略高度。而成本核算制度的颁布与实施则打响了管理会计改革战役的第一枪。根据财科院的调研报告，2023年我国企业成本呈现整体上升态势，这凸显了成本管理的重要性。成本核算制度的推广和实施，不仅能够有效提升我国企业的成本管理水平，而且为管理会计体系的建设奠定了坚实基础。正如《2020年中国企业成本管理研究报告》所指出的，我国企业成本管理水平虽有所提升，但与发达国家相比仍有差距。因此，通过全面成本管理和战略成本管理，企业能够更好地控制成本，提高市场竞争力。此次成本核算制度的实施，不仅统一了之前零星分布且不统一的成本核算制度，而且相关细则的实施，改进和加强了企业产品成本核算，保证了产品成本信息的真实性和完整性，对于提高企业成本管理水平、提高会计信息质量、增强资源配置效率以及促进企业和经济社会的可持续发展，作出了一定的贡献。

第二节 成本的概念与分类

一、成本的概念

（一）成本的含义

成本是商品经济的产物，是商品经济中的一个经济范畴，是商品价值的主要组成部分。实际上，产品成本是成本的一种，然而成本的概念并不局限于产品成本。成本与管理紧密相连，其内涵常随管理需求而调整。因此，经济活动的内容差异导致了成本含义的多样性。

美国会计学会（AAA）下属的成本概念与标准委员会在1951年将成本定义为：为实现特定目的而付出（或可能付出）的用货币测量的价值牺牲。

会计学中，成本被定义为特定会计主体在生产、销售、管理等经营过程中实际发生的各项费用支出，这些支出可以用货币计量，并且包括生产成本、管理费用、财务费用和销售费用等。

会计人员将成本定义为：为取得某些财产（如材料）或接受劳务（如人力资源）而牺牲的经济资源。

经济学对成本的定义不仅宏观，还包括了机会成本、显成本和隐成本等概念，强调了资源的稀缺性和选择放弃其他用途时的经济价值牺牲。换言之，成本可以是有形的或无形的，可以是主观认定的或客观认定的，可以是货币性的或非货币性的，也可以包括社会成本（如因噪声和污染）所引起的成本。

综上所述，根据不同的经济环境和不同的行业特点，对成本的内涵有不同的理解。但是，成本的经济内容归纳起来有两点是共同的：一是成本的形成是以某种目标为对象的。目标可以是有形的产品或无形的产品，如新技术、新工艺；也可以是某种服务，如教育、卫生系统的服务。二是成本是为实现一定的目标而发生的耗费，没有目标的支出则是一种损失，不能称作成本。

（二）成本与费用

成本即生产产品、完成项目或达成目标的耗费总和，体现为对象化的费用。费用是指企业在获取当期收入的过程中，对企业所拥有或控制的资产的耗费，是会计期间与收入相配比的成本。成本代表经济资源的牺牲，而费用是会计期间为获得收益而发生的成本。

在财务会计中，成本分为未耗成本与已耗成本两大类。未耗成本指未来会计期间可产生收益的支出，在资产负债表上列为资产，如设备、存货、应收账款等。已耗成本是指本会计期间内已经消耗且在未来会计期间不会创造收益的支出。这类成本又可分为费用和损失：前者在利润表上列为当期收益的减项，如已销产品的生产成本及各项期间费用等；后者则因无相应利益的产生而在利润表上列为营业外支出等项目，如火灾、水灾等自然灾害造成的损失。

典型的成本是产品成本，其实质就是各项生产耗费的价值凝结，同时，它也被用作存货资产价值的计量。在商品未售出之际，其成本始终被视作资产构成的关键一环。一旦产品售出，其成本就转化为出售当期的销售成本，并与当期发生的其他费用一起，由当期营业收入予以补偿。据此，我们可得出如下推论：第一，费用的产生乃成本形成之基石，若无费用发生，成本便无从谈起。第二，按对象归集的费用构成成本，其发生期与补偿期并非完全一致；不予对象化的费用可按发生期间归集，由同期收入补偿。成本与费用的关系可表述如图2-1所示。

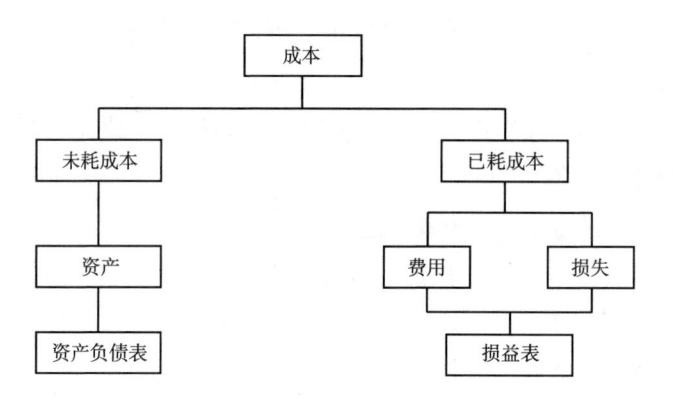

图2-1 成本与费用的关系

成本管理会计关注的是成本而不是费用。成本的两种主要类型是支出成本和机会成本。支出成本是过去、现在或未来的现金流出。机会成本是指因选取一个最优方案而放弃的次优方案上的收益。当然，在任何时刻，没有人能知道可利用的所有可能机会，因此，无疑会忽略一些机会成本。尽管会计系统的特征是记录支出成本而不记录机会成本，但是，为了保证所做的决策是最优的，在进行决策时应考虑机会成本。

二、基于财务报告视角的成本分类

(一) 按经济用途分类

经济用途,指费用所流向的最终归宿。成本按经济用途可以分为生产成本和非生产成本,这也是财务会计当中最常用的成本分类方法。

1. 生产成本

生产成本,也叫作制造成本,是企业为生产产品或提供劳务而发生的各项生产费用,包括各项直接支出和制造费用。具体内容如表2-2所示。

表2-2　　　　　　　　　　　　生产成本的构成

项目	内容
直接材料	指直接用于产品生产、构成产品实体的原料、主要材料等
直接人工	指直接参加产品生产的工人工资及福利费
制造费用	制造费用是除以上两项以外的其他生产费用,指间接用于产品生产的各项费用,以及虽直接用于产品生产,但不便于直接计入产品成本的费用,制造费用的内容构成比较复杂

2. 非生产成本

非生产成本,即非制造成本,或称为期间费用,依据其经济用途,可细分为管理费用、销售费用及财务费用。具体内容如表2-3所示。

表2-3　　　　　　　　　　　　非生产成本的构成

项目	内容
管理费用	指企业行政管理部门为组织和管理企业生产经营所发生的各项费用
销售费用	指企业在产品销售过程中发生的费用,以及为销售本企业产品而专设的销售机构的各项经费
财务费用	指企业为筹集生产经营所需资金而发生的各项费用,包括利息支出、汇兑损失以及相关的手续费等

(二) 按成本发生的环节分类

1. 直接成本

直接成本是指可以直接追溯到特定产品或服务的成本,如直接材料成本、直接人工成本等。这些成本直接计入产品的制造成本,是计算产品成本的重要组成部分。

2. 间接成本

间接成本是指那些无法直接归属于特定产品或服务的开支,诸如制造费用、销售费用及管理费用等。这些成本需要按照一定的分配方法分摊到产品或服务上。

（三）按成本的时间特性分类

1. 历史成本

历史成本是指已经实际发生的成本，是企业在过去的生产经营活动中实际支付的成本。历史成本是编制财务报表的基础，反映了企业的实际经营状况。

2. 预算成本

预算成本指企业在预算期内计划发生的成本，是企业在预算编制过程中根据经营计划、市场需求等因素预测的成本。预算成本有助于企业进行成本控制和预测未来的经营状况。

（四）按成本的对象分类

1. 产品成本

产品成本是指企业在生产过程中为生产产品而发生的成本，包括直接材料成本、直接人工成本和制造费用等。产品成本在确定产品售价及评估企业利润时扮演着至关重要的角色。

2. 期间成本

期间成本是指企业在一定期间内为维持正常生产经营活动而发生的成本，如销售费用、管理费用等。期间成本通常与产品的生产无直接关联，但对企业的经营成果具有重要影响。

（五）按成本的性态分类

1. 固定成本

固定成本是指在特定的产量范围内不受产量变动影响，一定期间的总额能保持相对稳定的成本，如固定月工资、固定资产折旧、取暖费、财产保险费等。

2. 变动成本

变动成本是指在特定的产量范围内其总额随产量变动而正比例变动的成本，如直接材料、直接人工、外部加工费等。这类成本直接受产量的影响，两者保持正比例关系。

3. 混合成本

混合成本是指介于固定成本和变动成本之间的成本，它们因产量变动而变动，但不是呈正比例关系，如半变动成本、阶梯式成本、延期变动成本等。

三、基于内部管理视角的成本分类

(一) 机会成本和实支成本

1. 机会成本

机会成本（Opportunity Costs），原是经济学术语。在经济决策中，机会成本是指因选择最优方案而放弃的次优方案潜在收益，即资源在不同用途之间的选择所导致的潜在损失。许多经济资源均可有多方面用途，但在一定时空条件下，资源又总是相对有限的，选择某一方案必然意味着其他方案可能获利的机会被放弃或者丧失。因此，将次优方案的潜在收益视为最佳方案的"机会成本"，能够全面衡量决策方案的得失平衡。所以，机会成本应当作为管理会计决策的相关成本来考虑。但由于机会成本并没有构成企业的实际成本支出，因此，在财务会计实务中，机会成本并不在任何会计账户中予以登记。

假设某饮料公司打算引入一种新的果汁饮料，这需要使用一台处于闲置状态的机器设备，可以获得 60 万元的净收益。这台机器设备能以 30 万元的价格出售。若公司选择利用该机器设备生产果汁饮料，则放弃的 30 万元出售收入即为机会成本；反之，若选择出售设备，则放弃的 60 万元果汁饮料净收益构成机会成本。

如果某项资源只有一个用途，别无选择，那么其机会成本就等于零。

2. 实支成本

实支成本（Outlay Costs）是指已经实际发生现金流出并计入会计账簿的成本。该成本与当前的、未来的决策无关。

(二) 沉没成本、重置成本和付现成本

1. 沉没成本

沉没成本（Sunk Costs）是指已经发生的且与当前或未来决策无关的成本支出。从广义上来看，任何过去已经发生且无法由当前或未来决策所改变的成本，均可视为沉没成本。企业大多数固定成本（尤其是其中的固定资产折旧费、无形资产摊销费）均属于沉没成本，但并不是说所有的固定成本都属于沉没成本，如与决策方案有关的新增固定资产的折旧费就属于相关成本。另外，某些变动成本也属于沉没成本，如在半成品是否深加工的决策中，半成品成本中的变动成本就属于沉没成本。

2. 重置成本

重置成本（Replacement Costs）是指目前从市场上重新取得某项现有的资产所需支付的成本。在短期经营决策的定价决策以及长期投资决策的固定资产更新决策中，需要以重置成本作为相关成本。企业在定价时需要考虑重置成本。

3. 付现成本

付现成本又称现金支出成本（Out-of-Pocketcost），是指那些由未来某项决策引起的，需要立即或近期内动用现金支付的成本。在企业现金短缺、支付能力不足而筹资又十分困难的情况下，对于那些急需实施的方案进行决策时，必须以付现成本而不是以总成本作为方案取舍的标准。

（三）增量成本、差量成本和边际成本

1. 增量成本

增量成本（Incremental Costs），也称狭义差量成本，是指在产能利用程度差异下，单一决策方案所展现的成本差额。在一定条件下，某一决策方案的增量成本就是该方案的相关变动成本，即等于该方案的单位变动成本与相关业务量的乘积。

在短期经营决策的生产决策中，增量成本是较为常见的相关成本。例如，在亏损产品的决策、是否转产某种产品的决策和是否接受特殊订货的决策中，最基本的相关成本就是增量成本。

2. 差量成本

差量成本（Differential Costs）是指在进行方案的决策分析时，两个或两个以上备选方案之间预期成本的差异。例如，某企业需要一种零部件，有两个方案可选择：自制和外购，自制方案的相关成本为 120 000 元，外购方案的相关成本为 130 000 元，则两套方案的差量成本为 10 000 元。

在短期经营决策的生产决策中，差量成本是一个重要的相关成本。例如，自制还是外购的决策、是否接受特殊订货的决策，都要利用差量成本进行决策。

与差量成本相对应的是差量收入，差量收入与差量成本之间的差异就是差量利润。

3. 边际成本

边际成本（Marginal Costs），根据经济学的一般理论，是指成本对业务量无限小变化的变动部分。在数学上，它可用成本函数的一阶导数来表示。但在实际经济生活中业务量无限小的变化是相对的，只能小到一个经济单位（如一批、一个、

一只、一件等），再小就失去了经济意义。因此，在管理会计领域，边际成本特指由于业务量以一个最小经济单位（如一批、一个单位等）的变动所导致的成本差异。因此，我们可以把边际成本看成差量成本的一个特殊形式。

在短期经营决策的定价决策中，边际成本是经常被考虑的相关成本。

（四）专属成本和共同成本

1. 专属成本

专属成本（Specific Costs），指那些能够明确归属于特定决策方案的固定成本。它往往是为了弥补产能不足的缺陷，增加有关装置、设备、工具等长期资产而发生的。例如，某企业为了生产新产品专门购买了一台设备，设备的成本就属于专属成本。

2. 共同成本

共同成本（Common Costs），指应当由多个方案共同负担的固定成本。它的发生与特定方案的选择无关，如生产车间的照明费。

（五）联合成本和可分成本

1. 联合成本

联合成本（Joint Costs），指在未分离前的关联产品生产过程中发生的、应由所有联产品共同负担的成本。

2. 可分成本

可分成本（Separable Costs），指对已经分离的关联产品进行深加工而追加发生的变动成本和专属成本。在关联产品生产决策中必须加以考虑。

（六）可避免成本和不可避免成本

1. 可避免成本

可避免成本（Avoidable Costs），指通过企业管理当局的某项决策可以改变其发生数额的成本。如果企业选择了某个方案，与其相关的某项支出必然发生，不可避免；反之，如果企业放弃了该方案，则与此相联系的某项支出就不会发生。也就是说，成本的发生与决策行为密切相关，这样的成本就属于可避免成本。变动成本和酌量性固定成本就属于可避免成本。例如，某企业的产品系列中有一款产品亏损了，企业需要作出是否停产的决策。如果停产，与该亏损产品相关的变动成本就不会发生；如果继续生产，则这部分变动成本必然发生，因此，这里的变动成本就属于该项决策的可避免成本。

2. 不可避免的成本

不可避免成本（Unavoidable Costs），指通过企业管理当局的某项决策不能改变其发生额的成本。该项成本的发生与特定的决策方案无关。约束性固定成本属于不可避免成本。例如，上述亏损产品是否停产的决策，一般企业的产品均需在企业的厂房进行生产，那么无论该产品是否停产，厂房的折旧费都要发生，因此这项约束性固定成本就属于不可避免的成本。

（七）可延缓成本和不可延缓成本

1. 可延缓成本

可延缓成本（Deferrable Costs），是指在短期经营决策中对其暂缓开支，不会对企业未来的生产经营产生重大不利影响的成本，如推迟到下一季度的广告宣传费用。由于可延缓成本具有一定弹性，在决策中应当予以考虑。

2. 不可延缓成本

不可延缓成本（Non-deferrable Costs）是与可延缓成本相对立的成本，指的是在短期经营决策中，若推迟支付就会对企业的未来生产经营造成重大不利影响的成本，如生产设备发生严重故障时所需的大修理费用。由于不可延缓成本具有较强的刚性，马上就要发生，所以必须保证对它的支付，没有什么选择的余地。

（八）相关成本和非相关成本

1. 相关成本

相关成本（Relevant Costs）是与特定决策方案直接相关的成本，具备以下两个特征：首先，它是一种未来成本，因为决策是面向未来的，所以相关成本应是预期将发生的，而非历史成本；其次，它是一种有差别的未来成本。即使是未来成本，只有可供选择的不同方案之间预期成本存在差别的，才是与决策相关的成本。

相关成本是重要的决策成本概念。判断相关成本的步骤如下：

第一，汇总与各个备选方案相联系的所有成本；

第二，排除沉没成本；

第三，剔除各个备选方案之间没有差别的未来成本；

第四，剩余的成本即为相关成本。

相关成本是决策关注的重点。前述的机会成本、重置成本、付现成本、差量成本、增量成本、边际成本、可避免成本和可延缓成本等都属于相关成本。

2. 非相关成本

非相关成本（Irrelevant Costs）是指与特定决策方案无关的成本。前述的沉没成本、不可避免成本和不可延缓成本均属于非相关成本。

总之，掌握不同的决策成本概念，有助于提高决策信息的有用性，对于指导企业正确决策具有重要意义。

第三节 成本性态分析

一、成本性态的概念

管理会计当中至关重要的一种成本分类方法即按照成本性态进行分类。成本性态又叫作成本习性，描述的是成本总额对业务总量的依存关系。成本总额既包括生产成本也包括非生产成本。业务量通常是指生产数量或销售数量，当然也可以指生产工时等。

成本按形态可以分为固定成本、变动成本和混合成本三个类别。

二、固定成本的概念及分类

（一）定义

固定成本是指在相关范围内其总额不随着业务量的变化而变化的那部分成本，如房屋设备租赁费、保险费、不动产税、广告费、管理人员薪酬、职工教育培训费和按使用年限平均法计提的固定资产折旧费等。在成本曲线上，固定成本表现为一条稳定的水平线，显示出其不随业务量变动的特性。

单位固定成本，即成本总额与业务量之比，其变化趋势在成本曲线上呈现为边际递减的凹形，意味着随着业务量的提升，单位固定成本虽逐渐降低，但降幅逐渐减小。利用固定成本的这些特征，企业可以开展相应的成本管理，尤其是对那些固定成本比较高的"重资产"企业而言，将固定成本的特性应用于成本管理中，对企业创造更多的盈利较为重要。

（二）特点

固定成本总额不随着业务量的变化而变化，但单位业务量所负担的固定成本随着业务量的变化而呈现出反比例的变化，如图2-2所示。

（a）固定成本总额与业务量之间的关系　　（b）单位固定成本与业务量之间的关系

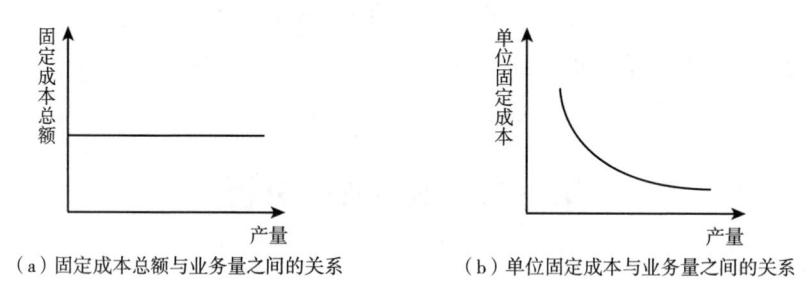

图2-2　固定成本的特征

（三）分类

固定成本按照其支出数额是否会受到管理者当前决策的影响分为约束性固定成本和酌量性固定成本。

（1）约束性固定成本。约束性固定成本是指其支出数额不受管理者当前决策影响的固定成本类型，具有较强的约束性。约束性固定成本是企业在生产经营过程当中必须负担的最低成本，短期内很难发生改变，如厂房和机器设备的折旧费、不动产税、保险费、管理人员的薪酬等。

（2）酌量性固定成本。酌量性固定成本是指其支出数额会受到管理者当前决策影响的固定成本。与约束性固定成本相比，酌量性固定成本的约束性相对较弱。虽然管理者的决策可以压缩其费用水平，但是酌量性固定成本对企业长期目标的实现十分重要，管理者需要根据企业的实际运营状况，作出科学合理的决策，如广告费、职工培训费、新产品开发费等。

（四）固定成本的相关范围

固定成本总额在特定的业务量和时间范围内保持不变，是因为它们不随业务量的增减而改变。然而，这种"固定性"仅在一定业务量和期间内成立，超出这个范围，固定成本可能需要重新评估。在这一区间内，我们可以分析成本总额与业务量之间的关系。

从时间维度考量，固定成本在较长的时间段内也会发生变动。从业务量范围来看，某些成本项目只是在某一特定的业务量水平上属于固定成本，超过这个业务量范围则不属于固定成本。

三、变动成本的概念及分类

（一）定义

变动成本是指在相关范围内，成本总额随业务量的变化而呈现出正比例变化的那部分成本，又称可变成本，如直接材料费、产品包装费、按件计酬的工人薪金、销售费用中按销售量支付的销售佣金以及按加工量计算的固定资产折旧费等。与固定成本形成鲜明对照的是，变动成本的总量随业务量的变化呈正比例变动关系。

单位变动成本指的是在单位业务量下的成本变动。在特定期间和业务量范围内，若将变动成本视为线性模型，则单位业务量中的变动成本保持恒定，不会因业务量的增减而变化。

（二）特点

变动成本总额随着业务量的变化呈现出正比例的变化，而单位业务量中的变动成本则保持不变，如图2-3所示。

（a）变动成本总额与业务量之间的关系　　（b）单位变动成本与业务量之间的关系

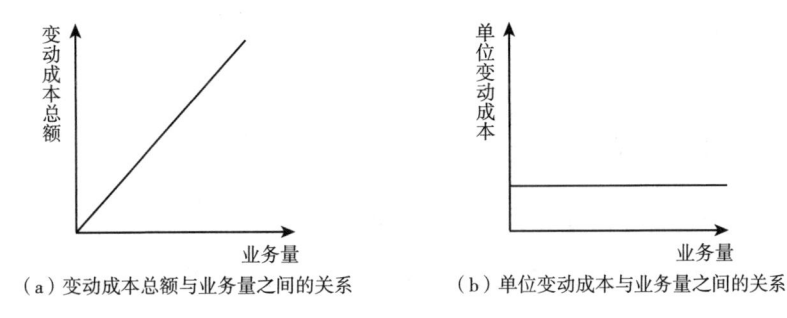

图2-3　变动成本的特征

（三）分类

与固定成本的分类相同，变动成本也可以按照其支出数额是否会受到管理者决策的影响分为约束性变动成本和酌量性变动成本。

（1）约束性变动成本。约束性变动成本是指其支出数额不受管理者当前决策影响的变动成本，具有较强的约束性，其典型例子是直接材料成本。约束性变动成本的降低可以通过改进产品设计、生产线的流程再造、技术创新等方式实现。

（2）酌量性变动成本。酌量性变动成本是指支出数额可受管理者当前决策影响的变动成本，如按销售收入比例计算的销售佣金等。

（四）变动成本的相关范围

变动成本总额随着业务量的变化而呈现出正比例的变化，这种"变动性"是在相关范围内才成立的，即需要满足一定期间和一定业务量的基本前提。在此区间，我们探讨业务量与成本总额之间的正比关系。一旦超出此范围，这种严格的线性关系便不复存在。

四、混合成本的概念及分类

混合成本介于变动成本和固定成本之间，混合成本虽然随着业务量的变化而变化，但并不呈现出严格的正比例变化关系，这一类成本在实际生活当中普遍存在。企业的总成本是一项最大的混合成本，在总成本之内也会有许多混合成本。在短期经营决策中，会计师需要对混合成本进行分解，以更为精确地解析成本结构，并基于成本性态开展成本管理。混合成本又包括以下几种类型：半变动成本、半固定成本、延伸变动成本。

（一）半变动成本

半变动成本的特征体现为当业务量为零时，成本是一个非零基数，相当于固定成本，在这个基数上，成本随着业务量的增加而呈现出正比例的变化，如图2-4所示。

企业的公用事业支出，包括水、电、煤气等，以及机器设备的维修保养费用和销售人员的薪资，均属于半变动成本范畴。例如，一个销售人员保底工资2 000元，每销售一件产品额外获得0.5元，该销售人员的月工资可写为半变动成本。

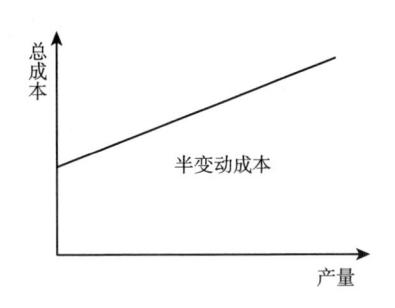

图 2-4 半变动成本的特征

（二）半固定成本

半固定成本的特点是其成本随着业务量的变化而呈现出阶梯式的变化，故半固定成本又叫作阶梯式混合成本。具体表现为在一定业务量范围内，其成本不随着业务量的变动而变动，体现为固定成本的性态，当业务量突破这一范围，成本会跃升到一个新的水平并保持不变，直到出现另一个新的跃升为止。企业化验员、质检员等人员的工资等属于半固定成本。实际上半固定成本的数学模型即分段函数。

例如，某企业的产品完工后，需经质检员完成检查后方能入库，每个质检员每年最多检验 10 万件产品，当产量突破 10 万件的时候就必须增加一位质检员。假设质检员的工资是 4 万元/年，那么该企业的质检员工资成本即半固定成本，如图 2-5 所示。

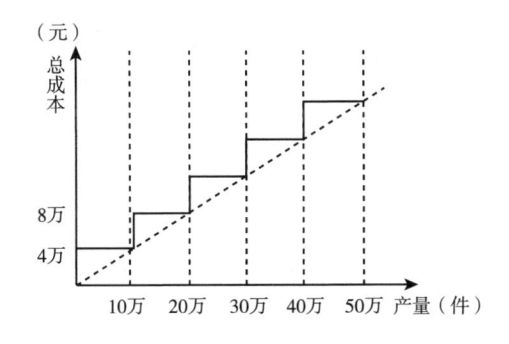

图 2-5 半固定成本的特征

（三）延伸变动成本

延伸变动成本存在一个临界点，当业务量没有超过临界点的时候，其成本总额保持不变，体现固定成本的特征。一旦业务量突破这个临界点，其超出的部分就相当于变动成本，如加班工资或津贴。

例如，某企业生产工人基本工资为 5 000 元/月，约定工作时间为 150 小时/月，当月工作时间超过 150 小时，每增加 1 小时，支付双薪。该生产工人人工成本为延伸变动成本。

五、混合成本的分解

企业中大多数的成本是以混合成本的形式存在，我们最终需要将企业的全部成本区分为固定成本和变动成本两大类，因此，需要对混合成本进行分解。混合成本的模型可以用 $y = a + bx$ 来表示。其中，y 代表总成本；x 代表业务量；a 代表固定成本；b 代表单位变动成本。混合成本的分解即确定 a 和 b 的值，进而确定混合成本的函数模型。混合成本的分解方法有账户分析法和历史成本法。

（一）账户分析法

账户分析法属于定性的混合成本分解方法。凭借经验对各成本、费用账户的内容进行判断，把那些与固定成本较为接近的成本归入固定成本，把那些与变动成本较为接近的成本归入变动成本。例如，"制造费用"账户中按折旧年限计算的折旧费与产量的关系不大，应视为固定成本；而"制造费用"账户中的燃料动力费等，其发生额的大小与产量虽未呈现出严格的正比例关系，但与产量关系较大，因而将其视为变动成本。尽管这种方法相对简单，可能存在一定的局限性，但其操作简便，易于实施，尤其适用于管理会计基础工作较为扎实的企业。

（二）历史成本法

历史成本法是一种量化的混合成本解析手段，它基于以往数期业务量和相应成本的历史数据，运用数学方法处理这些数据，进而确定混合成本模型 $y = a + bx$ 中的常数 a 与 b。历史成本法包括高低点法、散布图法和回归直线法。本教材介绍高低点法、回归直线法两种。

1. 高低点法

高低点法通过选取某一期间内业务量与成本构成的坐标点中的最高点（代表最高业务量）与最低点（代表最低业务量），据此来区分混合成本中的变动成本与固定成本部分。

高低点法进行混合成本分解的具体步骤如下。

步骤1：确定高点和低点坐标。

从某一期间内由各期业务量与相应成本所构成的所有坐标点中，找出最高业务量与其成本的坐标（x_1，y_1）和最低业务量与其成本的坐标（x_2，y_2）。

步骤2：确定单位变动成本b。

B = (y_2 – y_1)/(x_2 – x_1)

步骤3：确定固定成本a。

将高点或低点坐标代入到 a = y – bx。

步骤4：确定混合成本的模型。

【例2-1】假定某企业6个月的机器工时和设备维修费支出有关的数据如表2-4所示，通过高低点法确定其混合成本模型。

表2-4　　　　　　　　　业务量和成本数据

月份	机器工时（小时）	设备维修费（元）
1	400	5 500
2	420	5 700
3	430	5 800
4	410	5 600
5	390	5 400
6	410	5 600

步骤1：找出最高业务量和最低产量对应的月份，即3月和5月。

步骤2：计算b的值。

b = (5 800 – 5 400)/(430 – 390) = 10（元/机器工时）

步骤3：计算a的值。

a = 5 800 – 10 × 430 = 1 500（元）

或 a = 5 400 – 10 × 390 = 1 500（元）

步骤4：用数学模型来描述这项混合成本。

Y = 1 500 + 10x

高低点法计算简便，然而，由于仅基于两组数据进行分析，其代表性受限，可能导致较大的误差。

2. 回归直线法

回归直线法又叫作最小二乘法或最小平方法，利用数理统计中最小平方法的原理，对全部观测值进行计算，从而找到一条与全部观测值误差的平方和最小的直线,即最能代表成本变动趋势的直线,这条直线就是回归直线或回归方程。

回归直线法的计算公式:

$$b = \frac{n\sum xy - \sum x \sum y}{n\sum x^2 - \left(\sum x\right)^2}$$

$$a = \frac{\sum x^2 \sum y - \sum x \sum xy}{n\sum x^2 - \left(\sum x\right)^2}$$

回归直线法以其高度的准确性著称,尽管计算过程相对复杂,但借助计算机软件,我们可以轻松实现,使其成为混合成本分解的一种优选方法。

第三章　成本计算原理

[学习目标及开篇案例]

[学习目标]

掌握各要素费用的归集与分配。
掌握辅助生产费用的归集与分配。
掌握生产费用在完工产品和月末在产品之间的分配。

[开篇案例]

小黄和小刘是大学同窗好友。大学毕业以后，他们响应国家自主创新的号召，合伙投资开办了一家电子元件加工厂，专门生产各种电子元件产品。根据需要，他们选定了厂址后，购置了一批新型的生产设备，招聘了十多名技术工人和管理人员。电子元件加工厂开张后，摆在两人面前的第一道难题就是：在设厂之前，他们每天只记流水账就能知道每天发生的费用；工厂正式开工以后，会有大量成本费用的发生，只靠登记流水账根本无法分清各种电子元件的成本，很难控制每个月的成本费用。

如果你是小黄或者小刘，面对企业当前遇到的问题，你应该从哪个角度入手控制成本费用？

第一节　各项费用的归集与分配

一、要素费用的归集与分配

（一）要素费用归集与分配的一般方法

要素费用是按费用性质反映的生产耗费，主要包括材料、燃料、外购动力、工资薪酬、累计折旧及其他费用。要素费用的归集与分配是指对生产经营过程中产生的各项生产费用进行审核,然后依据一定的程序、标准和方法,按照其实际用途准确地记入相应的成本费用账户中。

在归集与分配企业生产经营中的各项要素费用时,首要步骤是审核各费用发生凭证,并依据其经济内容进行细致汇总;然后,根据各要素费用的经济用途,区分为应计入产品成本的费用和不应计入产品成本的费用。针对那些应计入产品成本的费用,需依据其与产品的直接关联度进行合理分配。凡是专为某种产品所耗用的费用,采用直接追溯方法计入该产品成本;凡是为几类产品共同耗用的费用,则应选择一定的标准分配计入各产品成本。

对于应分配计入各产品成本的要素费用,一般可采用如下分配步骤。

1. 选择适当的费用分配标准

选择分配标准时应满足"受益、易取得"原则,即所依据的标准要与成本的发生有比较密切的联系,同时分配标准的资料要容易取得。具体而言,常用的费用分配标准可细分为以下三类。(1) 成果类,如产品的重量、体积、产量、产值等。(2) 消耗类,如生产工时、生产工人工资、机器工时、原材料消耗量等。(3) 定额类,如定额消耗量、定额费用等。

2. 计算费用分配率

费用分配率的计算公式为:

$$费用分配率 = \frac{待分配费用}{\sum 各分配对象的分配标准}$$

3. 计算费用分配额

费用分配额的计算公式为:

某分配对象应分配的费用 = 该分配对象的分配标准 × 费用分配率

(二)材料费用的归集与分配

材料费用包括企业在生产经营过程中实际消耗的各种原材料、辅助材料、外购半成品、修理用备件配件、燃料、包装物和低值易耗品等的费用。

材料费用的分配需依据其经济用途明确分配对象,并选择合理的分配方法将其记入相应的成本项目中。

1. 材料费用的分配对象

材料费用的分配对象即材料费用的承担者,应根据耗用材料的具体用途确定。

(1) 用于基本生产车间产品生产并构成产品实体的各种材料,应直接或分配记入各产品"基本生产成本"明细账的"直接材料"成本项目。

（2）基本生产车间为管理和组织生产而发生的材料消耗，如修理用材料、机物料消耗等记入"制造费用"账户。

（3）辅助生产车间的各种材料费用，原则上比照基本生产车间进行处理，也可采用简便方法，全部记入"辅助生产成本"账户。

（4）除生产过程中所使用的材料外，对于其他发出的材料，应根据其发生的具体用途，分别记入"管理费用""销售费用""在建工程"等相关账户。

2. 间接计入产品成本的材料费用的分配方法

对于几种产品共同耗用的各种材料费用，其成本要先在各产品之间进行分配，根据分配结果记入各产品"基本生产成本"明细账的"直接材料"成本项目。材料成本在各产品之间的分配方法常用方法有定额耗用量（定额成本）比例法、产品产量（重量）比例法等。

（1）定额耗用量（定额成本）比例法。该方法是以各产品材料定额消耗量或定额成本为标准分配材料费用的方法。它一般在产品的各项材料消耗定额齐全且比较准确的情况下采用，其计算公式如下：

$$某产品材料定额消耗量（定额成本）= 该产品实际产量 \times 材料消耗定额（单位定额成本）$$

材料费用分配率的计算公式为：

$$材料费用分配率 = \frac{共同消耗材料费用}{各产品材料定额消耗量（或定额成本）总和}$$

$$某产品应分配的材料费用 = 该产品材料定额消耗量（定额成本） \times 材料费用分配率$$

【例 3-1】某企业生产甲、乙两种型号的产品，共同耗用某种原材料 3 200 千克，材料价格为每千克 5 元。根据资料，甲产品应分配的材料费用为 75 000 元，乙产品应分配的材料费用为 45 000 元。某月甲产品的实际产量为 500 件，乙产品的实际产量为 200 件，甲产品材料单耗定额为 2 千克/件，乙产品单耗定额为 3 千克/件，采用定额消耗量比例法分配材料费用如下：

甲产品材料定额消耗量 = 500 × 2 = 1 000（千克）

乙产品材料定额消耗量 = 200 × 3 = 600（千克）

材料费用分配率计算如下：

3 200 × 5/(1 000 + 600) = 10（元/千克）

甲产品应分配的材料费用 = 1 000 × 10 = 10 000（元）

乙产品应分配的材料费用 = 600 × 10 = 6 000（元）

（2）产品产量（重量）比例法。该方法是按照各产品的产量（重量）为标准分配材料成本的方法。构成产品实体的原材料消耗通常与产品的产量（重量）相关。大多数情况下，材料成本可按照与产量相关的分配标准如产品的件数、重量、体积、面积等进行分配。

【例 3-2】某厂铸造车间生产甲和乙两种铸件，某月该生产车间甲铸件 10 000 千克，乙铸件 5 000 千克，共耗用生铁 15 000 千克，计 36 000 元。采用产品产量比例法分配材料费用如下：

材料费用分配率 = 36 000/（10 000 + 5 000）= 2.4（元/千克）

甲铸件应分配的材料费用 = 10 000 × 2.4 = 24 000（元）

乙铸件应分配的材料费用 = 5 000 × 2.4 = 12 000（元）

在会计实务中，材料费用的分配一般是通过编制材料费用汇总分配表进行的。材料费用汇总分配表可先按各生产车间和部门分别编制，然后汇总编制全厂材料费用汇总分配表。根据各部门材料费用汇总分配表，可以登记有关的产品成本明细账和费用明细账。材料费用汇总分配表可以代替发料汇总表作为登记总分类账的依据。现举例说明材料费用汇总分配表的编制。

【例 3-3】金兰公司是一个小型制造企业，大量大批生产甲、乙两种产品。该企业有一个基本生产车间，两个辅助生产车间：机修车间和锅炉车间。某月基本生产车间生产甲产品单独领料 10 000 元，生产乙产品单独领料 8 000 元，生产甲、乙两产品共同领料 10 000 元。基本生产车间机物料消耗 5 000 元。某月生产甲产品 600 件，材料单耗定额 5 千克/件；生产乙产品 500 件，材料单耗定额 4 千克/件。材料在开工时一次投入。根据领料凭证编制的基本生产车间材料费用汇总分配表如表 3-1 所示。

表 3-1　　　　　　　　基本生产车间材料费用汇总分配表

分配对象	材料项目	直接计入（元）	分配计入（定额消耗比例分配法）			合计（元）
^	^	^	分配标准（千克）	分配率	金额（元）	^
甲产品	主料	10 000	3 000	2	6 000	16 000
乙产品	主料	8 000	2 000	2	4 000	12 000
小计		18 000	5 000	2	10 000	28 000
车间一般耗用	辅料	5 000				5 000
合计		23 000			10 000	33 000

辅助生产车间和管理部门的材料费用分配汇总表略。根据各车间、部门的材

料费用分配汇总编制的全厂材料费用分配汇总表如表 3-2 所示。

表 3-2　　　　　　　　　　材料费用分配汇总分配表　　　　　　　　单位：元

分配对象			主料	辅料	修理备件	合计
总账账户	明细账户	费用账户				
基本生产成本	甲产品	直接材料	16 000			16 000
	乙产品	直接材料	12 000			12 000
辅助生产成本	机修车间	材料费	3 000		2 000	5 000
	锅炉车间	材料费	2 000	1 000		3 000
制造费用	基本生产车间	物料消耗		5 000		5 000
管理费用		物料消耗		3 000		3 000
合计			33 000	9 000	2 000	44 000

根据材料费用分配汇总表编制会计分录如下：

借：基本生产成本——甲产品　　　　　　　　　　　　16 000
　　　　　　　　——乙产品　　　　　　　　　　　　12 000
　　辅助生产成本——甲产品　　　　　　　　　　　　 5 000
　　　　　　　　——乙产品　　　　　　　　　　　　 3 000
　　制造费用——基本生产车间　　　　　　　　　　　 5 000
　　管理费用　　　　　　　　　　　　　　　　　　　 3 000
　　贷：原材料——主料　　　　　　　　　　　　　　33 000
　　　　　　——辅料　　　　　　　　　　　　　　　 9 000
　　　　　　——修理备件　　　　　　　　　　　　　 2 000

（三）外购动力的归集与分配

外购动力是指企业从外单位购入的电力、蒸汽等费用。依据仪器仪表记录的耗用数量和规定的价格，企业向动力提供单位支付款项，并将支付凭证上记录的动力费作为外购动力费分配的依据。

企业对外购动力的处理有两种方法：单独设置"燃料及动力"成本项目，反映生产工艺过程中耗用的动力费用；不单独设置"燃料及动力"成本项目，将生产用动力费记入"制造费用"账户。当单独设置"燃料及动力"成本项目时，对于多种产品共同耗用的动力费用，通常依据各种产品的工时（无论是实际工时还是定额工时）比例进行分配。

具体而言，外购动力费应根据用途和使用部门进行分配。当企业用于生产的燃料与动力较多时，可单独设置"燃料和动力"成本项目，对于直接用于产品生产，如生产工艺用电力，应直接或分配记入"基本生产成本"的"燃料和动力"成本项目；对于间接用于产品生产，如车间照明用电力，应记入"制造费用"明细账。辅助生产车间的动力费用，原则上应比照基本生产车间进行处理，也可采用简化方法，全部记入"辅助生产成本"账户。行政管理部门耗用的外购动力费用应记入"管理费用"明细账。专设销售机构的动力费用应记入"销售费用"明细账。当企业用于生产的燃料与动力不多时，可以简化核算，不单独设置"燃料和动力"成本项目，生产用动力费也记入"制造费用"账户。

各车间、部门直接根据仪器记录的耗用量和规定的价格确定应记入各账户的动力费用。在单独设置"燃料和动力"成本项目时，对于几种产品共同耗用的动力费用，一般按各种产品工时（实际工时或定额工时）比例进行分配。相关计算公式如下：

生产用动力分配率 =（生产耗用动力数 × 外购动力单价）/各产品生产工时之和

某产品应分配动力费 = 该产品生产工时 × 生产用动力分配率

例根据金兰公司提供的数据，该公司在某月的总耗电量为 25 000 千瓦时，按照每千瓦时 0.6 元的单价计算，当月电费总计为 15 000 元。具体到各部门，企业管理部门耗电 2 000 千瓦时；基本生产车间用于生产产品的耗电量为 15 000 千瓦时，而车间照明和取暖共耗电 10 00 千瓦时；机修车间耗电 4 000 千瓦时；锅炉车间耗电 3 000 千瓦时。如果企业单独设置"燃料和动力"成本项目，根据各车间、部门用电的度数及有关产品的工时材料，按照一定的分配标准编制的外购动力费用分配表如表 3-3 所示。

表 3-3　　　　　　　　外购动力费用分配表 1

（单独设置"燃料和动力"成本项目）

分配对象		耗电量		动力成本分配		
总账账户	明细账户	数量（千瓦时）	单价（元）	实耗工时（小时）	分配率	动力成本（元）
基本生产成本	甲产品			3 000		5 400
	乙产品			2 000		3 600
	小计	15 000	0.6	5 000	1.8	9 000
制造费用	基本生产车间	1 000	0.6			600
辅助生产成本	机修车间	4 000	0.6			2 400
	锅炉车间	3 000	0.6			1 800
管理费用	电费	2 000	0.6			1 200
合计		25 000	0.6			15 000

假设金兰公司采用第二种处理方法,即不单独设置"燃料和动力"成本项目,则外购动力费用分配如表 3-4 所示。

表 3-4　　　　　　　　外购动力费用分配表 2

(不单独设置"燃料和动力"成本项目)

分配对象		数量(千瓦时)	单价(元)	实耗工时(小时)
总账账户	明细账户			
制造费用	基本生产车间	16 000	0.6	9 600
辅助生产成本	机修车间	4 000	0.6	2 400
	锅炉车间	3 000	0.6	1 800
管理费用	电费	2 000	0.6	1 200
合计		25 000	0.6	15 000

根据表 3-4 编制会计分录如下。

借:制造费用——基本生产车间　　　　　　　　　　9 600
　　辅助生产成本——机修车间　　　　　　　　　　2 400
　　　　　　　　——锅炉车间　　　　　　　　　　1 800
　　管理费用——电费　　　　　　　　　　　　　　1 200
　　贷:应付账款等科目　　　　　　　　　　　　　15 000

(四)职工薪酬费用的归集与分配

职工薪酬是指企业为获得职工提供的服务而给予的各种形式的报酬以及其他相关支出。职工薪酬包括:职工工资、奖金、津贴和补贴;职工福利费;医疗保险费、养老保险费、失业保险费、工伤保险费和生育保险费等社会保险费;住房公积金;工会经费和职工教育经费;非货币性福利;因解除与职工的劳动关系给予的补偿;其他与获得职工提供的服务相关的支出。

所有应付给职工的各种薪酬均通过"应付职工薪酬"项目进行核算,在"应付职工薪酬"项目下按照"工资""职工福利""社会保险费"等项目设置明细进行核算。

职工薪酬的分配依据包括岗位级别、员工胜任力、工作表现和业绩等因素,确保了薪酬与职工提供的服务和贡献相匹配。

具体而言,生产单一产品的基本生产车间的生产工人的薪酬直接记入基本生产成本明细账的"直接人工"成本项目。生产多种产品的基本生产车间的生产工人的薪酬,在计件工资制下,可以直接记入各产品生产成本明细账的"直接人工"

成本项目；在计时工资制下，属于间接计入费用的，应按产品的工时（实际工时或定额工时）比例分配记入各产品生产成本明细账的"直接人工"成本项目。基本生产车间管理人员的薪酬应记入"制造费用"明细账。辅助生产车间人员的薪酬，原则上应比照基本生产车间进行处理，也可简化，全部记入"辅助生产成本"明细账。行政管理人员的薪酬、专设销售机构人员的薪酬，以及应由在建工程负担的职工薪酬，应分别记入"管理费用""销售费用""在建工程"等账户。

【例3-4】沿用金兰公司资料，某月应发工资220 000元，其中，基本生产车间直接生产人员工资100 000元，基本生产车间管理人员工资20 000元，机修车间人员工资30 000元，锅炉车间人员工资20 000元，公司管理人员工资50 000元。根据所在地政府的规定，公司分别按照职工工资总额的10%、12%、2%和8.5%计提医疗保险费、养老保险费、失业保险费和住房公积金，缴纳给当地社会保险经办机构和住房公积金管理机构。根据上年实际发生的职工福利费情况，公司预计本年应承担的职工福利费金额为职工工资的2%，职工福利的受益对象为上述所有人员，公司分别按照职工工资总额的2%和1.5%计提工会经费和职工教育经费。该企业生产工人工资按产品实际工时比例分配，甲产品本月工时3 000小时，乙产品本月工时2 000小时。

要求：计算并分配企业当月职工薪酬。

应计入基本生产成本的职工薪酬 = 100 000 + 100 000 × (10% + 12% + 2% + 8.5% + 2% + 2% + 1.5%) = 138 000（元）

应计入制造费用的职工薪酬 = 20 000 + 20 000 × (10% + 12% + 2% + 8.5% + 2% + 2% + 1.5%) = 27 600（元）

应计入辅助生产成本（机修车间）的职工薪酬 = 30 000 + 30 000 × (10% + 12% + 2% + 8.5% + 2% + 2% + 1.5%) = 41 400（元）

应计入辅助生产成本（锅炉车间）的职工薪酬 = 20 000 + 20 000 × (10% + 12% + 2% + 8.5% + 2% + 2% + 1.5%) = 27 600（元）

应计入管理费用的职工薪酬 = 50 000 + 50 000 × (10% + 12% + 2% + 8.5% + 2% + 2% + 1.5%) = 69 000（元）

对于基本生产车间生产工人的工资薪酬还需要按产品工时比例在甲、乙产品之间进一步分配：

生产工人工资分配率 = 138 000/(3 000 + 2 000) = 27.6（元/小时）

甲产品应分配工资 = 3 000 × 27.6 = 82 800（元）

乙产品成分配工资 = 2 000 × 27.6 = 55 200（元）

根据上述计算结果编制本月职工薪酬分配汇总表，如表3-5所示。

表3-5 职工薪酬分配汇总表

分配对象		基本生产车间工人薪酬			其他职工薪酬（元）	合计（元）
总账账户	明细账户	分配标准（小时）	分配率（元/小时）	分配额（元）		
基本生产成本	甲产品	3 000		82 800		82 800
	乙产品	2 000		55 200		55 200
	小计	5 000	27.6	138 000		138 000
辅助生产成本	机修车间				41 400	41 400
	锅炉车间				27 600	27 600
制造费用	基本生产车间				27 600	27 600
管理费用	电费				69 000	69 000
合计				138 000	165 600	303 600

根据职工薪酬汇总分配表编制会计分录如下。

借：基本生产成本——甲产品　　　　　　　　　82 800
　　　　　　　　——乙产品　　　　　　　　　55 200
　　制造费用——基本生产车间　　　　　　　　27 600
　　辅助生产成本——机修车间　　　　　　　　41 400
　　　　　　　　——锅炉车间　　　　　　　　27 600
　　管理费用——工资薪酬　　　　　　　　　　69 000
　　贷：应付职工薪酬　　　　　　　　　　　　　303 600

（五）折旧费用及其他费用的归集与分配

1. 折旧费用的归集与分配

固定资产折旧是指为了弥补固定资产的损耗，在固定资产的使用寿命内，按确定的方法对应计折旧额进行的系统分摊。企业应当根据与固定资产有关的经济利益的预期实现方式合理选择折旧方法，可选用的折旧方法包括年限平均法、工作量法、双倍余额递减法和年数总和法等。对于按规定计提的折旧费，应根据固定资产的使用地点和用途记入相关成本费用账户。

【例3-5】沿用金兰公司资料，根据各车间、部门编制的固定资产折旧计算明细表，汇总编制本月全厂固定资产折旧汇总计算表，如表3-6所示。

表3-6　　　　　　　　　　　固定资产折旧汇总计算表　　　　　　　　　　单位：元

分配对象		分配金额
总账账户	明细账户	
制造费用	基本生产车间	11 600
辅助生产成本	机修车间	3 000
	锅炉车间	5 000
管理费用	折旧费	8 000
合计		27 600

根据固定资产折旧汇总计算表编制会计分录如下。

借：制造费用——基本生产车间　　　　　　　　　　　　　　　11 600
　　辅助生产成本——机修车间　　　　　　　　　　　　　　　　3 000
　　　　　　　——锅炉车间　　　　　　　　　　　　　　　　　5 000
　　管理费用——折旧费　　　　　　　　　　　　　　　　　　　8 000
　　贷：累计折旧　　　　　　　　　　　　　　　　　　　　　　27 600

2. 其他费用的归集与分配

其他费用是指除了外购材料、外购燃料、外购动力、工资、折旧费等费用以外的各项费用，包括邮电费、差旅费、办公费等。这些费用在发生时，需依据相关凭证，按照其发生的地点及所属部门，准确记入对应的成本费用账户。

【例3-6】沿用金兰公司资料，本月根据有关的付款凭证，汇总其他费用分配汇总表，如表3-7所示。

表3-7　　　　　　　　　　　其他费用分配汇总表　　　　　　　　　　　单位：元

分配对象		办公费	差旅费	保险费	其他支出	合计
总账账户	明细账户					
制造费用	基本生产车间	1 000		2 000	1 829	4 829
辅助生产成本	机修车间	300		500	100	900
	锅炉车间	400		1 000	150	1 550
管理费用		4 000	4 000	1 000	300	9 300
合计		5 700	4 000	4 500	2 379	16 579

注：为简化核算，辅助生产车间不设制造费用明细账，所有费用均记入"辅助生产成本"账户。

借：制造费用——基本生产车间　　　　　　　　　　　　　　　4 829
　　辅助生产成本——机修车间　　　　　　　　　　　　　　　　900
　　　　　　　——锅炉车间　　　　　　　　　　　　　　　　1 550

管理费用　　　　　　　　　　　　　　　　　　　9 300
　　贷：银行存款　　　　　　　　　　　　　　　　16 579

二、制造费用的归集与分配

(一) 制造费用的归集

制造费用是指企业为生产产品和提供劳务而发生的各项间接费用，包括生产部门（车间、分厂等）为组织和管理生产而发生的间接费用，以及一部分不便于直接计入产品成本，而没有专设成本项目的直接费用。制造费用的核算是通过设置"制造费用"账户进行，归集时，应根据各种记账凭证、各种要素费用分配表和辅助生产费用分配表进行登记。

根据金兰公司的资料，所登记的制造费用明细账如表 3-8 所示（辅助生产费用采用一次交互分配法的结果）。

表 3-8　　　　　　　　制造费用明细账　　　　　　　　单位：元

月	日	摘要	材料费	人工费	折旧费	水电费	修理费	蒸汽费	其他	合计
		材料费用分配汇总分配表 （表 3-2）	5 000							5 000
		外购动力费用分配表 （表 3-4）				9 600				9 600
		职工薪酬分配汇总表 （表 3-5）		27 600						27 600
		固定资产折旧汇总计算表 （表 3-6）			11 600					11 600
		其他费用分配汇总表 （表 3-7）							4 829	4 829
		辅助生产费用分配表 （表 3-11）					33 495	38 676		72 171
		本月合计	5 000	27 600	11 600	9 600	33 495	38 676	4 829	130 800
		结转制造费用								

(二) 制造费用的分配

在生产多种产品的车间里，发生的制造费用属于间接计入费用，应根据生产特点和管理需要选择合理的分配标准在各产品间进行分配。制造费用分配方法主要有两类：实际分配率法和计划分配率法。

1. 实际分配率法

实际分配率法是根据当月实际制造费用及其分配标准来分配制造费用的方法。常用的分配方法包括生产工时比例法、直接工资比例法、机器工时比例法等。

(1) 生产工时比例法。生产工时比例法是以各种产品所消耗的生产工人实际或定额工时数作为分配标准分配制造费用的一种方法。这种分配方法的优点在于工人工时数据易于获取,核算流程简便,同时能将劳动生产率与产品成本负担相联系,使得分配结果相对合理。然而,在企业生产高度机械化的情况下,由于人工费用在成本中占比降低,可能会影响制造费用分配的合理性。因此,该方法适用于机械化程度不高的企业。

(2) 机器工时比例法。机器工时比例法是以各种产品生产时所耗用的机器运转时间作为分配标准分配制造费用的一种方法。此方法特别适用于机械化程度高的企业,此类企业中,生产车间及生产设备相关的折旧费、修理费等费用,在制造费用中占比较大,且与机器运转时间紧密相关。

(3) 直接工资比例法。直接工资比例法,即根据各种产品生产工人的工资比例来分配制造费用的一种有效方法。当各种产品成本中的工资是采用生产工时比例分配时,应用这种方法实际上等同于按生产工时比例分配。

【例3-7】沿用金兰公司的资料,本月基本生产车间共发生制造费用为130 800元,制造费用按甲、乙两种产品的生产工时比例分配,甲产品本月工时为3 000小时,乙产品本月工时为2 000小时。

制造费用分配率 = 130 800/(3 000 + 2 000) = 26.16(元/小时)

甲产品应分配制造费用 = 3 000 × 26.16 = 78 480(元)

乙产品应分配制造费用 = 2 000 × 26.16 = 52 320(元)

上述计算过程一般是通过编制制造费用分配表进行的,如表3-9所示。

表3-9　　　　　　　　　　制造费用分配表

产品	生产工时(小时)	分配率(元/小时)	分配金额(元)
甲产品	3 000	26.16	78 480
乙产品	2 000	26.16	52 320
合计	5 000		130 800

根据制造费用分配表编制如下会计分录。

借:基本生产成本——甲产品　　　　　　　　　　　　　　78 480
　　　　　　　　——乙产品　　　　　　　　　　　　　　52 320

贷：制造费用　　　　　　　　　　　　　　　　　　　　130 800

2. 计划分配率法

计划分配率法依据年度初设定的全年计划分配率来分配制造费用。这种方法简化了制造费用的分配流程，并能迅速揭示各月制造费用的预算与实际差异，有助于分析成本预算的执行状况，尤其适合季节性生产的企业。

三、生产损失的归集与分配

生产损失是指企业在产品生产过程中由于生产而发生的各种损失。其具体包括制造了不合格产品而发生的废品损失，以及由于机器设备发生故障被迫停工等造成的停工损失。由于生产损失大多与产品生产直接相关，因此这些损失应由产品生产成本来承担。

（一）废品损失

1. 废品及废品损失的内容

废品是指生产中发生的，质量不符合规定的技术标准，不能按原定用途使用，或需加工修理才能使用的在产品、半成品或产成品，废品按产生的原因不同，可分为料废品和工废品。按其技术上能否修复和经济上是否有必要修复可分为可修复废品和不可修复废品两类。废品损失是指因产生废品而造成的损失，包括不可修复废品的报废损失和可修复废品的修复损失。

2. 废品损失的核算

（1）可修复废品损失的归集。

可修复废品损失是修复费用，应根据各修复费用分配表，记入所设置的"废品损失明细账"中。

（2）不可修复废品损失的归集。

不可修复废品损失是报废损失，报废损失的计算方法主要有按实际成本计算和按定额成本计算。

（3）废品损失的账务处理。

为了准确反映一定时期内发生的废品损失情况，企业应设置"废品损失"账户。该账户借方记录不可修复废品的生产成本和可修复废品的修复费用，而贷方则记录不可修复废品回收的残值、过失人的赔款以及结转的废品净损失。

（二）停工损失

1. 停工损失的内容

停工损失是指生产车间或车间内某个班组在停工期间（非季节性停工期间）发生的各项费用，包括停工期间发生的原材料费用、人工费用和制造费用等。应由过失单位或保险公司负担的赔款，从停工损失中扣除。

2. 停工损失的核算

为了核算企业停工损失，可设置"停工损失"账户，借方登记发生的停工损失，贷方登记予以结转的停工损失，月末一般无余额。停工损失的原因不同，其转销的账务处理也不一样。企业的停工可以分为正常停工和非正常停工。正常停工包括正常生产周期内的修理期间的停工损失、计划内减产停工等。非正常停工包括原材料或工具等短缺停工、设备故障停工、电力中断停工、自然灾害停工等。修理期间的正常停工损失应计入产品成本；非正常停工损失应计入企业当期损益，即计入营业外支出或管理费用。

第二节　辅助生产费用的归集与分配

一、辅助生产费用的归集

辅助生产车间是为企业的基本生产车间和管理部门提供产品或劳务的车间，辅助生产车间为提供产品或劳务所发生的费用称为辅助生产费用。辅助生产费用的归集与分配通过"辅助生产成本"账户进行。辅助生产成本明细账的具体设置，应根据辅助生产车间的类型决定。

（一）提供单一产品或劳务的辅助生产

提供单一产品辅助生产的部门，如供水、供电、供气、运输等车间，所发生的所有费用都直接记入"辅助生产成本"账户。"辅助生产成本"账户可按车间设置明细账，并按成本项目设置专栏，反映辅助生产车间生产产品和提供劳务所耗费材料、动力、工资及制造费用等。

（二）提供多种产品或劳务的辅助生产

提供多种产品辅助生产的部门，如工具、模具制造车间，其会计处理比照基本生产车间进行。除了按车间和产品类别设置辅助生产成本明细账，记录当月因生产产品及提供劳务所产生的直接材料费、直接人工费等制造费用，对于各车间发生的间接生产费用，应先在"制造费用——辅助生产车间"明细账中核算，月末，再采用适当的分配标准，分配记入各有关产品或劳务的辅助生产成本明细账的"制造费用"成本项目。

二、辅助生产费用分配的一般原理

辅助生产车间生产的产品或提供的劳务的成本要根据产品和劳务的用途，分配给各使用单位。

对于产品性生产的辅助生产车间，应按其生产特点进行成本计算。各车间、部门领用时，再比照财务会计中存货的核算方法，根据具体的用途和数量，转入有关成本费用账户。

对于提供劳务的辅助生产车间，应按照受益原则，合理地在各个受益单位之间进行费用分配。但在辅助生产车间相互提供劳务情况下，由于各辅助生产车间劳务单位成本的确定互为前提，需要采用一些特殊的方法。各受益单位应承担的辅助生产费用的计算公式如下：

辅助生产车间劳务单位成本＝辅助车间发生的总成本/辅助车间提供的劳务总量
某受益单位应分配辅助生产成本＝受益单位劳务耗用量×辅助生产车间劳务单位成本

通常辅助生产车间之间也会相互提供劳务。例如，沿用金兰公司的资料，该企业有机修、锅炉两个辅助生产车间，由于只提供单一劳务，因而不设置制造费用明细账，辅助生产车间所发生的费用全部登记在辅助生产成本明细账中。经过要素费用的分配与结转，机修车间的辅助生产成本明细账如表3-10所示。

表3-10　　　　　　　　辅助生产成本明细账　　　　　　　　单位：元

年		凭证字号	摘要	直接材料	直接人工	制造费用	合计
月	日						
略			材料费用分配汇总分配表（表3-2）	5 000			5 000
			外购动力费用分配表（表3-3）			2 400	2 400
			职工薪酬分配汇总表（表3-5）		41 400		41 400

续表

年		凭证字号	摘要	直接材料	直接人工	制造费用	合计
月	日						
			固定资产折旧汇总计算表（表3-6）			3 000	3 000
			其他费用分配汇总表（表3-7）			900	900
			本月合计	5 000	41400	6 300	52 700
			结转各受益部门				

机修车间本月发生费用52 700元，锅炉车间本月发生费用38 950元，其辅助生产成本明细账略。根据辅助生产费用的核算方法，如直接分配法、顺序分配法、交互分配法、代数分配法和按计划成本分配法，各辅助生产车间向各受益单位提供的劳务量如表3-11所示。

表3-11　　　　　　　　机修车间和锅炉车间提供的劳务量

受益部门		机修车间（小时）	锅炉车间（吨）
辅助生产车间	机修车间		100
	锅炉车间	500	
基本车间一般耗用		1 500	1 200
行政管理部门耗用		500	258
合计		2 500	1 558

从表3-11可知，机修车间为锅炉车间提供了500小时的修理服务，而锅炉车间则向机修车间供应了100吨蒸汽。然而，在辅助生产费用进行分配之前，辅助生产成本明细账上仅记录了各辅助生产车间直接耗用的要素费用，尚未纳入它们之间相互提供的劳务成本。为了计入这一部分成本，需要确定各辅助生产车间所耗其他辅助车间劳务的单位成本，即要计算修理车间的单位成本，就要先确定锅炉车间的单位成本；反之，要计算锅炉车间的单位成本，就要先确定修理车间的单位成本。各辅助生产车间劳务单位成本的确定互为前提，导致辅助生产费用的分配变得复杂，因此必须采用特定的分配方法。

相互提供劳务的辅助生产成本的分配如下。

相互提供劳务的辅助生产成本的分配方法，主要有直接分配法、一次交互分配法、计划分配法、代数分配法和顺序分配法。

（1）直接分配法。直接分配法即不考虑辅助生产车间之间的劳务交互，直接将辅助生产费用分配给外部受益单位。此方法简化了计算，但基于一个假设：各辅助生产车间相互提供的劳务成本相同，适用于劳务交互较少或价值相等的情况。计算公式如下：

$$辅助生产车间费用分配率 = \frac{该辅助生产车间直接发生的费用}{为辅助生产车间以外部门提供的劳务量}$$

$$辅助生产车间以外某部门应分配的辅助生产费用 = 该部门劳务耗用量 \times 辅助生产车间费用分配率$$

【例 3-8】金兰公司采用直接分配法将辅助生产成本分配给各个受益单位，具体分配过程和结果如表 3-12 所示。

表 3-12　　　　　　辅助生产成本分配表（直接分配法）

辅助生产车间	待分配成本（元）	待分配数量（小时）	分配率（元/小时）	基本生产车间 数量（小时）	基本生产车间 金额（元）	管理部门 数量（小时）	管理部门 金额（元）
机修车间	52 700	2 000	26.35	1 500	39 525	500	13 175
锅炉车间	38 950	1 458	26.71	1 200	32 052	258	6 891.18
合计	91 650				71 577		20 066.18

机修车间费用分配率 = 52 700/(2 500 − 500) = 26.35（元/小时）

锅炉车间费用分配率 = 38 950/(1 558 − 100) = 26.71（元/小时）

（2）一次交互分配法。一次交互分配法，也称为辅助车间交互分配法，涉及在辅助车间内部进行初次分配，随后对其他受益单位执行最终分配。这种方法通过考虑车间之间的相互服务，进行两次分配，从而克服了直接分配法忽略交互服务成本的不足，确保了成本分配的精确性。该方法的分配计算程序如下。

①辅助生产车间之间进行交互分配。辅助生产车间进行交互分配的计算公式为：

$$某辅助生产车间交互分配率 = \frac{该辅助生产车间直接发生的费用}{该辅助生产车间提供的劳务总量}$$

$$某辅助生产车间应分配成本 = 辅助生产车间劳务耗用量 \times 辅助生产车间交互分配率$$

辅助生产车间交互分配率也可以采用计划单位成本。

②对辅助生产车间以外的部门分配成本。对辅助生产车间以外的部门分配成本的计算公式为：

$$某辅助生产车间对外分配率 = \frac{该辅助车间直接发生的费用 + 交互分配转入的费用 - 交互分配转出的费用}{为辅助生产车间以外部门提供劳务量}$$

交互分配法

$$\text{某受益单位应分配的成本}_{\text{辅助生产车间以外}} = \text{该受益单位劳务耗用量} \times \text{辅助生产车间对外分配率}$$

【例 3-9】金兰公司辅助生产费用按一次交互分配法分配,如表 3-13 所示。

表 3-13 　　　　　辅助生产费用分配表（一次交互分配法）

项目		待分配成本（元）	待分配数量（小时）	分配率（元/小时）	机修车间 数量（小时）	机修车间 金额（元）	锅炉车间 数量（吨）	锅炉车间 金额（元）	基本生产车间 数量（小时）	基本生产车间 金额（元）	管理部门 数量（小时）	管理部门 金额（元）
交互分配	机修车间	52 700	2 500	21.08			500	10 540				
	锅炉车间	38 950	1 558	25	100	2 500						
对外分配	机修车间	44 660	2 000	22.33					1 500	33 495	500	11 162
	锅炉车间	46 990	1 458	32.23					1 200	38 676	258	8 315
合计										72 171		19 480

①辅助生产车间交互分配。

机修车间交互分配率 = 52 700/2 500 = 21.08（元/小时）

锅炉车间交互分配率 = 38 950/1 558 = 25（元/吨）

机修车间分配给锅炉车间的成本 = 500 × 21.08 = 10 540（元）

锅炉车间分配给机修车间的成本 = 100 × 25 = 2 500（元）

②辅助生产车间对外分配。

机修车间对外分配率 = (52 700 + 2 500 − 10 540)/(2 500 − 500) = 22.33（元/小时）

锅炉车间对外分配率 = (38 950 + 10 540 − 2 500)/(1 558 − 100) = 32.23（元/小时）

机修车间分配给基本生产车间的费用 = 1 500 × 22.33 = 33 495（元）

机修车间分配给管理部门的费用 = 500 × 22.33 = 11 165（元）

锅炉车间分配给基本生产车间的费用 = 1 200 × 32.23 = 38 676（元）

锅炉车间分配给管理部门的费用 = 258 × 32.23 = 8 315（元）

（3）计划分配法。计划分配法是一种根据辅助生产车间提供劳务的计划单位成本分配辅助生产成本的方法。对于按计划单位成本计算的分配额和各辅助生产车间实际发生费用之间的差额，可以在辅助生产车间以外的部门之间分配，为了简化核算流程，可以选择直接将这部分差额计入管理费用。如果是超支差异，应增加管理费用；如果是节约差异，则冲减管理费用。采用计划分配法不仅计算简便，能够显著提升成本核算速度，还有助于考核各辅助生产车间成本计划的执行情况，对厂内经济核算具有积极作用。计划分配法一般适合于有较准确计划成本资料的企业。相关计算公式如下：

某受益部门应分配成本 = 该受益部门劳务耗用量 × 劳务计划单位成本

某辅助车间计划总成本 = 该辅助车间提供劳务总量 × 劳务计划单位成本

某辅助车间实际总成本 = 该辅助车间直接发生费用 + 从其他辅助车间分进的成本

某辅助车间成本差异 = 该辅助车间实际总成本 – 计划总成本

【例3－10】沿用金兰公司的资料，假定机修车间的计划单位成本为22元，锅炉车间的计划单位成本为30元，按计划成本分配法分配成本，各辅助生产车间实际成本与计划成本的差额计入管理费用。辅助生产费用分配结果如表3－14所示。

表3－14　　　　　　　辅助生产费用分配表（计划成本分配法）

项目	计划单位成本（元）	辅助生产车间 机修车间 数量（小时）	辅助生产车间 机修车间 金额（元）	辅助生产车间 锅炉车间 数量（小时）	辅助生产车间 锅炉车间 金额（元）	基本生产车间 数量（小时）	基本生产车间 金额（元）	管理部门 数量（小时）	管理部门 金额（元）
直接发生成本		2 500	52 700	1 558	38 950				
机修车间	22			500	11 000	1 500	33 000	500	11 000
锅炉车间	30	100	3 000			1 200	36 000	258	7 740
合计			55 700		49 950				
计划成本		2 500	55 000	1 558	46 740				
成本差异			700		3 210				

机修车间成本差异 = (52 700 + 3 000) – 2 500 × 22 = 55 700 – 55 000 = 700（元）（超支）

锅炉车间成本差异 = (38 950 + 11 000) – 1 558 × 30 = 49 950 – 46 740 = 3 210（元）（超支）

（4）代数分配法。代数分配法是先根据解多元一次联立方程的原理，计算辅助生产车间劳务的单位成本,然后根据各受益单位(包括辅助生产车间)耗用的数量和单位成本分配辅助生产费用的一种方法。这种分配方法结果准确。但是当辅助生产车间较多时,在解联立方程时,未知数较多,计算工作量较大。所以代数分配法一般适用于辅助生产车间较少或会计工作实行电算化的企业。在建立多元一次方程组时,每一个方程都是按下列投入关系来建立的:

某辅助生产车间提供劳务总量×该辅助生产车间劳务单位成本=该辅助生产车间直接发生费用+该辅助生产车间耗用其他辅助车间劳务量×其他辅助生产车间劳务单位成本

对于每一个辅助生产车间,只要将上式中的劳务单位成本设未知数代替,即可建立一个方程。通过解联立方程组,即可计算出每一个辅助生产车间劳务单位成本,然后,按下式进行辅助生产费用的分配:

某受益部门应分配的成本=该受益部门劳务耗用量×辅助车间劳务单位成本

【例 3-11】沿用金兰公司的资料,采用代数分配法的计算过程如下。

设 X 代表机修车间的劳务单位成本,Y 代表锅炉车间的劳务单位成本,联立方程组为:

$52\,700 + 100Y = 2\,500X$

$38\,950 + 500X = 1\,558Y$

解得

$X = 22.3671$,$Y = 32.1782$

根据辅助生产车间提供的劳务数量和所计算的单位成本,可编制辅助生产费用分配表,如表 3-15 所示。

表 3-15　　　　　辅助生产费用分配表(代数分配法)

项目	单位成本(元)	辅助生产车间 机修车间 数量(小时)	辅助生产车间 机修车间 金额(元)	辅助生产车间 锅炉车间 数量(小时)	辅助生产车间 锅炉车间 金额(元)	基本生产车间 数量(小时)	基本生产车间 金额(元)	管理部门 数量(小时)	管理部门 金额(元)	金额合计(元)
待分配数量与金额		2 500	52 700	1 558	38 950					
机修车间	22.3671			500	11 183.55	1 500	33 550.65	500	11 183.55	55 917.75
锅炉车间	32.1782	100	3 217.82			1 200	38 613.84	258	8 301.98	50 133.64
合计			55 917.82		50 133.55		72 164.49		19 485.53	106 051.39

(5)顺序分配法。顺序分配法是根据各辅助生产车间相互提供劳务费用多

少排序，耗用其他辅助车间费用少的辅助生产车间排列在前，先将成本分配出去，耗用其他辅助生产车间费用多的辅助生产车间排列在后，后将成本分配出去的一种方法。该种方法有重点地反映了辅助生产费用之间交互分配的关系，分配过程也较简便，一般适用于辅助生产部门之间交互服务有较明显收益差别的企业。

采用顺序分配法分配辅助生产费用的计算公式如下：

$$\text{某辅助生产车间费用分配率} = \frac{\text{该辅助生产车间直接发生费用} + \text{由排序在前的辅助生产车间分配转入的费用}}{\text{该辅助生产车间提供给排序在其后的其他辅助生产车间和其他受益单位劳务量}}$$

$$\text{各车间部门应分配的辅助生产费用} = \text{该车间部门劳务耗用量} \times \text{辅助生产车间费用分配率}$$

【例3-12】沿用金兰公司资料，采用顺序分配法分配成本。由于机修车间耗用锅炉车间的费用少，而锅炉车间耗用机修车间的费用多，因此，机修车间排列在先，先将成本分配出去，锅炉车间排列在后，后将成本分配出去。

机修车间分配率 = 52 700/2 500 = 21.08（元/小时）

锅炉车间应分配费用 = 38 950 + 500 × 21.08 = 49 490（元）

锅炉车间分配率 = 49 490/(1 558 - 100) = 33.94（元/吨）

编制的辅助生产费用分配表如表3-16所示。

表3-16　　　　　辅助生产费用分配表（顺序分配法）

项目	待分配成本（元）	待分配数量（小时）	分配率（元/小时）	锅炉车间 数量（吨）	锅炉车间 金额（元）	基本生产车间 数量（小时）	基本生产车间 金额（元）	管理部门 数量（小时）	管理部门 金额（元）	合计
机修车间	52 700	2 500	21.08	500	10 540	1 500	31 350	500	10 540	52 700
锅炉车间	49 490	1 458	33.94			1 200	40 728	258	8 757	49 485
合计					10 540		72 348		19 297	102 185

以上分别介绍了辅助生产费用的各种分配方法，企业应结合生产特点和其他方面的条件，确定其中的一种方法来分配辅助生产费用。

第三节 生产费用在完工产品与在产品之间的归集与分配

一、在产品与完工产品

在产品,也称"在制品",指企业已着手生产,却尚未最终完成,尚不具备商品销售资格的产品。在产品有广义和狭义之分。就整个企业而言,广义的在产品是指从投料开始,到最终制成产品交付验收入库前的一切未完工的产品。就某个生产阶段而言,狭义的在产品仅指正在该阶段加工或装配中的在制品,不包括该步骤已经完工的半成品。与此相对应,就整个企业而言,完工产品是指已经完成全部生产步骤,并验收入库等待销售的产成品。从某个生产阶段来看,该生产阶段的完工产品是指该生产阶段的半成品。

二、生产费用在完工产品与在产品之间的分配方法

确定完工产品成本的方法有两类:第一类方法,先确定月末在产品成本,从生产费用合计中减去月末在产品成本得到完工产品成本。第二类方法,采用一定的分配标准,将生产费用合计在完工产品和月末在产品之间进行分配,同时计算出完工产品成本和月末在产品成本。

企业可依据月末在产品数量的多少、各月间数量变动的幅度、各项费用在产品成本中的占比、消耗定额的准确性以及定额管理基础的质量等实际情况,来选择恰当的分配方法。实务中常用的分配方法有:在产品不计价法、在产品按年初固定成本计价法、在产品按原材料成本扣除法、在产品按完工产品成本计价法、在产品按定额成本计价法、约当产量法、定额比例法。其中,前五种方法属于上述成本计算模式的第一类方法,后两种方法属于第二类方法。

(一) 在产品不计价法

在产品不计价法是指月末虽有在产品,但由于月末在产品数量很少,不计算其成本,将当月发生的生产费用,全部计入当月完工产品成本的一种方法。这种方法适用于那些各月末在产品数量既少又稳定的企业。

(二) 在产品按年初固定成本计价法

在产品按年初固定成本计价法是指各月月末在产品成本均按年初在产品成本计算,固定不变。该方法适用于月末在产品数量相对稳定的企业,有助于简化成本核算流程。

(三) 在产品按原材料成本扣除法

在产品按原材料成本扣除法是指期末在产品只计算应承担的材料成本,其他成本全部由本期完工产品所承担的一种方法。该方法主要适用于材料成本在全部产品成本中占比重相当大且在开工时一次投入,各月月末在产品数量较大,数量变化也大的企业。

【例3-13】 某公司铸造车间铸造件材料成本占产品成本的比重较大,在产品只计算材料成本。2×24年6月,月初,在产品的直接材料成本为1 000元;而本月产生的生产费用总计7 000元,细分为直接材料5 000元、直接人工1 200元及制造费用800元。本月完工80件,月末在产品有20件,材料在开工时一次投入,材料成本按照完工产品和月末在产品的数量比例分配。

根据上述资料,月末在产品及完工产品成本的计算如下:

材料成本分配率 = (1 000 + 5 000)/(80 + 20) = 60 (元/件)

月末在产品成本 = 20 × 60 = 1 200 (元)

完工产品成本 = 1 000 + 7 000 - 1 200 = 6 800 (元)

(四) 在产品按完工产品成本计价法

在产品按完工产品成本计价法是将在产品视同完工产品计算、分配生产费用,适用于月末在产品已接近完工,或产品已经加工完毕但尚未验收或包装入库的产品。采用该方法时,各项生产费用将依据完工产品与月末在产品的数量比例进行分配。

(五) 在产品按定额成本计价法

在产品按定额成本计价法是根据月末在产品成本数量和单位定额成本计算出月末在产品定额成本,将该产品实际发生的全部生产费用,减去月末在产品的定额成本,其余额作为完工产品成本。这种方法下,各月生产费用脱离定额的差异全部由完工产品成本负担。它适用于定额管理基础较好,各项消耗定额或费用定额比较准确、稳定，而且各月在产品数量变动不大的产品。

有关计算公式如下：

期末在产品成本 = 期末在产品数量 × 在产品单位定额成本

完工产品成本 = 期初在产品成本 + 本期生产费用 − 期末在产品成本

（六）约当产量法

约当产量比例法是本月的生产总成本按完工产品数量和期末在产品约当产量之间的比例分配，计算完工产品成本和期末在产品成本的方法，该方法的适用面较广。采用约当产量法的关键是确定在产品的约当产量，材料费用的约当产量决定于在产品的投料程度，而人工、制造费用等加工费用的约当产量决定于其加工程度。

有关计算公式如下：

在产品约当产量 = 在产品数量 × 在产品加工程度或投料程度

$$\text{某成本项目费用分配率} = \frac{\text{该成本项目月初在产品成本} + \text{该成本项目本月生产费用}}{\text{完工产品数量} + \text{在产品约当产量}}$$

某成本项目完工产品成本 = 完工产品数量 × 某成本项目费用分配率

某成本项目月末在产品成本 = 在产品约当产量 × 某成本项目费用分配率

采用约当产量法的关键是确定产品约当产量。由于不同成本项目的成本发生情况差异较大，在产品约当产量要分成本项目进行计算。其中，材料费用的约当产量取决于产品的投料程度，而人工费用、制造费用等加工费用的约当产量取决于其加工程度。

1. 投料程度的确定

（1）若原材料在生产开始时一次投入，在产品的投料程度为100%，则在产品的约当产量等于其实际数量。

（2）若原材料按工序分批投入，且每道工序在开始时即一次性投入，则月末在产品的投料程度需根据各工序的累计材料消耗定额投入比例来分别计算。相关公式如下：

$$\text{某道工序上的投料程度} = \frac{\text{到本工序为止的累计材料消耗定额}}{\text{完工产品材料消耗定额}}$$

2. 加工程度的确定

（1）当加工过程持续且均匀，且各道工序在产品的加工数量大致相同时，由于后续工序的加工可以弥补前道工序的不足，因此可以将在产品的加工程度近似为平均加工程度的 50%。

(2) 当加工非陆续均匀发生，则分工程序按累计工时投入比例计算加工程度。计算公式如下。

某道工序的加工程度计算公式为：

$$加工程度 = \frac{前面各工序累计工时定额 + 本工序工时定额 \times 50\%}{完工产品工时定额}$$

其中，50% 是假设本工序加工陆续均匀发生，因此按平均加工程度的 50% 折算。如果通过技术测定或其他方法测定出本工序在产品的实际加工程度，则公式中的 50% 应换成实际测定的加工程度。

【例 3 – 14】沿用金兰公司的资料，已知甲产品期初在产品有 50 件，本月投产 600 件，完工 500 件，月末在产品 150 件，月末在产品加工程度为 30%，原材料在开工时一次投入。本月，甲产品月初在产品成本和本月生产成本如表 3 – 17 所示，试用约当产量法计算本月完产品成本和月末在产品成本。

(1) 计算约当产量。

分配直接材料费用的约当产量 = 150 × 100% = 150（件）

分配加工费用的约当产量 = 150 × 30% = 45（件）

(2) 计算各成本项目分配率。

直接材料分配率 = (2 200 + 16 000)/(500 + 150) = 28（元/件）

直接人工分配率 = (4 400 + 82 800)/(500 + 45) = 160（元/件）

制造费用分配率 = (4 360 + 78 480)/(500 + 45) = 152（元/件）

(3) 计算本月完工产品成本。

本月完工产品直接材料 = 500 × 28 = 14 000（元）

本月完工产品直接人工 = 500 × 160 = 80 000（元）

本月完工产品制造费用 = 500 × 152 = 76 000（元）

根据分配结果，可编制甲产品成本计算单，如表 3 – 17 所示。

表 3 – 17　　　　　　　　　　　甲产品成本计算单　　　　　　　　　　单位：元

项目	期初在产品成本	本月生产成本	合计	期末在产品成本	完工产品成本 总成本	完工产品成本 单位成本
直接材料	2 200	16 000	18 200	4 200	14 000	28
直接人工	4 400	82 800	87 200	7 200	80 000	160
制造费用	4 360	78 480	82 840	6 840	76 000	152
合计	10 960	177 280	188 240	18 240	170 000	340

(七) 定额比例法

定额比例法依据完工产品与月末在产品的定额消耗量或费用比例,来分配并计算两者的成本。该方法适用于消耗定额或费用定额比例准确且稳定,同时月末在产品数量波动较大的产品类型。

有关计算公式如下：

$$\text{直接材料分配率} = \frac{\text{月初在产品直接材料} + \text{本月投入直接材料}}{\text{完工产品直接材料定额消耗量（费用）} + \text{月末在产品直接材料定额消耗量（费用）}}$$

$$\text{完工产品直接材料} = \text{完工产品直接材料定额消耗量（费用）} \times \text{直接材料费用分配率}$$

$$\text{月末在产品直接材料} = \text{月末在产品直接材料定额消耗量（费用）} \times \text{直接材料费用分配率}$$

$$\text{直接人工（制造费用）分配率} = \frac{\text{月初在产品直接人工（制造费用）} + \text{本月直接人工（制造费用）}}{\text{完工产品定额工时（定额费用）} + \text{月末在产品定额工时（定额费用）}}$$

$$\text{完工产品直接人工（制造费用）} = \text{完工产品定额工时（定额费用）} \times \text{直接人工（制造费用）分配率}$$

$$\text{月末在产品直接人工（制造费用）} = \text{月末在产品定额工时（定额费用）} \times \text{直接人工（制造费用）分配率}$$

【例 3 – 15】 沿用金兰公司的资料,已知甲产品期初在产品 50 件,本月投产 600 件,完工 500 件,月末在产品 150 件,月末在产品加工程度为 30%,原材料在开工时一次投入,甲产品单位材料费用定额为 25 元,工时定额为 8 小时/件。根据表 3 – 17 所示的成本资料,本月的成本分配将采用定额比例法,将直接材料成本按定额费用比例分配至完工产品与在产品之间,同时,直接人工和制造费用则依据定额工时比例进行分配。

其具体计算过程如下：

(1) 计算完工产品定额。

完工产品直接材料定额费用 = 500 × 25 = 12 500 (元)

完工产品工时定额消耗量 = 500 × 8 = 4 000 (小时)

（2）计算在产品定额。

在产品直接材料定额费用 = 150 × 25 = 3 750（元）

在产品工时定额消耗量 = 150 × 30% × 8 = 360（小时）

（3）计算分配率。

直接材料分配率 = （2 200 + 16 000）/（12 500 + 3 750）= 1.12（元/件）

直接人工分配率 = （4 400 + 82 800）/（4 000 + 360）= 20（元/小时）

制造费用分配率 = （4 360 + 78 480）/（4 000 + 360）= 19（元/小时）

（4）分配成本。

完工产品成本：

直接材料 = 12 500 × 1.12 = 14 000（元）

直接人工 = 4 000 × 20 = 80 000（元）

制造费用 = 4 000 × 19 = 76 000（元）

完工产品成本 = 14 000 + 80 000 + 76 000 = 170 000（元）

在产品成本：

直接材料 = 3 750 × 1.12 = 4 200（元）

直接人工 = 360 × 20 = 7 200（元）

制造费用 = 360 × 19 = 6 840（元）

在产品成本 = 4 200 + 7 200 + 6 840 = 18 240（元）

采用定额比例法分配完工产品与在产品成本，可将实际费用与定额费用进行比较，便于考核分析定额的执行情况。与在产品按定额成本计价法相比，定额比例法下在产品和完工产品共同负担实际成本脱离定额的差异，有利于减少月初月末在产品数量波动对成本计算准确性的不利影响。

综上所述，生产费用在完工产品和月末在产品之间分配的方法有多种，企业应结合自身生产的特点和管理要求选择合适的分配方法。方法一旦选定，不应随意变动，使不同时期的产品成本具有可比性。

三、完工产品成本的结转

无论采用何种分配方法将生产费用在完工产品和在产品之间进行分配后，应将完工入库产品的成本从生产成本总账及各产品成本明细账中转出，结转到产成品账户。

沿用金兰公司资料，月末采用约当产量法将生产费用在甲完工产品与在产品之间进行分配后，依据甲产品成本计算单中完工产品总成本的数字，如表3-17所示，应编制如下会计分录。

  借：产成品   170 000
    贷：基本生产成本——甲产品   170 000

第四章　产品成本计算方法

[学习目标及开篇案例]

[学习目标]

掌握品种法的原理与运用。
掌握分批法的原理与运用。
掌握分步法的原理与运用。

[开篇案例]

小李和小丁即将到某小型服装厂实习，为此他们特别关注服装厂的成本核算问题，并就此展开了讨论。他们找了有关资料，了解到服装生产分为剪裁、缝纫、平整和包装等生产步骤，生产工艺属于多步骤生产。在讨论开始，小李认为，由于服装生产包含剪裁、缝纫、平整和包装等步骤，属于典型的多步骤生产流程，因此倾向于采用分步法来计算产品成本。小丁则认为，虽然小李的观点有其合理性，但未必全然正确，仍有进一步补充和完善的空间。

你认为小李和小丁谁说得更有道理？请说明理由，如果是你，你会怎么做？

第一节　品种法

一、品种法概述

（一）品种法的含义与适用范围

品种法是以产品品种作为成本计算对象，归集和分配生产费用，计算产成品总成本和单位成本的一种成本计算方法。品种法在实务中运用较广,主要适用于下列类型的企业或车间。

(1) 大量大批单步骤生产企业,如发电、供水、采掘等企业。在这类企业中,由于产品品种单一,生产工艺不能间断,产品大量连续生产,企业只需按产品品种汇集生产耗费,计算完工产成品的总成本和单位成本。

(2) 大量大批多步骤生产,管理上不要求分步骤计算成本的企业,如小型水泥、造纸、制砖、糖果、面粉等企业。尽管这类企业涉及多步骤生产流程,然而,鉴于其生产规模相对较小,或采用流水线作业模式,管理层并未要求精确核算半成品成本,因此,为简化成本核算流程,同样采用了品种法来计算产品成本。

(3) 企业某些封闭式大量生产的辅助生产车间,如企业的供水、供电等辅助生产车间。这类辅助生产车间由于是封闭式的,即从原材料投入产品产出的全过程都是在一个车间内进行,管理上不要求按照生产步骤计算产品成本,也应采用品种法计算产品成本。

(二) 品种法的计算特点

与分批法、分步法相比,品种法的成本计算特点主要表现如下。

1. 以产品品种作为成本计算对象

品种法将产品品种作为成本核算的核心,要求针对每种产品设立独立的成本计算单,并按成本项目细分专栏。生产过程中直接消耗的材料及人工成本需直接追溯或合理分配到各产品成本计算单的"直接人工"与"直接材料"项目中;生产间接耗用或没有专设成本项目的直接耗用费用,先在"制造费用"账户归集,然后再转入各产品成本计算单的"制造费用"成本项目。

2. 按月定期计算产品成本

品种法的成本计算期是日历月份,按月份汇集和计算产品成本。采用品种法的企业,其往往是大量生产某种或某几种产品,产品生产过程持续进行,投入与产出不断,无法待产品停产后再行成本核算,故而需人为设定时段,于月末定期核算成本。

3. 月末在产品成本是否计算要视具体情况

当月末没有在产品或者在产品数量很少可不计算在产品成本。若未完工在产品数量众多,则需将生产成本在完工产品与月末在产品间合理分配,以确保两者成本精确。月末在产品成本的处理分两种情况。对于单步骤生产且能一次性产出最终产品的企业,诸如发电、供水及采掘等行业,若月末无在产品或数量甚微,依重要性原则，可忽略在产品成本计算，当期生产成本全由完工产品承担，无须在两者间分配。在大量大批多步骤生产的情况下，每月月末不仅有完工产品，而且一般会有未完工的在产品。如果未完工的在产品数量较多，就需要将生产成本在完工产品与月末在产品之间进行分配，以便计算出完工产品成本和月末在产品成本。

（三）品种法的分类

根据品种法的适用范围及不同企业的特点，品种法可分为简单品种法和典型品种法。

简单品种法应用于大量大批单步骤生产的企业，如发电、供水和采掘业。这类企业由于产品品种单一、通常没有或极少有在产品存在，其成本计算较为简单，将本月为生产产品所发生的所有生产成本进行归集，即可得出该产品的总成本，随后通过总成本除以产量，即可求得单位成本。

典型品种法应用于大量大批多步骤生产但管理上不要求分步骤计算半成品的企业，这类企业生产特点是产品品种较多，月末在产品数量多、价值高，从其成本核算来看，既存在间接计入成本在不同成本计算对象之间的分配问题，也存在生产成本在完工产品与月末在产品之间分配的问题，它是多数企业普遍采用的成本计算方法，故称其为典型品种法。

（四）品种法的计算程序

1. 按照产品品种设置成本计算单

月初，给本月生产的每一品种产品开设一张成本计算单。成本计算单是归集成本计算对象所发生的生产费用，计算其产品成本最基础的明细账。成本计算单中应按成本项目设置专栏，通常包括直接材料、直接人工和制造费用等项目。上月末没有制造完工的在产品成本，即本月成本计算单中的月初在产品成本。此外，还要按车间或品种设置辅助生产成本明细账，并按车间设置制造费用明细账。

2. 归集和分配各项要素费用

生产过程中发生的所有支出和消耗，均被视为要素费用。对生产过程中发生的各项要素费用，要根据费用发生的原始凭证和其他有关资料，编制各种费用分配表，将分配的结果登记在产品成本计算单和各种成本明细账上。

3. 归集和分配辅助生产成本

汇总辅助生产成本明细账中的费用，运用恰当的分配方式，制定辅助生产成本分配表，进而将成本合理分配给各受益对象。

4. 归集和分配基本生产车间的制造费用

汇总基本生产车间制造费用明细账中的费用，运用特定方法编制制造费用分配表，并在该车间生产的不同产品间进行合理分配，最终将制造费用记入各产品成本计算单的"制造费用"项目中。

5. 生产费用在完工产品和月末在产品之间分配

经过上述程序，本期生产产品应负担的各项费用都集中记录在产品成本计算单中。月末，根据企业所选择的完工产品和月末在产品成本的分配方法，分配计算完工产品和月末在产品成本。

6. 结转完工产品成本

生产车间加工完的各种产成品要陆续验收入库，同时将完工入库产品的成本从生产成本总账及各产品成本明细账结转到生产成本账户。

二、简单品种法

简单品种法即单品种的品种法，一般适用于品种单一、生产周期较短的大量大批单步骤生产的企业。因为这类企业产品品种单一，生产过程短，月末没有产品，因此只要把生产过程的费用汇总，得出完工产品的总成本，除以产量，就是单位成本。

【例4-1】某火力发电厂属于单步骤大量生产的企业，只生产电力一种产品。火力发电的工艺特点是通过燃料燃烧对锅炉中的水进行加热，形成高温电压的蒸汽，推动汽轮机快速旋转，借以带动发电机转动，从而产生电力。因为整个工艺流程不能间断，又只生产电力一种产品，期末没有产品，所以选择简单品种法计算电力产品成本。该厂为进行成本核算，设置了"生产成本"总账科目，并以成本项目为专栏设置了生产成本明细账和产品成本计算单。

2×24年3月，该发电厂生产电力1万千瓦时，该月份按成本项目汇总登记的生产成本明细账如表4-1所示。

表4-1　　　　　　　　某火力发电厂生产成本明细账　　　　　　　单位：元

项目	直接材料	直接人工	制造费用	合计
分配燃料	300 000			300 000
分配材料	100 000			100 000

续表

项目	直接材料	直接人工	制造费用	合计
分配水费	50 000			50 000
分配工资费用		200 000		200 000
分配制造费用			500 000	500 000
合计	450 000	200 000	500 000	1 150 000

由于产品不能储存，不存在未完工的在产品，所以本月发生的生产费用就是当月电力产品的总成本，其除以生产的电力产量就是电力产品的单位成本。由此可编制产品成本计算单，如表 4-2 所示。

表 4-2　　　　　　　　某火力发电厂产品成本计算单　　　　　　　单位：元

项目	总成本		单位成本	
	本月实际	累计实际	本月实际	累计实际
直接材料	450 000		45	
直接人工	200 000		20	
制造费用	500 000		50	
合计	1 150 000		115	

三、典型品种法

典型品种法即多品种的品种法。它主要适用于那些生产多种产品、采用大量大批单步骤生产方式的企业，或者那些在管理上无须分步骤计算成本，即便生产涉及多个步骤的大量大批生产的企业。与简单品种法相比，其成本计算上相对复杂一些，要分产品品种来归集生产费用，并且月末有在产品，还要将生产费用在完工产品和在产品之间进行分配。

【例 4-2】某企业大量大批生产甲、乙两种产品，设有基本生产车间和机修辅助生产车间各一个。基本生产车间经过两个步骤大量生产甲、乙产品，因生产规模较小，管理上不要求分步骤计算成本，确定采用品重法计算甲、乙产品成本。

该企业实行厂部一级成本核算体制。为了精确计算成本，该企业特设了甲、乙两种产品的生产成本明细账，机修车间的辅助生产成本明细账，以及基本生产车间的制造费用明细账。机修车间向企业基本生产车间和管理部门提供修理劳务，由于提供的是单一劳务，所以机修车间的制造费用直接记入辅助生产成本明细账，而不必通过"制造费用"科目核算。

该企业的成本核算制度规定，各产品共同发生的原材料成本按定额消费量比例在不同产品之间进行分配，共同发生的动力费、生产工人工资与制造费用按人工工时比例分配。机修车间的修理费用，按照所提供的修理工时，被合理地分配到各个受益对象中。生产费用在完工产品和月末在产品之间的分配采用约当产量法，甲、乙产品生产的原材料系生产开始时一次投入。

已知2×24年3月，生产车间共发生人工工时5 000小时，其中，甲产品消耗工时3 000小时，乙产品消耗工时2 000小时；本月机修车间共提供修理500小时，其中，为基本生产车间提供修理400小时，为企业行政管理部门提供修理100小时。2×24年3月产量资料如表4-3所示，要求采用典型品种法计算甲、乙产品成本。

表4-3　　　　　　　　　　2×24年3月产量资料表

项目	甲产品	乙产品
月初在产品（件）	60	20
本月投产（件）	500	250
本月完工（件）	540	230
月末在产品（件）	20	40
在产品完工率（%）	50	50

典型品种法成本核算程序及相应的账务处理如下。

（1）设置产品成本计算单。该企业应设置甲、乙产品两张成本计算单，在成本计算单中按"直接材料""直接人工""燃料和动力""制造费用"成本项目设置专栏，根据甲、乙两种产品上月月末在产品成本，结转本月月初在产品成本。

（2）归集和分配各项要素费用。

①根据领、退料凭证，按用途编制材料费用分配表，如表4-4所示。

表4-4　　　　　　　　　　某企业材料费用分配表

分配对象		产量（件）	单耗定额（千克）	定额消耗总量（千克）	分配率	分配金额（元）
总账账户	明细账户					
基本生产成本	甲产品	500	4	2 000	7	14 000
	乙产品	250	7.8	1 950	7	13 650
	小计			3 950		27 650
制造费用	材料费					500
辅助生产成本	机修车间					3 000
合计						31 150

根据材料费用分配表编制会计分录如下。

借：基本生产成本——甲产品　　　　　　　　　　　　　14 000
　　　　　　　　　——乙产品　　　　　　　　　　　　　13 650
　　制造费用　　　　　　　　　　　　　　　　　　　　　　500
　　辅修生产成本——机修车间　　　　　　　　　　　　　3 000
　　贷：原材料　　　　　　　　　　　　　　　　　　　　31 150

②根据有关记录编制外购动力费用分配表，如表4-5所示。

表4-5　　　　　　　某企业外购动力费用分配表

分配对象		耗电量		动力成本分配		
总账账户	明细账户	数量（千瓦时）	单价（元）	实耗工时（小时）	分配率	动力成本（元）
基本生产成本	甲产品			3 000	1.8	5 400
	乙产品			2 000	1.8	3 600
	小计	11 250	0.8	5 000		9 000
制造费用	材料费	1 000	0.8			800
辅助生产成本	机修车间	4 000	0.8			3 200
管理费用	电费	2 000	0.8			1 600
合计		18 250				14 600

根据动力费用分配表编制会计分录如下。

借：基本生产成本——甲产品　　　　　　　　　　　　　5 400
　　　　　　　　　——乙产品　　　　　　　　　　　　　3 600
　　制造费用　　　　　　　　　　　　　　　　　　　　　　800
　　辅助生产成本——机修车间　　　　　　　　　　　　　3 200
　　管理费用　　　　　　　　　　　　　　　　　　　　　1 600
　　贷：应付账款——应付电费　　　　　　　　　　　　　14 600

③根据工资结算汇总表编制工资费用分配表，如表4-6所示。

表4-6　　　　　　　某企业工资费用分配表

分配对象		基本生产车间工人薪酬			其他职工薪酬（元）	合计（元）
总账账户	明细账户	生产工时（小时）	分配率	分配额（元）		
基本生产成本	甲产品	3 000	11	33 000		33 000
	乙产品	2 000	11	22 000		22 000
	小计	5 000		55 000		55 000

续表

分配对象		基本生产车间工人薪酬			其他职工薪酬（元）	合计（元）
总账账户	明细账户	生产工时（小时）	分配率	分配额（元）		
制造费用	电费				8 800	8 800
辅助生产成本	机修车间				3 700	3 700
管理费用	电费				20 000	20 000
合计						87 500

根据工资费用分配表编制会计分录如下。

借：基本生产成本——甲产品　　　　　　　　　　　33 000
　　　　　　　　——乙产品　　　　　　　　　　　22 000
　　制造费用　　　　　　　　　　　　　　　　　　3 700
　　辅助生产成本——机修车间　　　　　　　　　　8 800
　　管理费用　　　　　　　　　　　　　　　　　　20 000
　　贷：应付职工薪酬　　　　　　　　　　　　　　87 500

④根据各车间、各部门上月份固定资产折旧计算表和本月增加、减少固定资产折旧额，编制固定资产折旧计算表，如表 4-7 所示。

表 4-7　　　　　　　某企业固定资产折旧计算表　　　　　　　单位：元

分配对象		上月折旧额	本月增加固定资产折旧额	本月减少固定资产折旧额	本月减少折旧额
总账账户	明细账户				
制造费用	折旧费	51 000	4 000	3 000	52 000
辅助生产成本	机修车间	5 000			5 000
管理费用	折旧费	15 000			15 000
合计		71 000	4 000	3 000	72 000

根据固定资产折旧计算表编制会计分录如下。

借：制造费用　　　　　　　　　　　　　　　　　　52 000
　　辅助生产成本——机修车间　　　　　　　　　　5 000
　　管理费用　　　　　　　　　　　　　　　　　　15 000
　　贷：累计折旧　　　　　　　　　　　　　　　　72 000

⑤根据各车间、部门本月发生的其他费用，汇总编制其他费用分配表，如表 4-8 所示。

表4-8　　　　　　　　　　某企业其他费用分配表　　　　　　　　　　单位：元

分配对象		办公费	差旅费	租赁费	其他支出	合计
总账账户	明细账户					
制造费用	其他费用	1 000	500	1 000	500	3 000
辅助生产成本	机修车间	500	500	2 000	2 000	5 000
管理费用	其他费用	2 000	1 000	500	500	4 000
合计		3 500	2 000	3 500	3 000	12 000

根据其他费用分配表编制会计分录如下。

借：制造费用　　　　　　　　　　　　　　　　　3 000

　　辅助生产成本——机修车间　　　　　　　　　5 000

　　管理费用　　　　　　　　　　　　　　　　　4 000

　　贷：银行存款　　　　　　　　　　　　　　　　　12 000

（3）归集机修车间辅助生产费用，编制辅助生产费用分配表。根据上述有关费用分配表登记机修车间辅助生产成本明细账（略），本月机修车间共发生费用25 000元（3 000+3 200+8 800+5 000+5 000），按各部门所耗修理工时分配机修车间生产费用，如表4-9所示。

表4-9　　　　　　　　　　某企业辅助生产费用分配表

分配对象		修理工时（小时）	分配率	分配金额（元）
总账账户	明细账户			
制造费用	其他费用	400	50	20 000
管理费用	其他费用	100	50	5 000
合计		500		25 000

根据辅助生产费用分配表编制会计分录如下。

借：制造费用　　　　　　　　　　　　　　　　　20 000

　　管理费用　　　　　　　　　　　　　　　　　5 000

　　贷：辅助生产成本——机修车间　　　　　　　　　25 000

（4）归集基本生产车间制造费用，编制制造费用分配表。根据归集的基本生产车间制造费用明细账（略），本月基本生产车间共发生制造费用80 000元（500+800+3 700+52 000+3 000+20 000），按照实际工时比例，在甲、乙两产品之间进行分配，如表4-10所示。

表4-10　　　　　　　　某企业制造费用分配表

分配对象		实际工时（小时）	分配率	分配金额（元）
总账账户	明细账户			
制造费用	甲产品	3 000	16	48 000
管理费用	乙产品	2 000	16	32 000
合计		5 000		80 000

根据制造费用明细表编制会计分录如下。

借：基本生产成本——甲产品　　　　　　　　　　48 000
　　　　　　　　　——乙产品　　　　　　　　　　32 000
　　贷：制造费用　　　　　　　　　　　　　　　　80 000

（5）计算完工产品和月末在产品成本。根据上述分配表登记基本生产成本明细账（略）和产品成本计算单，采用约当产量法计算完工产品成本和月末在产品成本，如表4-11与表4-12所示。

表4-11　　　　　　　　某企业甲产品成本计算单

产品：甲产品；在产品量：20；完工产量：540；完工率：50%　　　　　　　单位：元

项目	期初在产品成本	本期生产费用	合计	期末在产品成本	完工产品成本	
					总成本	单位成本
直接材料	560	14 000	14 560	520	14 040	26
燃料和动力	650	5 400	6 050	110	5 940	11
直接人工	550	33 000	33 550	610	32 940	61
制造费用	400	48 000	48 400	880	47 520	88
合计	2 160	100 400	102 560	2 120	100 440	186

直接材料分配率 = (560 + 14 000)/(540 + 20) = 26

燃料和动力分配率 = (650 + 5 400)/(540 + 20 × 50%) = 11

直接人工分配率 = (550 + 33 000)/(540 + 20 × 50%) = 61

制造费用分配率 = (400 + 48 000)/(540 + 20 × 50%) = 88

表4-12　　　　　　　　某企业乙产品成本计算单

产品：乙产品；在产品量40；完工产量：230；完工率50%　　　　　　　单位：元

项目	期初在产品成本	本期生产费用	合计	期末在产品成本	完工产品成本	
					总成本	单位成本
直接材料	390	13 650	14 040	2 080	11 960	52
燃料和动力	400	3 600	4 000	320	3 680	16

续表

项目	期初在产品成本	本期生产费用	合计	期末在产品成本	完工产品成本	
					总成本	单位成本
直接人工	500	22 000	22 500	1 800	20 700	90
制造费用	500	32 000	32 500	2 600	29 900	130
合计	1 790	71 250	73 040	6 800	66 240	288

(6) 根据完工产品成本汇总表结转完工产品成本，编制会计分录如下。

借：产成本——甲产品　　　　　　　　　　　　　　100 440
　　　　——乙产品　　　　　　　　　　　　　　　66 240
　　贷：基本生产成本——甲产品　　　　　　　　　100 440
　　　　　　　　——乙产品　　　　　　　　　　　66 240

第二节　分批法

一、分批法概述

（一）分批法的含义及适用范围

分批法，也称订单法，是以产品批次作为成本计算对象，归集和分配生产费用，计算某批次产品总成本和单位成本的成本计算方法。分批法主要应用于小批量生产及单件定制企业，结合生产实践，其适用对象主要包括以下几类情形。

（1）根据购买者订单生产的企业有些企业专门根据订货者的要求生产特殊规格、特定数量的产品。订货者的订货可能是大型产品，如船舶、精密仪器；也可能是多件同样规格的产品，如根据订货者的设计图样生产几件实验室用的特种仪器。这类企业往往以客户订单为依据划分不同批别进行生产，采用分批法计算成本。

（2）产品种类经常变动的小规模制造厂。这类企业因生产规模小，需频繁调整产品种类与数量，无法采用流水线大规模生产，故采用分批生产及成本计算方式，如生产门窗把手、插销等的小五金工厂。

（3）专门从事修理业务的工厂。修理业务种类繁多，各项修理作业的成本差异显著。加之这类企业往往要根据合同的规定，在生产成本的基础上加约定利润向客户收取修理费，因此需要根据承接的各种修理业务分批计算修理成本，以便向客户通报。

（4）企业内部一些小批量生产的辅助生产车间。企业内部一些小批量生产的辅助生产车间，如新产品试制的车间等，适用于分批法计算产品成本。

上述企业的共同特点是单件小批量生产，生产的重复性一般都比较少，即使有重复，也是不定期的，因此企业按产品批别组织生产，计算成本。

（二）分批法的成本计算特点

与品种法、分步法相比，分批法的成本计算特点主要表现如下。

1. 以产品批别为成本计算对象

分批法的成本计算对象是产品的批别（单件生产为件别）。产品的批别是指企业生产计划部门签发并下达到生产车间的产品批号。企业通过生产计划部门下达的生产通知单来具体规定产品的批别，据以设置成本计算单。产品批别的划分一般以客户的订单为依据，但两者并不完全一致。

（1）一张订单为一种产品，批量适中，可以将该订单作为一批产品。

（2）一张订单为一种产品，但批量很大，要求陆续交货；一张订单的产品种类与规格不同，可将该订单分为几批组织生产。

（3）一张订单为一种产品，但属于大型复杂产品，价值较大，生产周期较长，可按产品的部件分批组织生产。

（4）几种订单为相同产品，且各订单的订购量均不多，交货时间也相差不多，可合并为一批产品组织生产。

2. 以生产周期为成本计算期

分批法以每批产品的生产周期（从开工到完工）为成本计算期。采用分批法的企业，各批产品的成本计算单虽然仍按月汇总，但只有在该批次产品全部完工时才计算其实际成本。因此，分批法的成本计算周期具有灵活性，与每批产品的实际生产周期相契合。

3. 通常不存在生产费用在完工产品与月末在产品之间的分配问题

因为分批法是按批别归集产品成本，如果产品批量适中，通常同批产品同时完工，所以月末计算成本时，或是全部已经完工，或是全部没有完工。因此，在通常情况下，生产费用不需要在完工产品与月末在产品之间进行分配。然而，当产品批量较大时，可能会遇到产品跨月陆续完工并分批交货的情况，此时就需要将生产成本在完工产品与月末未完工产品之间进行合理分配，以确保能够准确计算出已交付给客户产品的成本，从而确定企业的损益状况。

如果跨月陆续完工情况不多，为简化会计核算，可按计划单位成本、定额单位成本或最近一期相同产品的实际单位成本来计算完工产品成本，将完工产品成本从产品成本明细账转出后，余额作为在产品成本。待该批产品全部完工时再计算该批产品的实际总成本和单位成本，对已经转出的完工产品成本不必进行账面调整；如果批内产品跨月陆续完工情况较多，月末完工产品数量比重较大，则应采用适当的方法如约当产量法等，在完工产品与月末在产品之间分配费用。

4. 间接费用分配可选择采用当月分配法或累计分配法

当月分配法的特点是将当月发生的间接成本全部按一定的标准分配给当月生产的各批次产品负担，而不论各批次是否完工。在当月分配法下，未完工批次也要按月结转间接费用。如果企业投产批次较多并且多数为未完工批次或订单时，按月结转未完工批次产品的间接费用的意义不大，并且成本计算手续烦琐，为简化成本核算，可考虑采用累积分配法分配间接费用。

累计分配法的特点是只对当月完工批次按累计分配率分配间接费用，对于未完工批次产品，其成本计算单中只登记各月份发生的直接成本与累计工时数，并不分配间接成本，待该批产品完工时，再按累计工时数与累计分配率分配间接费用。在累积分配法下，完工批次一次结转负担的间接费用，因此可以简化成本核算工作。但是，如果各月份的间接费用水平悬殊，采用这种方法会影响各月成本计算的准确性。

（三）分批法的成本计算程序

采用分批法计算产品成本，通常经过以下几个步骤。

1. 按生产批号（批别）开设各批别产品成本计算单

财会部门依据生产计划部门提供的生产任务通知单上的工作令号，为各批次产品设立成本计算单，并按成本项目细分专栏。

2. 按产品批别归集和分配各项生产成本

分批法下归集和分配生产成本的程序与品种法基本相同。首先，依据各项生产费用的原始凭证等资料编制要素分配表，对直接参与产品生产的材料费用和工资费用进行追溯或分配，并记入该批次产品的成本明细账。辅助生产车间产生的费用则记入辅助生产成本明细账，而各车间发生的间接费用则先统一归集在制造费用明细账中。月末辅助生产车间发生的费用，根据受益原则，在受益对象之间进行分配；制造费用明细账所归集的费用，到月末，要根据企业投产的批别完成情况，选择采用当月分配法或累计分配法进行分配。

3. 汇总各批产品的生产成本，计算完工批次的产品成本

月末，如果该批产品已全部完工，则该产品成本明细账中累计的生产成本就是该批产品的总成本，其除以产量就是该批产品的单位成本。如果该批产品没有完工或没有全部完工，成本明细账中累计的生产成本就是该批产品的在产品成本。如果该批产品跨月陆续完工并陆续交货，则选用适当方法在完工产品和在产品之间进行成本分配，计算先行完工交货的产品成本。

4. 结转完工入库产品成本

月末，将各批完工产品成本与批别陆续完工产品的成本加以汇总，结转完工入库产品的成本。

二、典型分类法

典型分批法即间接费用采用"当月分配法"的分批法，其计算特点是将当月发生的间接成本全部分配给各批产品负担，记入各批产品成本明细账和成本计算单，而不管各批产品是否完工。

【例4-3】某制造企业按照购货单位的要求，小批生产甲、乙、丙三种产品，采用分批法计算各批产品成本。该厂下设零部件加工、装配两个基本生产车间。2×24年6月，该企业小批量生产甲、乙、丙产品的批量、投产日期和完工情况如表4-13所示。

表4-13　　　　　　　　　各批次生产情况表

批号	产品名称	批量（件）	投产日期	完工情况
101	甲产品	20	5月2日	6月份尚未完工
102	乙产品	10	5月10日	6月21日全部完工
103	丙产品	40	6月5日	6月份提前完工10件

由于该企业每个月投产批次不是很多，因此该企业对制造费用采用当月分配法进行分配。同时，企业规定如果一张订单有跨月陆续完工情况，则按计划成本转出，待该批产品全部完工后，再计算完工产品的总成本和单位成本；对已经转出的完工产品成本，不必进行账面调整。已知，丙产品计划单位成本为500元，其

中,直接材料 300 元,直接人工 100 元,制造费用 100 元。

采用典型分批法计算产品成本,通常经过以下几个步骤。

(1) 按照批别设置各批次成本计算单。该月应按产品批次设置 101 批、102 批、103 批三张成本计算单。

(2) 编制要素费用分配表。根据要素费用发生的原始凭证及其用途编制要素费用分配表(略),据以登记有关成本明细账和产品成本计算单。

(3) 归集和分配制造费用。根据本月各车间的制造费用明细账(略)汇总本月各车间发生的制造费用,按各车间生产各批次产品的本月实际工时比例进行分配,编制制造费用分配表,如表 4-14 所示。

表 4-14　　　　　　　　某制造企业制造费用分配表

车间	产品批号	生产工时(小时)	分配率	分配金额(元)
零部件加工车间	101	50	40	2 000
	102	100	40	4 000
	103	50	40	2 000
	小计	200		8 000
装配车间	102	80	50	4 000
	103	20	50	1 000
	小计	100		5 000

根据表 4-12 的结果,结转各批次制造费用,编制会计分录如下。

借:基本生产成本——101 批　　　　　　　　　2 000
　　　　　　　　——102 批　　　　　　　　　8 000
　　　　　　　　——103 批　　　　　　　　　3 000
　　贷:制造费用——零部件加工车间　　　　　　8 000
　　　　　　　——装配车间　　　　　　　　　5 000

(4) 计算并结转各批次完工产品成本。101 批甲产品本月尚未完工,其成本计算单汇集的生产费用就是月末在产品成本;102 批乙产品本月全部完工,将其成本计算单中登记的费用汇总就是 102 批产品的完工总成本;103 批丙产品本月存在批内陆续完工情况,对于提前完工产品,按计划单位成本结转。各批次产品成本的计算结果直接填列在其产品成本计算单中,分别如表 4-15、表 4-16、表 4-17 所示。

表 4-15 某制造企业甲产品成本计算单

批号：101；订货单位：江海公司；名称：甲产品；开工日期：5月2日；批量：20件　　　　单位：元

2×24年		摘要	直接材料	直接人工	制造费用	合计
月	日					
6	1	结转上期	1 000	500	300	1 800
6	30	材料分配表	500			500
		工资分配表		2 000		2 000
		制造费用分配表			2 000	2 000
6	30	合计	1 500	2 500	2 300	6 300

表 4-16 某制造企业乙产品成本计算单

批号：102；订货单位：迅达公司；名称：乙产品；开工日期：5月10日；批量：10件；完工日期：6月21日

单位：元

2×24年		摘要	直接材料	直接人工	制造费用	合计
月	日					
6	1	结转上期	2 000	1 000	1 500	4 500
6	30	材料分配表	600			600
		工资分配表		4 000		4 000
		制造费用分配表			8 000	8 000
		结转完工产品成本	2 600	5 000	9 500	17 100
		单位成本	260	500	950	1 710

表 4-17 某制造企业丙产品成本计算单

批号：103；订货单位：康辉公司；名称：丙产品；开工日期：6月5日；批量：40件　　　　单位：元

2×24年		摘要	直接材料	直接人工	制造费用	合计
月	日					
6	30	材料分配表	5 000			5 000
		工资分配表		3 000		3 000
		制造费用分配表			3 000	3 000
		合计	5 000	3 000	3 000	11 000
		结转已提前完工产品成本	3 000	1 000	1 000	5 000
		期末余额	2 000	2 000	2 000	6 000

（5）编制完工产品成本汇总表，并结转完工产品成本。根据各批次产品成本计算单，编制完工产品成本汇总表，如表4-18所示，据以进行产成品验收入库的账务处理。

表 4-18　　　　　　　　某制造企业完工产品成本汇总表

产品名称	产量（件）	直接材料（元）	直接人工（元）	制造费用（元）	合计（元）
甲产品		2 600	5 000	9 500	17 100
乙产品	10	3 000	1 000	1 000	5 000
丙产品	10	5 600	6 000	10 500	22 100

根据完工产品成本汇总表结转完工入库产品成本，编制会计分录如下。

借：产成品——乙产品　　　　　　　　　　　　　17 100
　　　　——丙产品　　　　　　　　　　　　　　5 000
　　贷：基本生产成本——102 批　　　　　　　　17 100
　　　　　　——103 批　　　　　　　　　　　　5 000

三、简化分批法

在生产周期较长的单件小批生产企业或车间中（如机械制造厂和修理厂），往往投产的批别很多，有的多至几十批，甚至几百批。在这种情况下，当月末未完工产品的批数也很多时，如果仍然按月将间接成本在各批产品之间进行分配，这会导致成本计算及登记的工作量显著增加。因此，对于投产批数频繁且月末未完工批数较多的企业，适宜采用间接费用累计分配法，也即简化分批法。

简化分批法是指对间接费用采用累计分配法分配的分批法。其计算特点是，在平时产品成本计算单中只登记直接计入费用和产品生产工时，间接计入费用以外的各项费用不需要按月在各批产品之间进行分配，而是通过设置生产成本明细账累计起来。在有产品完工的月份，根据累计间接计入费用分配率和完工产品的累计工时计算完工产品应分配的各项间接计入费用，从而计算各批完工产品总成本和单位成本。这种方法只将间接成本分配给完工产品，不分配给在产品，因此，这种方法也称为不分批计算在产品成本的分批法。

与典型分批法相比，简化分批法具有以下几个特点。

（1）设立生产成本明细账，按月提供企业或车间全部产品的累计生产成本和生产工时资料。

（2）每月发生的各项间接计入成本，不是按月在各批产品之间进行分配，而是将这些间接成本先分别累计起来。在有完工产品的月份，需要先计算间接费用累计分配率，再根据各完工产品累计工时，计算其应分配的各项间接计入费用，计算和登记各批完工产品成本。相关计算公式为：

$$某项间接费用累计分配率 = \frac{该项间接费用累计额}{各批产品累计工时}$$

某批完工产品应分配间接费用 = 该批完工产品累计工时 × 该项间接费用累计分配率

（3）各批产品之间、完工产品与在产品之间的间接计入费用的分配，即各项间接计入费用的横向分配（各批产品之间的分配）和纵向分配（同批产品的完工产品和在产品之间的分配），都是利用间接费用累计分配率于产品完工时同时进行的。简化分批法极大地减少了成本分配和成本计算单的登记工作，但它存在以下两个缺点：①在各位完工批别的成本明细账内，只登记直接成本，而不反映间接成本，因而不能完整地反映各批别的在产品成本。②如果各月份之间成本水平悬殊，采用这种方法会使成本平均化，不能反映各期成本发生的真实情况，影响成本计算的正确性。因此，只有在当月投入批数较多，未完工批数较多，并且各月间接成本水平相差不多的情况下采用该种方法。

【例 4-4】某制造企业小批生产多种产品，为了简化产品成本的计算工作，采用了简化分批法核算成本。该企业 2×24 年 8 月各批产品的生产记录如表 4-19 所示。

表 4-19　　　　　　　　　各批产品的生产记录

批号	产品名称	批量（件）	订货单位	投产日期	完工情况
101	甲产品	20	康乐公司	7月2日	8月22日完工
102	乙产品	50	大通公司	7月5日	8月28日完工
103	丙产品	40	云海公司	7月10日	尚未完工
104	丁产品	30	浪潮公司	8月5日	尚未完工

该制造企业设置生产成本计算流程如下。

（1）设置产品成本计算单及有关账表。为了累计间接计入费用，该制造业设立了成本明细账，具体内容如表 4-20 所示。按批次开设产品成本计算单，分别如表 4-21、表 4-22、表 4-23 和表 4-24 所示。为简化举例，略去其他账表。

（2）编制各项费用分配表，据以登记有关明细账和成本计算单。本月发生的各项生产费用（包括要素费用、辅助生产费用、制造费用等）已全部归集和分配完毕，各批产品的成本计算单中详细记录了该批产品的原材料费用（即直接计入费用）以及生产工时，具体参见表 4-20 至表 4-24。将全部产品应分配的各项费用总额和实际耗用的总工时记入生产成本明细账，计算各间接费用累计分配率，如表 4-20 所示。

表 4-20 某制造企业生产成本明细账

月	日	摘要	原材料（元）	工时记录（小时）	直接人工（元）	制造费用（元）	合计（元）
7	31	余额	15 000	2 000	6 300	8 120	29 420
8	31	本月发生	9 500	1 500	4 200	5 880	19 580
		累计	24 500	3 500	10 500	14 000	49 000
		累计分配率			3	4	
		完工转出	14 500	2 200	6 600	8 800	29 900
		余额	10 000	1 300	3 900	5 200	19 100

在表 4-20 中，各间接费用累计分配率的计算如下：直接人工累计分配率 = 10 500/3 500 = 3

制造费用累计分配率 = 14 000/3 500 = 4

（3）根据累计费用分配率结转完工产品应分配的间接计入费用，并记入完工批次的产品成本计算单。未完工批次产品只登记直接费用和生产工时，不分配其应负担的间接费用，如表 4-21、表 4-22 所示。

表 4-21 101 号甲产品成本计算单

批号：101；订货单位：康辉公司；名称：甲产品；开工日期：7 月 2 日；批量：20 件；完工日期：8 月 22 日

2×24 年		摘要	直接材料（元）	生产工时（小时）	直接人工（元）	制造费用（元）	费用合计（元）
月	日						
7	31	本月发生	3 000	500			3 000
8	31	本月发生	1 000	400			1 000
		累计数及累计分配率	4 000	900	3	4	4 000
		完工产品转出	4 000	900	2 700	3 600	10 300
		完工产品单位成本	200		135	180	515

表 4-22 102 号乙产品成本计算单

批号：102；订货单位：大通公司；名称：乙产品；开工日期：7 月 5 日；批量：50 件；完工日期：8 月 28 日

2×24 年		摘要	直接材料（元）	生产工时（小时）	直接人工（元）	制造费用（元）	费用合计（元）
月	日						
7	31	本月发生	10 000	1 000			10 000
8	31	本月发生	500	300			500
		累计数及累计分配率	10 500	1 300	3	4	10 500
		完工产品转出	10 500	1 300	3 900	5 200	19 600
		完工产品单位成本	210		78	104	392

本月完工批次有两个：101 批和 102 批。

在表 4-19 中，101 批次完工产品应负担的间接费用计算如下：

直接人工 = 900 × 3 = 2 700（元）

制造费用 = 900 × 4 = 3 600（元）

在表 4-20 中，102 批次完工产品应负担的间接费用计算如下：

直接人工 = 1 300 × 3 = 3 900（元）

制造费用 = 1 300 × 4 = 5 200（元）

103 批和 104 批本月没有完工，只登记直接材料和生产工时，不结转直接人工和制造费用，如表 4-23、表 4-24 所示。

表 4-23　　　　　103 号丙产品成本计算单

批号：103；订货单位：云海公司；名称：丙产品；开工日期：7 月 10 日；批量：40 件

2×24 年		摘要	直接材料（元）	生产工时（小时）	直接人工（元）	制造费用（元）	费用合计（元）
月	日						
7	31	本月发生	2 000	500			2 000
8	31	本月发生	1 000	300			1 000

表 4-24　　　　　104 号丁产品成本计算单

批号：104；订货单位：浪潮公司；名称：丁产品；开工日期：8 月 5 日；批量：30 件

2×24 年		摘要	直接材料（元）	生产工时（小时）	直接人工（元）	制造费用（元）	费用合计（元）
月	日						
8	31	本月发生	7 000	500			7 000

（4）汇总完工各批产品成本，编制完工产品成本汇总表，如表 4-25 所示，据以结转完工入库产品的成本。

表 4-25　　　　某制造企业完工产品成本汇总表

产品批次	产品名称	批量（件）	直接材料（元）	直接人工（元）	制造费用（元）	费用合计（元）
101	甲产品	20	4 000	2 700	3 600	10 300
102	乙产品	50	10 500	3 900	5 200	19 600
合计			14 500	6 600	8 800	29 900

根据表 4-25 可以编制如下会计分录。

借：产成品——甲产品　　　　　　　　　　　10 300
　　　　　——乙产品　　　　　　　　　　　19 600
　　贷：基本生产成本——101 批　　　　　　10 300
　　　　　　　　　　——102 批　　　　　　19 600

第三节 分步法

一、分步法概述

(一) 分步法的含义及适用范围

分步法是以产品的品种及其生产流程中的各个步骤为成本计算对象,通过归集和分配生产成本,来计算半成品和产成品的总成本及单位成本。它主要适用于大量大批多步骤生产的企业,如纺织、造纸、冶金、化工、机械制造等。

(二) 分步法的主要特点

与品种法、分批法相比,分步法的成本计算特点主要表现如下。

1. 以产成品及各加工步骤中的半成品为成本计算对象

在分步法下,不仅要计算出每种最终产成品的成本,而且还要计算出每个加工步骤半成品的成本。因此,分步法需要为每种产品及其所经过的生产步骤设置产品成本计算单,以归集生产费用,计算产品成本。分步法下的生产步骤的划分与生产工艺上的加工步骤不完全一致。根据实际需要和管理要求,有时一个车间就是一个生产步骤,有时将几个车间合并为一个生产步骤,有时将一个车间又划分为几个生产步骤。

2. 产品成本核算按期在月末进行

采用分步法计算产品成本,因为要以产品及所经过的各个生产步骤为成本核算对象,而产品又是大量大批重复生产,所以每月月末都会有大量的完工产品。在这种情况下,每月月末都需要计算产品成本。因此,分步法成本计算一般是定期于月末进行,其产品成本计算期与产品生产周期不一致,而与会计核算期相同。

3. 月末需要将生产成本在完工产品与在产品之间进行分配

在大量大批多步骤生产的情况下,月末经常存在一定数量的在产品,因此需要将各产品成本明细账中归集的生产成本在完工产品与在产品之间进行分配。

4. 各步骤之间成本结转的处理

大量大批多步骤生产可分为连续式多步骤生产和装配式多步骤生产两种情况。连续式多步骤生产是指从原材料投入产品完工要顺序经过若干加工步骤的生产,即前一步骤制成的半成品移送下一步骤继续加工，顺序转移，直至最后一个步骤才生产出产成品，如纺织、冶金等企业的生产。装配式多步骤生产是指投入的各种原材料可在不同地点同时加工成零部件，再将零部件组装成产品的生产，如汽车、电器等企业的生产。在连续式加工的情况下，上一步骤生产的半成品是下一步骤的加工对象，在要求分步骤计算半成品成本的情况下，上一步骤半成品成本要随着实物流结转到下一生产步骤。在装配式加工的情况下，通常是在不同地点对各种原材料平行地进行加工，然后再将各种零、部件装配成成品。因此，各步骤只计算本步骤所发生的费用，各步骤不计算也不向下一步骤结转半成品成本。按照各步骤之间成本结转方式的不同，形成了逐步结转分步法和平行结转分步法两种方法。

二、逐步结转分步法

（一）逐步结转分步法的含义及特点

逐步结转分步法，也称计算半成品成本法，是按产品工艺加工的先后顺序，逐步计算各步骤半成品成本，并伴随着半成品实物的转移而结转到下一步骤产品成本之中，直至最后步骤累积计算产成品成本的一种方法。它主要适用于大量大批连续式加工，并且成本管理中需要提供各步骤半成品成本资料的企业。

逐步结转分步法有以下几个特点。

（1）以最终产成品和各步骤半成品作为成本计算对象，分别设立产品成本计算单。直接费用可直接记入各成本计算单；间接费用先归集，按一定标准分配计入本步骤的产品成本计算单。

（2）半成品成本的结转与半成品实物的流转是一致的。各生产步骤的半成品成本要随着半成品实物在各生产步骤之间的转移而结转。如果半成品不直接转入下一生产步骤，而是通过半成品库收发，则需要设置"自制半成品"账户，完工半成品入库时，其成本由"基本生产成本"账户结转到"自制半成品"账户，生产领用的自制半成品成本由"自制半成品"账户结转到"基本生产成本"账户。由于各月份完工入库半成品的单位成本不同，因此，可以采用加权平均法、先进先出法等计算发出半成品的实际成本。其具体计算方法可参照存货的计价方法进行。

（3）各步骤生产费用总额需要在本步骤完工半成品和狭义在产品之间进行分配。生产费用在本步骤完工半成品和狭义在产品之间的分配可采用第四章所介绍的定额比例法和约当产量法等方法进行分配。

(4) 各生产步骤的半成品成本包含所消耗的上一步骤半成品的成本，所计算的半成品成本是半成品的完全成本，最后生产步骤的成本也就是产成品成本。

综上所述，逐步结转分步法是为了计算半成品成本而采用的一种分步法，因此又称作计算半成品成本分步法。在此方法下，每个步骤均采用品种法来归集生产成本及计算半成品成本，因此，逐步结转分步法实质上可视为多个品种法的连续应用。

（二）逐步结转分步法的成本计算程序

先计算出第一步骤的半成品成本，如果半成品不经过半成品库收发而是直接转入下一个生产车间，则第二生产步骤转入的半成品成本再加上本步骤发生的生产费用，在本步骤完工半成品和月末在产品之间分配，计算出第二生产步骤的半成品成本，再结转给下一个生产步骤，以此类推，直到最后步骤计算出产成品成本。

（三）半成品成本的反映方法

逐步结转分步法，按照半成品成本在下一步骤成本计算单中的反映方法不同，又可分为综合结转和分项结转两种方法。

1. 综合结转法

综合结转分步法是指上一生产步骤的半成品成本转入下一生产步骤时，是以"自制半成品"综合项目计入下一步骤成本计算单的方法。综合结转法又包括按实际成本综合结转与按计划成本综合结转两种方法。

2. 分项结转法

分项结转法是上一生产步骤的半成品成本结转到下一生产步骤时，按成本项目分项结转到下一生产步骤相同成本项目的方法。分项结转分步法，可以按照半成品的实际成本结转，也可以按半成品的计划成本结转，然后按成本项目分项调整成本差异。

（四）成本还原法

成本还原，就是将产成品耗用各步骤半成品的综合成本，逐步分解还原为原来的成本项目。成本还原方法的原理是，假定产成品成本所耗半成品成本构成（各成本项目的比重）与本期生产的同种半成品的成本构成相同，从最后步骤开始，将其耗用上一步骤半成品的综合成本逐步分解，还原为原来的成本项目，成本还原的具体方法是成本项目比重法和成本还原分配率法。

（五）逐步结转分步法举例

为了更清楚地掌握逐步结转分步法，现通过举例来说明综合结转法、成本还原法和分项结转法的具体运用。

【例 4-5】 金兰公司大量生产 A 产品，该产品顺序经过三个车间生产完成，第二车间在第一车间生产的甲半成品的基础上生产出乙半成品，第三车间将乙半成品加工成产成品，半成品在各车间之间直接结转。该企业采用逐步结转分步法计算产品成本，半成品成本按实际成本综合结转，材料在开工时一次投入。各生产步骤采用约当产量法在本步骤完工产品与期末在产品之间分配成本。2×24 年 9 月有关生产数量和生产费用资料分别如表 4-26、表 4-27 所示。

要求：采用综合结转法对产品成本进行计算。

表 4-26　　　　　　　　　　　　生产数量表　　　　　　　　　　　数量单位：件

项目	第一车间	第二车间	第三车间
月初在产品	10	20	60
本月投产	250	200	200
本月完工	200	200	250
月末在产品	60	20	10
在产品完工率	50%	50%	50%

表 4-27　　　　　　　　　　生产结转前的生产费用表　　　　　　　　　　单位：元

项目	第一车间 期初在产品成本	第一车间 本期生产费用	第二车间 期初在产品成本	第二车间 本期生产费用	第三车间 期初在产品成本	第三车间 本期生产费用
直接材料（第二、第三车间为自制半成品）	100	3 800	2 300		7 300	
直接人工	50	3 400	250	5 000	500	3 325
制造费用	200	6 700	100	2 000	800	6 850
合计	350	13 900	2 650	7 000	8 600	10 175

成本核算流程如下。

（1）第一车间产品成本的计算。

直接材料分配率 =（100 + 3 800）/（200 + 60）= 15

完工半成品应分配的直接材料 = 200 × 15 = 3 000（元）

直接人工分配率 =（50 + 3 400）/（200 + 60 × 50%）= 15

完工半成品应分配的直接人工 = 200 × 15 = 3 000（元）

制造费用分配率 = (200 + 6 700)/(200 + 60 × 50%) = 30

完工半成品应分配的制造费用 = 200 × 30 = 6 000（元）

据此可编制第一车间产品成本计算单，如表 4 - 28 所示。

表 4 - 28　　　　　　　　甲半成品的产品成本计算单

车间：第一车间；在产品量：60；产品：甲半成品；在产品量：60；完工产量：200；在产品完工率：50%

单位：元

项目	期初在产品成本	本期生产成本	合计	期末在产品成本	完工半成品成本	
					总成本	单位成本
直接材料	100	3 800	3 900	900	3 000	15
直接人工	50	3 400	3 450	450	3 000	15
制造费用	200	6 700	6 900	900	6 000	30
合计	350	13 900	14 250	2 250	12 000	60

（2）第二车间产品成本的计算。将第一车间成本计算单中的完工半成品成本 12 000 元转入第二车间成本计算单中的"自制半成品"成本项目中。

自制半成品分配率 = (2 300 + 12 000)/(200 + 20) = 65

完工半成品应分配的自制半成品成本 = 200 × 65 = 13 000（元）

直接人工分配率 = (250 + 5 000)/(200 + 20 × 50%) = 25

完工半成品应分配的直接人工 = 200 × 25 = 5 000（元）

制造费用分配率 = (100 + 2 000)/(200 + 20 × 50%) = 10

完工半成品应分配的制造费用 = 200 × 10 = 2 000（元）

据此可编制第二车间产品成本计算单，如表 4 - 29 所示。

表 4 - 29　　　　　　　　乙半成品的产品成本计算单 1

车间：第二车间；在产品量：20；产品：乙半成品；完工产量：200；在产品完工率：50%　　　单位：元

项目	期初在产品成本	本期生产成本	合计	期末在产品成本	完工半成品成本	
					总成本	单位成本
自制半成品	2 300	12 000	14 300	1 300	13 000	65
直接人工	250	5 000	5 250	250	5 000	25
制造费用	100	2 000	2 100	100	2 000	10
合计	2 650	19 000	21 650	1 650	20 000	100

（3）第三车间产品成本的计算。将第二车间成本计算单中的完工半成品成本

20 000元转入第三车间成本计算单中的"自制半成品"成本项目中。

自制半成品分配率=(7 300+20 000)/(250+10)=105

完工产品应分配的半成品成本=250×105=26 250（元）

直接人工分配率=(500+3 325)/(250+10×50%)=15

完工产品应分配的直接人工=250×15=3 750（元）

制造费用分配率=(800+6 850)/(250+10×50%)=30

完工产品应分配的制造费用=250×30=7 500（元）

据此可编制第三车间产品成本计算单，如表4-30所示。

表4-30　　　　　A产成品的产品成本计算单1

车间：第三车间；在产品量：10；产品：A产成品；完工产量：250；在产品完工率：50%　　　单位：元

项目	期初在产品成本	本期生产成本	合计	期末在产品成本	完工半成品成本	
					总成本	单位成本
自制半成品	7 300	20 000	27 300	1 050	26 250	105
直接人工	500	3 325	3 825	75	3 750	15
制造费用	800	6 850	7 650	150	7 500	30
合计	8 600	30 175	38 775	1 275	37 500	150

【例4-6】现以〖例4-5〗的成本计算结果资料为基础，分别利用成本项目比重法和成本还原分配率法进行成本还原的计算，编制产成品成本还原计算表，如表4-31与表4-32所示。

表4-31　　　　　　产成品还原计算表（成本项目比重法）　　　　　金额单位：元

项目		乙半成品	甲半成品	直接材料	直接人工	制造费用	合计
（1）还原前产成品成本		26 250			3 750	7 500	37 500
（2）本期生产乙半成品	项目		13 000		5 000	2 000	20 000
	比重		13 000/20 000=65%		5 000/20 000=25%	2 000/20 000=10%	100%
（3）产成品中的乙半成品成本还原		26 250	26 250×65%=17 062.5		26 250×25%=6 562.5	26 250×10%=2 625	
（4）本期生产甲半成品	项目			3 000	3 000	6000	12 000
	比重			3 000/12 000=25%	3 000/12 000=25%	6 000/12 000=50%	100%

续表

项目	乙半成品	甲半成品	直接材料	直接人工	制造费用	合计
(5)产成品中的甲半成品成本还原		17 062.5	17 062.5×25%=4 265.625	17 062.5×25%=4 265.625	17 062.5×25%=8 531.25	
(6)还原后的产成品成本=(1)+(3)+(5)			4265.625	14578.125	18656.25	37500

表 4-32　　　　产成品还原计算表（成本还原分配率法）

项目	成本还原分配率	乙半成品	甲半成品	直接材料	直接人工	制造费用	合计
(1)还原前产成品成本		26 250			3 750	7 500	37 500
(2)本期生产乙半成品			13 000	5 000	2 000		20 000
(3)产成品中的乙半成品成本还原	262 50/20 000=1.3125	26 250	13 000×1.3125=17 062.5		5 000×1.3125=6 562.5	2 000×1.3125=2 625	
(4)本期生产甲半成品				3 000	3 000	6 000	12 000
(5)产成品中的甲半成品成本还原	17 062.5/12 000=1.421875		17 062.5	3 000×1.421875=4 265.625	3 000×1.421875=4 265.625	6 000×1.421875=8 531.25	
(6)还原后的产成品成本=(1)+(3)+(5)				4 265.625	14 578.125	18 656.25	37 500

【例 4-7】沿用〖例 4-5〗的资料、金兰公司要求半成品成本按成本项目分项结转。2×24 年 9 月有关产量资料如表 4-26 所示，生产费用资料如表 4-33 所示。

表 4-33　　　　成本结转后的生产费用表　　　　　　　　　　　单位：元

项目	第一车间		第二车间		第三车间	
	期初在产品成本	本期产生费用	期初在产品成本	本期产生费用	期初在产品成本	本期产生费用
直接材料						
半成品成本			520		1 480	

续表

项目	第一车间		第二车间		第三车间	
	期初在产品成本	本期产生费用	期初在产品成本	本期产生费用	期初在产品成本	本期产生费用
本步骤成本	100	3 800				
直接人工						
半成品成本			960		500	
本步骤成本	50	3 400	250	5 000	500	3 325
制造费用						
半成品成本			820		5 320	
本步骤成本	200	6 700	100	2 000	800	6 850
合计						
半成品成本			2 300		7 300	
本步骤成本	350	13 900	350	7 000	1 300	10 175

成本核算流程如下。

(1) 第一车间成本的计算。第一车间成本计算的计算过程与综合结转法下的成本计算相同，其计算结果如表4-32所示。

将第一车间成本计算单中的完工半成品成本，包括直接材料3 000元、直接人工4 000元、制造费用6 000元分别计入第二车间成本计算单中的对应成本项目中去。

(2) 第二车间成本的计算。在分项结转法下，从第二车间开始，为了反映所消耗的上一个生产步骤的半成品成本，在成本计算单个成本项目中，应将所消耗的上一个生产步骤的半成品成本与本步骤发生的成本分开列示，上一步骤的半成品成本，无论材料费还是加工费，均在本步骤生产开始时一次性投入。本步骤发生的加工费用是随加工陆续投入的，与约当产量的计算是不同的，因此要分开列示，分别计算，最后加总。主要的计算过程如下。

①直接材料成本项目分配：

消耗半成品的成本分配率 = (520 + 3 000)/(200 + 20) = 16

②直接人工成本项目分配：

消耗半成品的成本分配率 = (960 + 3 000)/(200 + 20) = 18

本步骤发生的成本分配率 = (250 + 5 000)/(200 + 20 × 50%) = 25

③制造费用成本项目分配：

消耗半成品的成本分配率 = (820 + 6 000)/(200 + 20) = 31

本步骤发生的成本分配率 = (100 + 2 000)/(200 + 20 × 50%) = 10

第二车间成本计算结果如表 4-34 所示。

表 4-34　　　　　　乙半成品的产品成本计算单 2

车间：第二车间；在产品量：20；产品：乙半成品；完工产量：200；在产品完工率：50%　　　单位：元

项目	期初在产品成本	本期生产成本	合计	期末在产品成本	完工产品成本 总成本	完工产品成本 单位成本
直接材料					3 200	16
半成品成本	520	3 000	3 520	320	3 200	16
本步骤成本						
直接人工					8 600	43
半成品成本	960	3 000	3 960	360	3 600	18
本步骤成本	250	5 000	5 250	250	5 000	25
制造费用					8 200	41
半成品成本	820	6 000	6 820	620	6 200	31
本步骤成本	100	2 000	2 100	100	2 000	10
合计					20 000	100
半成品成本	2 300	12 000	14 300	1 300	13 000	62
本步骤成本	350	7 000	7 350	350	7 000	35

将第二车间成本计算单中的完工半成品成本，包括直接材料 3 200 元、直接人工 8 600 元、制造费用 20 000 元，分别记入第三车间成本计算单中的对应成本项目。

(3) 第三车间成本计算。第三车间成本计算与第二车间成本计算类似，计算结果如表 4-35 所示。

表 4-35　　　　　　A 产成品的产品成本计算单 2

车间：第三车间；在产品量：10；产品：A 产成品；完工产量：250；在产品完工率：50%　　　单位：元

项目	期初在产品成本	本期生产成本	合计	期末在产品成本	完工产品成本 总成本	完工产品成本 单位成本
直接材料					4 500	18
半成品成本	1 480	3 200	4 680	180	4 500	18
本步骤成本						

续表

项目	期初在产品成本	本期生产成本	合计	期末在产品成本	完工产品成本 总成本	完工产品成本 单位成本
直接人工					12 500	50
半成品成本	500	8 600	9 100	350	8 750	35
本步骤成本	500	3 325	3 825	75	3 750	15
制造费用					20 500	82
半成品成本	5 320	8 200	13 520	520	13 000	52
本步骤成本	800	6 850	7 650	150	7 500	30
合计					37 500	150
半成品成本	7 300	20 000	27 300	1 050	26 250	105
本步骤成本	1 300	10 175	11 475	225	11 250	45

（六）逐步结转分步法评价

1. 综合结转分步法的优缺点

优点：成本结转工作简单，可以在各步骤产品成本计算单中分别反映各步骤完工产品所耗上一生产步骤半成品成本和本步骤追加费用水平，有利于划算各步骤成本管理责任，加强各步骤成本管理。

缺点：无法反映产成品的原始成本构成，并且成本还原工作繁重。

2. 分项结转分步法的优缺点

优点：可以直接并正确地提供按照原始成本项目所反映产成品成本资料，便于企业从整体视角全面考核并分析产品成本计划的执行情况，不需要进行成本还原。

缺点：成本结转工作较为复杂，而且在各步骤完工产品中没有单独列示所耗上一生产步骤半成品成本是多少，本生产步骤追加费用是多少，这不利于对各生产步骤完工产品进行细致的成本分析，以及明确划分成本管理的责任。

三、平行结转分步

（一）平行结转分步法的含义及特点

平行结转分步法也称不计算半成品成本的分步法。它是指各步骤不计算，也不向下一步骤结转半成品成本，而只归集本步骤本身所发生的费用，并在期末将本步骤发生的费用中应由最终产成品承担的份额,平行结转给最终产成品的一种成本核算方法。该方法通常适用于管理上需要分步骤核算成本的装配式多步骤生产企业。对连续式多步骤生产,如果管理不上不要求计算各步骤半成品完整成本,为了简化分步成本的计算,也可以采用平行结转分步法计算产品成本。

平行结转分步法有以下几个特点。

(1) 以最终生产步骤的产成品作为成本计算对象,并按生产步骤和产品品种设立产品成本计算单。

(2) 不通过"自制半成品"账户进行总分类核算。

(3) 各步骤生产费用总额需要在最终产成品和广义在产品之间进行分配。

(4) 平行结转法下,半成品成本不是半成品完全成本,而是半成品阶段成本,将各步骤应计入产成品成本的份额平行加以汇总,即可计算出产成品的成本。

(二) 平行结转分步法的核算程序

(1) 按每种产品的品种及其所经过的生产步骤设置产品成本计算单归集生产费用。

(2) 月末将本步骤归集生产费用在产成品和广义在产品之间分配,以确定应计入产成品成本的份额。

(3) 汇总各生产步骤应计入产成品成本的份额以计算产成品成本。

(三) 平行结转分步法举例

为了更清楚地掌握平行结转分步法,现通过举例说明平行结转分步法的具体运用。

【例 4-8】某企业通过三个车间生产甲产品,直接材料在第一车间一次投入,采用平行结转分步法计算产品成本。2×24 年 9 月,有关产量和生产费用资料如表 4-36 与表 4-37 所示。

表 4-36　　　　　　　　　某企业生产数量　　　　　　　　数量单位:件

项目	第一车间	第二车间	第三车间
月初在产品量	10	20	80
本月投产量	370	350	340
本月完工量	350	340	400
月末在产品量	30	30	20
在产品完工率	50%	50%	50%

表4-37　　　　　　　　　　　某企业生产费用　　　　　　　　　　　　单位：元

项目	期初在产品成本			本期发生费用		
	第一车间	第二车间	第三车间	第一车间	第二车间	第三车间
直接材料	1 000			3 800		
直接人工	500	825	300	1 825	5 700	4 620
制造费用	325	1 100	150	1 070	7 600	6 000
合计	1 825	1 925	450	6 695	13 300	10 620

具体计算过程如下。

（1）第一车间成本的计算。

直接材料的单位成本 =（1 000 + 3 800）/（400 + 30 + 20 + 30）= 10（元）

计入产成品的材料成本 = 400 × 10 = 4 000（元）

直接人工的单位成本 =（500 + 1 825）/（400 + 30 + 20 + 30 × 50%）= 5（元）

计入产成品的人工成本 = 400 × 5 = 2 000（元）

制造费用的单位成本 =（325 + 1 070）/（400 + 30 + 20 + 30 × 50%）= 3（元）

计入产成品的制造费用 = 400 × 3 = 1 200（元）

第一车间成本计算单如表4-38所示。

表4-38　　　　　　　第一车间甲产品的成本计算单

车间：第一车间；产品：甲产品；完工产量：400；在产品量：30　　　　　　单位：元

项目	月初在产品成本	本月生产成本	合计	单位成本	计入产成品成本	月末在产品成本
直接材料	1 000	3 800	4 800	10	4 000	800
直接人工	500	1 825	2 325	5	2 000	325
制造费用	325	1 070	1 395	3	1 200	195
合计	1 825	6 695	8 520	18	7 200	1 320

（2）第二车间成本的计算。

直接人工的单位成本 =（825 + 5 700）/（400 + 20 + 30 × 50%）= 15（元）

计入产成品的人工成本 = 400 × 15 = 6 000（元）

制造费用的单位成本 =（1 100 + 7 600）/（400 + 20 + 30 × 50%）= 20（元）

计入产成品的制造费用 = 400 × 20 = 8 000（元）

第二车间产品成本计算单如表4-39所示。

表4-39　　　　　　　　　第二车间甲产品的成本计算单

车间：第二车间；产品：甲产品；完工产量：400；在产品量：30　　　　　　　　　　　　单位：元

项目	月初在产品成本	本月生产成本	合计	单位成本	计入产成品成本	月末在产品成本
直接人工	825	5 700	6 525	15	6 000	525
制造费用	1 100	7 600	8 700	20	8 000	700
合计	1 925	13 300	15 225	35	14 000	1 225

（3）第三车间成本的计算。

直接人工的单位成本 =（300 + 4 620）/（400 + 20 × 50%）= 12（元）

计入产成品的人工成本 = 400 × 12 = 4 800（元）

制造费用的单位成本 =（150 + 6 000）/（400 + 20 × 50%）= 15（元）

计入产成品的制造费用 = 400 × 15 = 6 000（元）

第三车间成本计算单如表4-40所示。

表4-40　　　　　　　　　第三车间甲产品的成本计算单

车间：第三车间；产品：甲产品；完工产量：400；在产品量：20　　　　　　　　　　　　单位：元

项目	月初在产品成本	本月生产成本	合计	单位成本	计入产成品成本	月末在产品成本
直接人工	300	4 620	4 920	12	4 800	120
制造费用	150	6 000	6 150	15	6 000	150
合计	450	10 620	11 070	27	10 800	270

（4）汇总各步骤计入产成品成本份额，计算完工产成品成本，如表4-41所示。

表4-41　　　　　　　　　甲产品成本汇总计算表

产品：甲产品；产成品量：400　　　　　　　　　　　　　　　　　　　　　　　　　　单位：元

项目	直接材料	直接人工	制造费用	合计
第一车间转入成本	4 000	2 000	1 200	7 200
第一车间转入成本		6 000	8 000	14 000
第一车间转入成本		4 800	6 000	10 800
总成本	4 000	12 800	15 200	32 000
单位成本	10	32	38	80

（四）平行结转分步法的优缺点

优点：各生产步骤可以同时计算产品成本，不必进行成本还原，因而能够简化和加速成本计算工作。

缺点：不能提供各生产步骤的半成品完整成本资料；在产品成本按发生地反映，不是按所在地反映，不利于各步骤在产品的实物管理和资金管理；不能全面地反映各生产步骤产品的生产耗费水，不能更好地满足各生产步骤成本管理的要求。

四、平行结转分步法和逐步结转分步法的比较

平行结转分步法和逐步结转分步法计算产品成本，虽然都属于分步法，但两者之间仍有许多不同之处，主要表现在如下几个方面。

（1）成本计算程序不同。逐步结转分步法在计算成本时是按产品的生产过程逐步计算并结转半成品及其成本，在最后步骤计算出完工产品成本；而平行结转分步法下各步骤只计算该步骤应计入产成品成本的份额，将各步骤应计入产成品成本的份额平行地加以汇总，计算出完工产成品的成本。

（2）各步骤所包括的费用不同。逐步结转分步法下每一个步骤的费用（第一个步骤除外）既包括本步骤发生的费用，又包括上一个步骤转入的半成品成本；平行结转分步法下各步骤的费用只包括本步骤发生的费用，不包括上一步骤转入的半成品成本。

（3）完工产品的概念不同。逐步结转分步法下的完工产品不仅包括最后步骤完工的产成品，还包括本步骤完工的半成品；平行结转分步法下的完工产品只包括最后步骤的完工产成品。

（4）产品的概念不同。逐步结转分步法下的在产品是狭义在产品，即本步骤的在制品；而平行结转分步法下的在产品是广义在产品，即除了狭义在制品以外，还包括本步骤的半成品。

（5）提供的成本资料不同。逐步结转分步法下能提供各步骤所占用的生产资金数额，然而，在综合逐步结转分步法中，它无法直接展现按原始成本项目划分的成本结构，因此需执行烦琐的成本还原过程；在平行结转分步法下不能提供各步骤所占用的生产资金数量，但它能直接提供按原始成本项目反映的产品成本构成，不需要进行成本还原。

（6）成本与实物的关系不同。在逐步结转分步法下，成本与实物是一致的，即半成品实物转入哪个步骤，其成本也转入哪个步骤，半成品的成本按半成品所在地反映，有利于半成品的资金管理；在平行结转分步法下，成本与实物是不一

致的，当半成品转入下一个步骤加工时，其成本并不转入下一个步骤，半成品成本是按发生地反映的，不利于半成品的资金管理。

（7）成本计算的及时性不同。在实际成本结转下，逐步结转分步法除第一个步骤外，其余步骤的计算均需在上一个步骤成本计算后才能进行，影响了成本计算的及时性。在平行结转分步法下，各步骤可以同时进行成本计算，加快了成本计算的速度。

第五章　标准成本法

[学习目标及开篇案例]

[学习目标]

了解标准成本法的基本原理。
掌握标准成本差异的计算方法。
掌握标准成本差异的分析方法。

[开篇案例]

××医药公司标准成本的制定

1. 案例背景

××医药公司创始人曾经因为预见到金属针管容易导致身体不适且会损失经脉，于是发明了铁氟龙导管。然而，专利期满后，其他公司所生产的铁氟龙导管进入市场，加剧了市场竞争，价格被迫下降，利润也越来越少。不断下降的利润使高层管理人员研究铁氟龙导管继续生存的可能性。

2. 对话

M："预算体制是我们采取的控制生产成本的唯一尝试的手段吗？"

R："是的。但实际上它所起的作用并不大。预算是将上年的成本加上通货膨胀因素而得到的。我们从未认真确定过去成本应该是多少。"

M："我担心，如果现在不采取行动控制生产成本，那么未来我们的资源就会短缺。如果可以通过改进成本控制获得更高的利润。我希望我的工厂和经理们能够意识到他们对成本控制的责任。你有什么建议吗？"

R："我们应该使预算制度更加规范。第一，预算要反映成本应当是多少，而非实际是多少。第二，我们要让经理们参与编制预算，并把奖金与预算体制相结合，使经理人员树立成本意识。然而，我认为我们可以再进步，建立标准成本。"

M:"这不是就要明确材料和人工的单位价格和用量标准吗?"

R:"从本质上说,正是这样。使用单位价格和用量标准,就可以确定每生产一个单位的产品所使用的人工、材料和制造费用的预计成本。这些标准是用来制定预算的,一旦有实际成本的介入,就可以使用单位价格和用量标准把预算差异分解为价格差异和效率差异。"

根据上述讨论,你认为标准成本是如何制定的?

第一节 标准成本概述

一、标准成本的产生背景

标准成本是早期管理会计的主要支柱之一。美国工业在南北战争以后有很大的发展,大多数工厂发展成为生产多种产品的大企业。但是由于企业管理落后,劳动生产率较低,工厂的产量大大低于额定生产能力。为了改进管理,一些工程技术人员和管理者进行了各种试验,他们努力把科学技术的最新成就应用于生产管理,大大提高了劳动生产率,并因此而形成了一套科学管理制度。为了提升工人的劳动生产率,他们率先对工资制度和成本计算方法进行了革新,依据预先设定的科学标准,推行了奖励计件工资制,并引入了标准人工成本的概念。在此之后,又把标准人工成本概念引申到标准材料成本和标准制造费用等。最初,标准成本作为一种计算手段,独立于会计系统之外存在。1919年,美国全国成本会计师协会成立,对推广标准成本起了很大的作用。1920~1930年,美国会计学界经过长期争论,才把标准成本纳入了会计系统,从此出现了真正的标准成本会计制度。

二、标准成本法的含义

标准,即为一定条件下衡量和评价某项活动或事物的尺度。标准成本是指在正常的生产技术水平和有效的经营管理条件下,企业经过努力应达到的产品成本水平。标准成本法也称标准成本会计,指通过制定标准成本,将标准成本与实际成本进行比较获得成本差异,并对成本差异进行因素分析,据以加强成本控制的一种会计信息系统和成本控制系统。标准成本法是在泰罗的生产过程标准化思想的影响下，于20世纪20年代在美国诞生的，开始只是用来进行成本控制，之后才逐步发展和完善，并与成本核算结合起来，成为一种成本计算与成本控制相结合的方法。

三、标准成本的作用

（一）有利于加强企业成本控制

在进行产品生产之前，制定出正常的生产经营条件下单位产品耗用的数量标准和价格标准，用来对单位产品所需的直接材料、直接人工和制造费用进行科学预计，可以成为衡量成果的尺度与评价考核的依据。而且，企业通过标准成本法，将实际成本与预先设定的标准成本进行对比，通过差异分析识别成本超支或节约的原因，并据此采取措施进行成本控制，以实现成本管理的目标。

（二）有助于企业实施正确决策

标准成本代表了产品成本应达到的合理水平，是管理者期望达到的目标成本，可作为评价方案的依据。企业通过比较各方案的预测成本与标准成本，可以更准确地评价方案的优劣，从而为决策提供科学依据。因此，在企业决策分析中，通常利用标准成本信息，用于不同备选方案之间的比较分析，以选取最优方案。

（三）有益于提高企业的管理水平

标准成本的客观性、科学性使其具有相当的权威性，可以为企业衡量成本水平提供适当的尺度。同时，标准成本也是建立工资制度和激励制度必须考虑的因素，可以增强职工的成本意识，对职工有较强的激励作用。加强成本的控制，可以大大提高成本控制的有效性，促进企业管理水平的提高。

四、标准成本的种类

标准成本是在正常生产经营条件下能够实现的，作为控制成本开支、衡量工作效率、评价成本效益的依据和尺度的一种目标成本。在制定标准成本时，根据所要求达到效率的不同，所采取的标准有理想标准成本、正常标准成本和现实标准成本。

(一) 理想标准成本

理想标准成本是指在所有影响因素均处于最优状态时所能达到的成本水平，尽管这种理想状态难以实现，但它为企业指明了未来成本控制的方向。因此，理想标准成本是在最佳工作状态下可以达到的成本水平，是排除了一切失误、浪费和资源闲置等因素，根据理论耗用量、价格以及满负荷生产能力制定的标准成本。

(二) 正常标准成本

正常标准成本通常反映过去一段时期实际成本水平的平均值，反映该行业平均的生产能力和技术水平，当企业在生产技术和经营管理条件变动不大的情况下，它是一种可以在一段时间内采用的标准成本。因此，正常标准成本是在正常生产经营条件下应该达到的成本水平，是根据正常的耗用水平、正常的价格和正常的生产经营能力利用程度制定的标准成本。

(三) 现实标准成本

现实标准成本最接近实际成本，最切实可行，通常认为是企业根据现有的生产条件和技术水平可以达到的标准。与正常标准成本不同的是，它需要根据现实情况的变化不断进行修改，而正常标准成本则可以在较长一段时间内保持不变。因此，现实标准成本是在现有的生产条件下应该达到的成本水平，是根据现在的价格水平、生产耗用量以及生产经营能力利用程度制定的标准成本。

第二节 标准成本的制定

采用标准成本法的关键点是标准成本的制定，是进行成本核算、成本差异分析和成本控制等工作开展的前提和基础。标准成本可以按车间、分产品、成本项目（直接材料、直接人工、制造费用）分别反映。标准成本的成本项目与会计日常核算所使用的成本项目需要保持一致。其中，直接材料可以按材料的不同种类或规格详细列出标准，直接人工可以按不同工种列出标准，制造费用应按固定性制造费用和变动性制造费用分项列出标准，之后将各个成本项目的标准成本加总，即构成某产品的标准成本。

标准成本是由会计部门联合采购、劳动工资、行政管理、技术及生产经营等部门，基于对企业生产经营条件的深入分析与研究共同制定的。在制定标准成本时，应鼓励并吸纳直接负责执行的员工参与，以确保标准的实用性和可行性。

需要注意的是标准成本的制定通常只针对产品的制造成本，不针对期间成本。对管理成本和销售成本采用编制预算的方法进行控制，不制定标准成本。对制造成本标准成本制定时要针对不同的成本项目分别制定，原因在于产品的制造成本是由产品的直接材料、直接人工和制造费用组成的。另外，直接材料、直接人工以及制造费用都可以通过计算其相关的用量和价格得到。因此，为便于计算，有关成本项目的标准成本以"数量"标准乘以"价格"标准来表示，即某成本项目的标准成本＝数量标准×价格标准。企业在制定完标准成本之后就可以分析实际成本与标准成本之间的差异及其产生的原因，并可以借以明确责任。

一、直接材料标准成本的制定

（一）数量标准

数量标准是指在现有生产技术条件下生产单位产品所需要的材料数量。涵盖构成产品实体的材料、生产过程中必要的损耗，以及因不可避免因素导致的废品所需材料。一般由工艺部门在生产部门人员的帮助下，通过分析、测算，确定用于产品生产所需耗用的直接材料品种及其数量。直接材料标准数量的确定也可以采用现场测试的方式，即在受控制的条件下，向生产过程投入一定数量的材料来研究其结果。

（二）价格标准

价格标准是指采购部门按供应单位提供的价格及其他因素预先确定的各种材料的单价，包括买价和运杂费等。在制定标准价格时，需全面考量市场环境及其变化趋势、供应商的报价以及最优采购批量等关键因素。例如，与实际成本计算中会计人员将材料处理成本分摊到库存材料账户上相类似，材料标准价格也应考虑这些费用，为有关的运输、采购、验收和其他材料处理费用设定分配率，加计到材料的标准价格上。另外，企业应要求采购部门对采购物品的价格负责的同时也对采购物品的质量负责，借以避免采购部门只注重于寻找报价较低的供应厂商，而对采购物品的质量要求有所忽视。根据数量标准和价格标准就可以确定直接材

料的标准成本,直接材料标准制定中,数量标准表现为材料消耗定额,价格标准表现为材料的计划价格,于是其计算公式如下:

单位产品直接材料标准成本 = 单位产品材料消耗定额 × 单位材料计划价格

【例 5-1】LUOSI 家居公司生产椅子,耗用甲、乙两种材料,根据表 5-1 提供的数据,需计算生产椅子所用直接材料的标准成本。标准成本的计算包括确定直接材料的标准用量和标准价格,以及分析实际用量和价格与标准之间的差异。

表 5-1　　　　　　　　甲、乙两种材料消耗表

项目	预计正常用量（千克/把）	预计耗用量（千克/把）	预计购买价格（元/千克）	预计采购费用（元/千克）
甲材料	3	1.5	10	2
乙材料	3.5	2	8	3

直接材料数量标准:

甲材料数量标准 = 3 + 1.5 = 4.5(千克/把)

乙材料数量标准 = 3.5 + 2 = 5.5(千克/把)

直接材料价格标准:

甲材料价格标准 = 10 + 2 = 12(元/千克)

乙材料价格标准 = 8 + 3 = 11(元/千克)

每把椅子直接材料的标准成本 = 4.5 × 12 + 5.5 × 11 = 114.5(元/把)

二、直接人工标准成本的制定

产品生产耗用人工的成本是由单位产品耗用的人工工时乘以每小时工资率所决定的。制定直接人工标准成本时,数量标准被定义为工时标准,而价格标准则对应于工资率标准。

(一) 工时标准

工时标准是指在现有生产技术条件下生产单位产品(或零部件)所需要的工作时间,包括对产品进行直接加工所耗用的工时、必要的间歇和停工时间以及不可避免地在废品上所耗用的工时。制定工时标准须经过技术测定,先按零件所经工序、车间分别计算,再按产品进行汇总。

(二) 工资率标准

工资率标准取决于企业所采用的工资制度。如果企业采用的是计件工资制，标准工资率就是预定的每件产品支付的工资除以标准工时；如果企业采用的是计时工资制，标准工资率就是每一标准工时应分配的工资。这里应该注意的是，如果同一项操作在不同情况下需要不同技能才能完成，那么，就应该制定不同的工资率标准。

直接人工标准制定中，数量标准表现为工时消耗定额（单位产品耗用的人工工时），价格标准表现为计划小时工资率，于是：

单位产品直接人工标准成本 = 单位产品工时消耗定额 × 计划小时工资率

【例 5 - 2】LUOSI 家居公司生产椅子，需由第一、第二车间连续加工，其有关资料如表 5 - 2 所示，要求计算生产椅子所需直接人工的标准成本。

表 5 - 2　　　　　　　第一、第二车间人工消耗表

项目	直接加工工时（小时/把）	休息工时（小时/把）	停工工时（小时/把）	废品工时（元/把）	直接生产工人人数（人）	每人每月标准工时（一小时）	生产工人工资总额（元）
一车间	1.5	0.5	0.2	0.3	60	200	24 000
二车间	2	0.4	0.5	0.1	50	200	30 000

直接人工工时标准：

一车间工时标准 = 1.5 + 0.5 + 0.2 + 0.3 = 2.5（小时/把）

二车间工时标准 = 2 + 0.4 + 0.5 + 0.1 = 3（小时/把）

直接人工工资率标准：

一车间工资率标准 = 24 000/12 000 = 2（元/小时）

二车间工资率标准 = 30 000/10 000 = 3（元/小时）

每把椅子直接人工的标准成本 = 2.5 × 2 + 3 × 3 = 14（元/把）

三、制造费用标准成本的制定

制造费用是指生产过程中发生的除直接材料和直接人工以外的所有费用。制造费用标准成本是按部门分别编制，然后将同一产品所涉及的各部门的单位制造费用标准加以汇总后得出的整个产品的制造费用标准成本。由于制造费用按成本性态分为变动制造费用和固定制造费用，因而制造费用标准成本也分为变动制造

费用标准成本和固定制造费用标准成本两部分。

在标准成本法下,确定制造费用的标准成本,需先依据生产能力的实际利用情况来编制生产费用预算,随后通过将其除以直接人工工时或机器工时等能反映生产能力水平的标准生产量,来确定制造费用的标准分配率,这是确定制造费用标准成本的两个构成要素。因此,制造费用标准制定中,数量标准是指工时消耗定额,价格标准是指制造费用标准分配率,其中,制造费用的标准分配率通常是通过将制造费用预算数除以按计划产量所计算的定额工时来加以确定的,即:

单位产品制造费用标准成本 = 单位产品工时消耗定额 × 制造费用计划分配率

$$制造费用标准分配率 = \frac{制造费用预算数}{工时消耗定额 × 计划产量}$$

(一) 变动制造费用标准成本

变动制造费用的数量标准与直接人工标准成本制定中所确定的单位产品的工时标准相同,为单位产品生产所消耗的直接人工工时标准或机器工时标准。变动制造费用的价格标准与变动制造费用的预算有关联。

$$变动制造费用标准分配率 = \frac{变动制造费用预算总额}{标准总工时}$$

根据上式可以确定单位产品变动制造费用标准成本 = 变动制造费用标准分配率 × 单位产品工时标准。

(二) 固定制造费用标准成本

固定制造费用标准成本的制定则需依据企业所采用的成本计算方法来确定。若企业采用变动成本法,固定制造费用则被视为期间费用,并从边际贡献中扣除,因此,在产品成本及单位产品的标准成本中,均不包含固定制造费用的标准成本。在这种成本计算方法下,不需要制定固定制造费用的标准成本。如果企业采用的是完全成本法,产品成本中应包括固定制造费用,因而需要制定固定制造费用的标准成本。

固定制造费用标准成本的制定方法与变动制造费用标准成本的制定方法大致相同,均以单位产品生产所消耗的直接人工工时标准或机器工时标准作为数量标准。价格标准的计算公式如下:

$$固定制造费用标准分配率 = \frac{固定制造费用预算总额}{标准总工时}$$

根据上式可以确定单位产品固定制造费用标准成本 = 固定制造标准分配率 × 单位产品标准工时。

【例 5 – 3】接前例 LUOSI 家居公司根据预算，采用预算间接法计算得出的固定制造费用标准分配率为 10 元/小时，如表 5 – 3 所示。

表 5 – 3　　　　　　　LUOSI 家居公司制造费用预算

项目	工时（小时/把）	休息工时（小时/把）	停工工时（小时/把）	废品工时（小时/把）	直接生产工人人数（人）	每人每月标准工时（小时）	变动制造费用预算总额（元）	固定制造费用预算总额（元）
一车间	1.5	0.5	0.2	0.3	60	200	6 400	3 600
二车间	2	0.4	0.5	0.1	50	200	6 600	5 400

制造费用工时标准：

一车间工时标准 = 1.5 + 0.5 + 0.2 + 0.3 = 2.5（小时/把）

二车间工时标准 = 2 + 0.4 + 0.5 + 0.1 = 3（小时/把）

变动制造费用标准分配率：

一车间标准总工时 = 60 × 200 = 12 000（小时）

一车间制造费用标准分配率 = 6 400/12 000 = 0.53（元/小时）

二车间标准总工时 = 50 × 200 = 10 000（小时）

二车间制造费用标准分配率 = 6 600/10 000 = 0.66（元/小时）

每把椅子变动制造费用标准成本 = 2.5 × 0.53 + 3 × 0.66 = 3.31（元）

固定制造费用标准分配率：

一车间制造费用标准分配率 = 3 600/12 000 = 0.3（元/小时）

二车间制造费用标准分配率 = 5 400/10 000 = 0.54（元/小时）

每把椅子变动制造费用标准成本 = 2.5 × 0.3 + 3 × 0.54 = 2.37（元）

第三节　变动成本差异的计算、分析和控制

一、成本差异的通用模式

成本差异是指产品的实际成本与标准成本之间形成的差额。如果实际成本小于标准成本，两者所形成的差异称为有利差异（F），也称为顺差；如果实际成本

大于标准成本，两者所形成的差异称为不利差异（U），也称为逆差。成本差异对于管理层而言，是一种至关重要的信号。它有助于管理层识别问题所在，深入分析差异产生的原因及其责任归属，进而采取相应的措施，消除不利差异，扩大有利差异，从而确保对企业成本的有效控制，实现成本优化。

由于标准成本是根据标准数量和标准价格计算的，而实际成本是根据实际数量和实际价格计算的。因此，尽管形成差异的原因很多，但归纳起来不外乎用量因素和价格因素。由数量因素所形成的差异称为用量差异，由价格因素所形成的差异称为价格差异。

价格差异 = 实际用量 ×（实际价格 − 标准价格）

用量差异 = 标准价格 ×（实际用量 − 标准用量）

总差异 = 价格差异 + 用量差异
   = 直接材料价格差异 + 直接人工工资率差异 + 变动制造费用开支差异
    + 直接材料数量差异 + 直接人工效率差异 + 变动制造费用效率差异

二、直接材料成本差异

直接材料成本差异是指实际产量下的直接材料实际成本与直接材料标准成本之间的差异。其中：

直接材料成本差异 = 直接材料实际成本 − 直接材料标准成本
     = (单位产品材料实际消耗量 × 单位材料实际价格
      − 单位产品材料消耗定额 × 单位材料标准价格) × 实际产量

如前所述，直接材料成本属于变动成本，其成本差异形成的原因包括价格差异和用量差异。其中，价格差异是实际价格脱离标准价格所产生的差异，其计算公式如下：

材料价格差异 = （实际价格 − 标准价格）× 材料实际消耗总量
    = （实际价格 − 标准价格）× 单位产品材料实际消耗量 × 实际产量

用量差异是单位产品实际材料耗用量脱离单位标准材料耗用量所产生的差异，其计算公式如下：

材料用量差异 = （材料实际消耗总量 − 实际产量时的材料标准耗用量）× 标准价格
    = （单位产品材料实际耗用量 − 单位产品材料耗用定额）× 实际产量
     × 标准价格

公式综合反映如下：

材料成本差异 = 材料价格差异 + 材料用量差异

【例 5 – 4】LUOSI 家居公司生产椅子需使用一种材料 A（属于直接材料）。本期生产椅子 200 把，耗用 A 材料总计 1 000 千克，A 材料的实际价格为每千克 200 元。假设 A 材料的标准价格为每千克 210 元，每把椅子 A 材料的消耗定额为 12 千克，那么，A 材料的成本差异分析如下：

材料价格差异 = (200 – 210) × 1 000 = – 10 000（元）
材料用量差异 = 210 × (1 000 – 200 × 12) = – 294 000（元）
成本差异 = 1 000 × 200 – 200 × 12 × 210
　　　　 = – 10 000 + (– 294 000) = – 304 000（元）

从计算结果看，LUOSI 家居公司 A 材料的成本差异一方面来自价格差异，另一方面来自用量差异。具体而言，材料价格的下降使材料成本节省了 10 000 元，而材料用量的节约使材料成本节省了 294 000 元。分析直接材料成本差异应注意以下几点。

第一，不能简单地认为成本节约就是好的，超支就是不好的。在判断成本差异时，正差异表示节约，负差异则表示超支。需要注意的是成本的发生是为了满足经营目标的需要，进而实现价值增值。因此，实现经营目标时，成本的节约方显其利（亦具价值）；反之，若经营目标未达成，成本的节约则反成不利（亦失价值）。

第二，要确定成本差异形成的责任部门。材料价格差异通常应由采购部门负责，如采购批量、供应商的选择、交货方式、材料质量、运输工具等影响材料采购价格的因素一般由采购部门控制并受其决策影响。材料数量差异通常应由生产部门负责，如生产中出现的用料浪费，或技术水平低导致的用料过多等材料用量的因素一般由生产部门控制并受其决策影响。

虽然材料价格差异通常应由采购部门负责，但是有些因素是采购部门无法控制的。例如，通货膨胀因素的影响、市场对原材料价格的调整等。因此，对材料价格差异，要进行进一步的分析研究，查明产生差异的真正原因，分清各部门的经营责任。只有在科学分析的基础上，才能进行有效控制。同理，影响材料用量的因素也是多种多样的，包括生产工人的技术熟练程度和对工作的责任感、材料的质量、生产设备的状况等。一般来说，用量超标多因工人疏忽、培训不足或技术欠佳，责任归于生产部门；然而，有时用量差异也源自其他部门。例如，采购部门因采购低质量材料，致使生产部门过度消耗，因此产生的材料用量差异应由采购部门承担；再如，设备管理部门若未能确保生产设备充分发挥效能，从而导致材料用量差异,则该部门应负起相应责任。找出和分析造成差异的原因是进行有效控制的基础。

三、直接人工成本差异

直接人工成本差异是指实际产量下的直接人工实际成本与直接人工标准成本之间的差额。其中:

直接人工成本差异 = 直接人工实际成本 − 直接人工标准成本
= (单位产品工时实际消耗量 × 实际工资率 − 单位产品工时消耗定额 × 标准工资率) × 实际产量

同样,直接人工成本属于变动成本,其成本差异包括直接人工工资率差异和直接人工工时耗用量差异。直接人工工资率差异,也称直接人工价格差异,与材料价格差异相仿;而直接人工工时耗用量差异,则与材料用量差异相类。直接人工工资率差异是指实际工资率脱离标准工资率所产生的差异,其计算公式如下:

$$直接人工工资率差异 = (实际工资率 − 标准工资率) \times 单位产品工时实际消耗量 \times 实际产量$$

直接人工工时耗用量差异是指单位实际人工工时耗用量脱离单位标准人工工时耗用量所产生的差异,其计算公式如下:

$$直接人工工时耗用量差异 = (单位产品工时实际消耗量 \times 实际产量 − 单位产品工时消耗定额 \times 实际产量) \times 标准工资率$$

公式综合反映如下:

直接人工成本差异 = 人工工资率差异 + 人工工时耗用量差异

【例 5−5】LUOSI 家居公司本批生产椅子 150 件,实际耗用人工工时 5 000 小时,实际工资总额为 55 000 元,平均每工时工资 11 元。假设标准工资率为每工时 10 元,每把椅子的工时耗用定额为 26 小时,那么,生产椅子的直接人工成本差异分析如下:

直接人工工资率差异 = (11 − 10) × 5 000 = 5 000(元)

直接人工工时耗用量差异 = 10 × (5 000 − 26 × 150) = 11 000(元)

直接人工成本差异 = 55 000 − 10 × 150 × 26 = 16 000(元)

或

= 5 000 + 11 000 = 16 000(元)

从上例计算可知,实际工资率高于标准工资率,导致 LUOSI 家居公司直接人工成本增加了 5 000 元；同时，单位实际人工工时耗用量超出标准，产生了 11 000 元的直接人工效率差异。分析直接人工成本差异应注意以下几点。

第一，实际工资率高于标准工资率可能是由于生产过程中使用了工资级别较高、技术水平较高的工人从事了要求较低的工作，从而造成了工资费用的超支。若此超支能够促使生产效益提升，诸如产量增长、质量优化，进而实现价值增值，则无疑应给予正面评价；如果这种超支并没有导致生产效益提高，只是保证了既定任务的完成，没有产生价值增值，则应进行及时调整。

第二，直接人工工时耗用量差异是考核每个工时生产能力的重要指标，降低单位产品成本的关键在于不断提高单位工时的生产能力。影响直接人工工时利用的因素是多方面的，包括生产工人的技术水平和熟练程度、生产过程的安排和组织、生产工艺的选择、原材料的质量以及设备的状况等。所以，跟材料用量差异的分析相似，对人工工时耗用量差异形成的原因进行具体的分析，并将责任落实到具体的部门，如此一来，才能采取有效的控制措施。

四、变动制造费用成本差异

变动制造费用成本差异是指实际产量下的实际变动制造费用与标准变动制造费用之间的差额。其中：

变动制造费用成本差异 = 实际变动制造费用 − 标准变动制造费用

= 实际分配率 × 实际工时 − 标准分配率 × 标准工时

= (实际分配量 × 单位产品工时实际消耗额

− 标准分配率 × 单位产品工时消耗定额) × 实际产量

$$实际分配率 = \frac{实际变动制造费用}{实际工时}$$

变动制造费用是变动制造费用分配率与工时的乘积，因此变动制造费用差异包括变动制造费用分配率差异和变动制造费用效率差异。变动制造费用分配率差异类似于材料价格差异和直接人工工资率差异，变动制造费用效率差异类似于材料用量差异和直接人工效率差异，所以其计算公式如下：

变动制造费用差异 = 实际变动制造费用 − 标准变动制造费用

= 变动制造费用分配率差异 + 变动制造费用效率差异

变动制造费用分配率差异 = (实际分配率 − 标准分配率) × 实际工时总额

= (实际分配率 − 标准分配率) × 单位产品工时实际

消耗量×实际产量

变动制造费用效率差异 = （实际工时 - 标准工时）×标准分配率×实际产量

【例5-6】LUOSI家居公司本批生产椅子150把，实际耗用工时5 000小时，实际发生变动制造费用15 000元，制造费用实际分配率为每直接工时3元。假设费用标准分配率为4元，标准耗用工时4 000小时。那么，变动制造费用差异分析如下：

变动制造费用分配率差异 = (3 - 4)×5 000 = -5 000（元）

变动制造费用效率差异 = 4×(5 000 - 4 000) = 4 000（元）

变动制造费用差异 = 15 000 - 4×4 000 = -1 000（元）

或

$$= -5\ 000 + 4\ 000 = -1\ 000（元）$$

由于变动制造费用是由许多明细项目组成的，并且与一定的生产水平相联系，因而仅通过上例中的差异计算来反映变动制造费用差异总额，并不能达到日常控制与考核的要求。在分析变动制造费用成本差异时，应注意以下关键点。

第一，按照"二八"原则，对数量占20%但金额占80%的项目，应逐一进行分析，以确保重点控制的有效性。

第二，对于成本产生的原因可以按照成本动因找出关联因子，例如，照明用电的电费取决于照明灯具的总功率、照明时长以及每度电的价格。而后再对找出的因素按照不同的方法分析其重要性，例如，可以通过因素分析法或成本效益原则来评估各因素对成本的影响程度，并根据重要性原则采取相应的控制措施。

第四节 固定制造费用成本差的计算、分析和控制

一、固定制造费用成本差异的计算

固定制造费用主要是企业为了获得生产能力以及维持这种生产能力而发生的费用。它具有在相关范围内总额固定不变的特性。它是通过编制固定预算进行成本控制的。固定制造费用成本差异是指一定期间的实际固定制造费用与标准固定制造费用之间的差额。其中：

固定制造费用成本差异 = 实际固定制造费用 - 标准固定制造费用

标准固定制造费用 = 固定制造费用标准分配率 × 标准工时

$$\text{固定制造费用标准分配率} = \frac{\text{预算固定制造费用}}{\text{预算工时}}$$

由于固定制造费用属于固定成本，在一定的业务量范围之内或者一定的时期保持相对稳定，不受产量的影响。但是，产量的变动会对单位产品中的固定制造费用产生影响：产量增加时，单位产品应负担的固定制造费用会减少；产量减少时，单位产品应负担的固定制造费用会增加。即实际产量与设计生产能力所规定的产量或计划产量的差异会对产品应负担的固定制造费用产生影响。因此，固定制造费用成本差异并不能简单地划分为价格差异和数量差异这两类。根据固定制造费用不随业务量的变动而变动的特点，为了计算固定制造费用标准分配率，必须设定一个预算工时，实际工时与预算工时之间的差异造成的固定制造费用差异叫作固定制造费用生产能力利用程度差异。因此，固定制造费用差异由开支差异、效率差异及生产能力利用差异构成，其内在关系可通过以下公式清晰展现：

固定制造费用差异 = 实际固定制造费用 − 标准固定制造费用

= 固定制造费用开支差异 + 固定制造费用生产能力利用差异 + 固定制造费用效率差异

固定制造费用开支差异 = 实际分配率 × 实际工时 − 标准分配率 × 预算工时

即实际固定制造费用与预算固定制造费用之间的差额为：

固定制造费用生产能力利用差异 = 标准分配率 × (预算工时 − 实际工时)

固定制造费用效率差异(工时差异) = 标准分配率 × (实际工时 − 标准工时)

【例5 – 7】 LUOSI 家居公司本期预算固定制造费用为 6 000 元，预算工时为 3 000 小时，实际耗用工时超出预算至 3 200 小时，导致实际固定制造费用增加至 6 600 元，标准工时为 3 100 小时。

第一步：根据公式可求出标准分配率和实际分配率。

$$\text{固定制造费用标准分配率} = \frac{6\,000}{3\,000} = 2$$

$$\text{固定制造费用实际分配率} = \frac{6\,600}{3\,200} = 2.06$$

第二步：根据上述公式求出开支差异、效率差异和生产能力利用差异。

固定制造费用开支差异 = 6 600 − 6 000 = 600（元）

固定制造费用效率差异 = 2 × (3 000 − 3 200) = − 400（元）

固定制造费用生产能力利用差异 = 2 × (3 200 − 3 100) = 200（元）

标准固定制造费用 = 2 × 3 100 = 6 200（元）

固定制造费用差异计算如下：实际固定制造费用 6 600 元减去标准固定制造费用 6 200 元，得 400 元差异，该差异可进一步分解为其他相关因素（如 600 - 400）与生产能力利用差异 200 元之和，总计仍为 400 元。

二、固定制造费用成本差异的分析和控制

在一定的业务范围内，固定制造费用不随业务量的变动而变动，表现出相对的固定性。对固定制造费用的控制和分析通常是通过编制固定制造费用预算以及将实际发生数与预算数的对比来进行的。分析固定制造费用成本差异应注意以下几点。

第一，由于固定制造费用是由各个部门的众多明细项目构成的，因此，固定制造费用预算原则上是就每个部门及明细项目分别编制。于是，固定制造费用应该按每个部门及明细项目分别记录，固定制造费用成本差异的分析和控制也应该就每个部门及明细项目分别进行。

第二，将固定制造费用各明细项目的固定预算与实际发生数进行对比、分析，按成本效益原则对差异进行评价，并采取必要的控制措施。就预算差异来说，其产生的原因可能是资源价格的变动（如办公用品价格的变动、工资率的增减、电价和水价的提高等）、某些固定成本（如职工培训费、折旧费、办公费等）因管理决定而有所增减、资源数量比预算有所增减（如职工人数的增减）、为了完成预算而推迟某些固定成本的开支等。所有这些都应分不同情况进行分析和控制。

第六章 作业成本法

[学习目标及开篇案例]

[学习目标]

了解作业成本法的相关概念。
掌握作业成本法的一般程序。
了解作业成本管理的特点。

[开篇案例]

ST 公司在我国属于最早经营快递业务的公司之一，经过多年的发展，ST 快递公司在我国国内的物流市场已经占据了较为稳定的地位。它的主营业务为快件的揽收与投递。揽收业务的客户群体分为淘宝等电商类企业客户与零散寄件的个体客户，针对不同的客户群体，ST 公司提供差异化的服务。伴随着中国快递市场发展，ST 快递积极发展新兴业务，为客户提供储存、配送、客户服务等一站式物流服务，还提供贵重物品渠道以及冷链运输服务，并在我国成立了有关信息收集、市场开发、物流配送、快递派件等业务的机构，传统的快递服务也在不断推进。

该企业于 2008 年开始采取战略成本控制进行成本管理，但从战略成本控制效果来看，虽然 ST 快递的营业收入有一定增长，但与此同时营业总成本也显著增加。需要注意的是，尽管主营业务收入增加，但该企业毛利率在降低，这说明成本费用的扩大已经影响其盈利，企业的管控成本的效果也不明显。如果长期如此，企业的盈利水平会下降，也将会影响 ST 快递的发展。下表是有关 ST 快递 2017～2018 年的主营业务数据。

ST 快递主营业务

年份	主营业务收入（万元）	主营业务成本（万元）	毛利率（%）
2017	7 060 856.55	5 650 652.12	19.97
2018	8 967 688.15	7 367 551.94	17.84

资料来源：贲友红. 作业成本法在快递物流成本管理中的应用研究[J]. 价格理论与实践，2017（12）：82-85.

请查阅相关资料了解快递公司成本分配的方法。

第一节　作业成本法概述

20世纪70年代以后，世界经济形势发生了比较大的变化，尤其在企业生产条件上的变化尤为显著。以计算机技术为代表的高科技广泛应用于企业，如计算机辅助设计技术、计算机辅助制造技术和计算机一体化制造系统等的推广，促使企业生产日益自动化和程序化，制造工艺与环境发生显著变革，从而实现了由传统劳动密集型向技术密集型的转变。随着企业生产条件的转化，产品成本中制造费用比重急剧增长，而直接人工比重则相对下降。从西方大量的企业来看，1970年以前制造费用比重仅为直接人工成本的50%~60%；1970年以后，一些企业的制造费用已增加为直接人工成本的400%~500%，而直接人工成本在产品成本中的比重仅为10%~20%。传统成本会计理论在新的经济环境下暴露出诸多问题，促使会计学者不断探索新的成本核算方法和理论。20世纪80年代，库珀（Robin Cooper）和卡普兰（Robert S. Kaplan）等对作业成本法进行了深入研究和完善，使其逐渐成为一种成熟的成本核算方法。

一、作业成本法的产生背景

（一）经济环境变化

20世纪80年代，全球贸易壁垒逐渐降低，运输和通信技术飞速发展，企业面临着来自全球各地同行的激烈竞争。在这种环境下，企业需要精准地计算产品成本，以便制定出具有竞争力的价格，传统成本计算方法的局限性日益凸显，作业成本法能够更精确地核算成本，为企业在全球竞争中制定策略提供有力支持。当时，服务业在经济中的比重不断上升，在服务业中，直接材料和直接人工成本占总成本的比例相对较低，而间接成本，如信息系统维护成本、客户服务成本等占比很高。传统以产量为基础分配间接成本的方法在服务业中难以准确反映成本，作业成本法以作业为基础分配间接成本，更符合服务业的成本结构特点。

（二）技术进步推动

自动化生产设备和先进制造技术在企业中广泛应用，生产过程的自动化程度大幅提高。这使得直接人工成本在总成本中的比重显著下降，而设备折旧、维护等间接成本大幅增加。传统以直接人工工时等为基础分配间接成本的方法不再合理，作业成本法通过对多样化的成本动因进行分析，能更准确地分配间接成本。计算机技术和信息系统在企业管理中广泛应用，企业能够更高效地收集、存储和处理大量的数据。这为作业成本法的实施提供了技术基础，使其能够处理复杂的成本数据计算和分析工作，及时为企业提供准确的成本信息。

（三）管理理念变革

企业管理者对成本管理的要求从简单的成本核算向成本控制和成本优化转变，需要深入了解成本产生的根源和驱动因素。作业成本法通过对作业的分析，能够揭示成本与作业之间的关系，帮助管理者找到成本控制的关键点，实现成本的有效管理。企业越来越注重长期战略目标的实现，需要一种能够将成本管理与战略规划相结合的方法。作业成本法可以帮助企业分析不同作业对企业战略的影响，识别具有战略重要性的成本驱动因素，为企业制定战略决策提供成本信息支持。

二、作业成本法与传统成本方法的不同

在传统企业中，生产类型多为劳动密集型，间接费用在成本中所占比重相对较小。因此，企业管理层通常更侧重于直接材料、直接人工等直接成本的核算与控制，而对间接费用的关注则相对较少。在这种生产条件及环境下，传统制造费用的分配通常采用机器工时、直接人工工时或直接人工成本作为基准，通过单一的分配率，将制造费用合理分配到各个产品上。随着企业生产条件和生产工艺的明显改观，导致制造费用比重明显增长，此时仍以单一数量为基础分配制造费用就显得不适宜。

在高度自动化的生产环境中，部分制造费用与产品数量紧密相关，但大多数

制造费用则与数量无直接联系。因此，继续使用统一的分配率来分配制造费用，将不可避免地导致费用分配的不精确。另外，在劳动密集型生产条件下，企业追求规模经济效益，产品品种较少，通常都是大批量地进行生产；而在技术密集型生产条件下，生产较为灵活，生产品种呈多样化趋势，生产模式变为小批量生产。采用传统的成本计算方法分配制造费用，往往导致生产数量多的产品承担了过多的制造费用，而生产数量少的产品则分担过少，这实际上与实际情况相悖。事实上，在技术密集型生产条件下，大批量进行生产的产品，其设计和加工程序一般较为简单，容易生产；而小批量生产的产品，其设计和加工程序通常较为复杂，在这种情况下，如果分配制造费用，前者应较少而后者相对较多。显然采用传统成本计算方法分配制造费用，无论从费用分配率，还是从费用分配过程来看，均因为制造费用分配不准确而使成本计算失去其真实性，从而造成成本信息严重失真，这不利于为企业管理者制定正确的决策提供依据。传统成本计算法和作业成本计算法的区别主要体现在适用范围、精度、信息收集、变动成本计算和应用场景等方面，如图6-1所示。

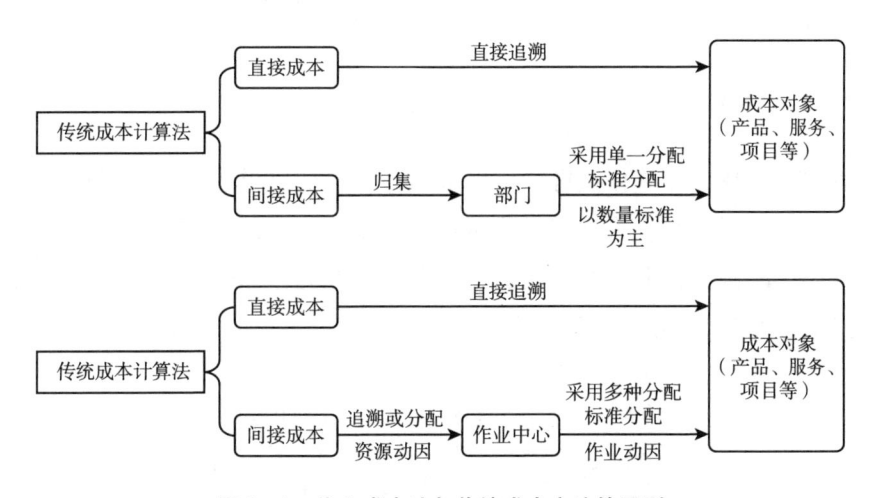

图6-1 作业成本法与传统成本方法的区别

三、作业成本法的形成

（一）作业成本法的概念

早期的作业成本计算思想是由美国会计学家科勒（E. Kohler）结合水力发电这一特殊行业的特点于20世纪30年代末提出来的，但由于当时其他行业的企业尚不具备推广所需条件，因此作业成本计算并未得到人们的广泛关注。作业成本计算则是从20世纪80年代开始真正在实践中得到应用的。作业成本法（Activity-Based Costing，ABC）的概念最早由乔治·斯托布斯教授提出，并于20世纪七八十年代在美国制造行业逐渐成型。随后，哈佛大学的罗伯特·卡普兰教授和芝加哥大学的罗宾·库珀教授于1988年在《哈佛商业评论》上发表了一系列文章，正式提出了这一制造成本计算方法。他们的工作不仅在理论上推动了作业成本法的发展，而且在实践中也得到了广泛的应用和深入的完善。

作业成本法简称ABC法，是以作业为基础的成本计算方法。作业成本法认为，企业的全部经营活动是由一系列相互关联的作业组成的，企业每执行一项作业，均需耗费特定资源；而其所生产的产品（及提供的服务），则需通过一连串作业方可完成。因此，产品成本实际上就是企业为生产该产品的全部作业所消耗的资源总和。在企业生产过程中，生产经营导致作业发生，作业会耗用资源，从而导致成本发生。因此，在计算成本之际，首要步骤是依据生产流程和经营活动划分作业，进而通过各项作业汇聚成本，得出作业成本；随后，根据作业成本与成本对象（如产品、服务或活动）之间的因果联系，将作业成本追溯至相应的成本对象，从而圆满完成成本计算的全过程。

（二）成本计算框架

在生产组织中，随着作业可分辨性增强，客观上要求成本信息不仅要反映企业财务状况和经营成果，还要满足成本控制和生产分析的要求。作业成本计算法纳入了资源、作业、作业中心及制造中心等核心概念，构建了一个全面且系统的作业成本计算框架，如图6-2所示。

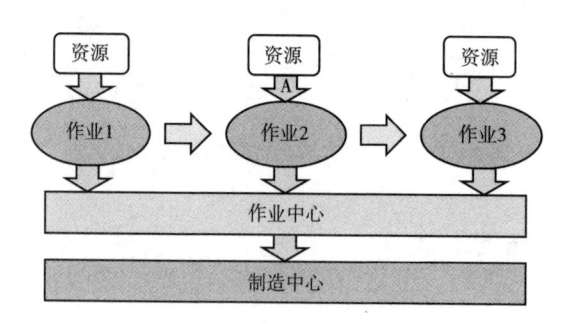

图6-2 作业成本计算体系

从图6-2还可以看到，通过计算和控制各作业层次的资源耗费来节约成本是一种可行性很高的方法。

（三）关键概念

1. 资源

如果把整个制造中心看成一个与外界进行物物交换的投入—产出系统，如图 6-3 所示，则所有进入该系统的人力、物力、财力等都属于资源范畴。资源进入该系统并非都被消耗，即使被消耗也不一定都是对形成最终产出有意义的消耗。因此，作业成本计算法把资源作为成本计算对象，是要在价值形成的最初形态上（资源）反映被最终产品吸纳的有意义的资源耗费价值。换言之，在此环节，成本计算需应对两大挑战：一是甄别有益消耗（即那些对最终产出具有正面价值的资源投入）与无益消耗（即那些对最终产出无实质性贡献的资源浪费）；二是剖析资源消耗的作业细节，探究资源的实际利用方式，明确资源动因，并据此将资源合理分配到各个吸纳它们的作业中去。

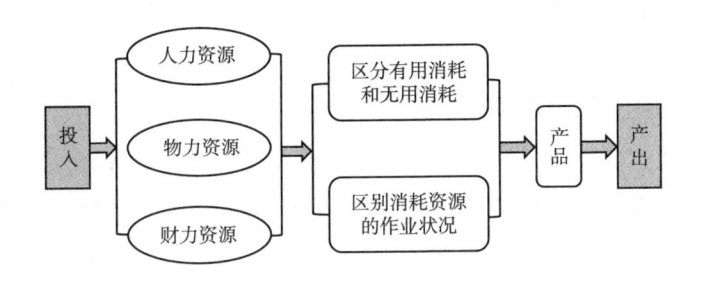

图 6-3　资源、产品投入—产出系统

2. 作业

在作业成本法中作业是成本分配的第一对象，是汇集资源耗费的对象。从管理或者技术的角度看，作业是指企业生产过程中的各个工序与环节；但从作业成本计算角度看，作业是基于一定的目的，以人为主体、消耗一定资源的特定范围内的工作。作业应具备如下特征。

第一，作业是以人为主体的，会消耗一定的资源。尽管在现代制造业机械化、自动化程度很高的情况下，现代制造业中各项具体生产工作仍然离不开人的参与，人掌握并且操纵各种机器设备。所以，人会直接或者间接参与到作业中并消耗一定的资源。具体来说，首先，作业是以人为主体的，会消耗一定的人力资源。其次，作业是人力作用于物的工作，因而也要消耗一定的物质资源。最后，在整个作业中会伴随财力的消耗。

第二，作业的范围可以被限定。管理视角下，作业范围的设定紧密依托于特定企业的生产实况，既可宏观概括，也可细致划分，具体依据管理需求灵活调整。就作业成本计算而言，其作用是提供精细的成本信息，但精细到何种程度并无特定的标准。尽管如此，由于作业区分的依据是作业动因，而作业动因对于特定企业是客观的，因而作业范围是能够限定的。例如，装卸作业既可以作为一个作业，也可以进一步细分为货物接收、装卸准备、装卸操作等作业。作业范围的界定需紧密贴合管理实践的需求。

第三，作业可以区分为增值作业（企业生产必需的，且能为顾客带来价值的作业）和不增值作业（并非企业生产经营必需的，不能为顾客带来价值的作业）。在此，不增值作业虽同样占用资源，但这些资源的消耗并不构成效益产生的合理基础，对产品制造过程鲜有实质性贡献。企业内部产品的搬运作业，以搬运距离作为其动因消耗资源，但作业成本计算法认为，当缩短搬运距离时，这种搬运作业会被逐步消除。例如，车间领用钢材30吨，其中25吨加工为产品对外销售，而5吨退回仓库。此时，15吨钢材的领用就是增值作业，而5吨钢材的领退就是不增值作业。

当然，增值作业又可以细分为高增值作业和低增值作业。例如，某企业用自营车队对外销售产品，车辆空驶而归，利用率仅达半数，标志着自营车队的车辆使用效率低下，被归类为低增值作业；而如果选择将自营车辆卖掉，资金用于生产，对外销售产品的运输进行外包，尽管外包的单程运输费用较自营高出38%，但其总体成本效益却优于自营12%，此时，运输外包属于高增值作业。由此可见，作业作为成本计算对象，不仅有利于相对准确地计算产品成本，还有利于进行成本考核和分析工作。

3. 作业中心

作业中心是负责完成一项特定产品制造功能的一系列作业的集合。作业中心兼具成本汇集与责任考核两大核心功能。一般来说，作业中心是基于管理的目的而不是专门以成本计算为目的而设置或划定的。传统制造企业的经营过程被习惯地分为材料采购、产品生产和产品销售三大环节，从作业成本计算的角度，这三大环节都可以称为作业中心。但是，当制造环境发生变化后，这种划分就显得过于简单，已经不能满足成本计算和成本管理的需要。在适时制生产方式下，生产过程控制能力得到加强，要求存货管理的每一步骤均需精准满足生产经营需求，确保产品按时交付顾客，材料或部件按需送达生产线，这一背景下，适时生产系统应运而生，一个大型企业通常分设为若干制造中心。这些制造中心既可能生产直接对外销售的产品，也可能为下一个制造中心生产半成品，成为适时衔接的制造过程的独立环节。因此，作业中心是相对于制造中心划定设立的。

将作业中心作为成本计算对象，有利于汇集资源耗费。由于管理手段的限制，也由于成本核算本身的成本—效益原则，及时地把资源汇集到每项作业是不太可能。这样，作业中心就成为计算资源耗费价值必不可少的环节。我们在计算成本时，应先在作业中心汇集该中心范围内所耗费的各种资源价值，然后把汇集的资源价值按照资源动因分解到各作业。之所以要把资源价值分解到各作业，是因为各作业对最终产品贡献的方式不同。作业可以是多种产品的共用环节，也可以是特定产品的专属流程。把作业中心成本分配给作业后，要借助作业动因把作业成本分配给不同产品。当然，对于某项产品的专属作业，只需把该作业成本汇集到该特定产品中即可。

4. 制造中心

制造中心作为成本计算对象，实质上是指计算制造中心产出的产品的成本。一般一个大型制造企业可以划分为若干制造中心，划分制造中心的依据是各制造中心只生产一种产品或一个系列多种产品。例如，制笔厂按照产品类别，可以划分为铅笔、钢笔、圆珠笔等多个制造中心；机床厂也可按照机床种类划分制造中心；等等。制造中心所生产的产品，仅相对于该中心而言，并不一定是企业的最终产品。多生产步骤的大型制造企业可以按生产步骤划分制造中心，此时，这些制造中心依次相连，共同形成了一个完整的制造流程，其中，前一个制造中心仅为后一个制造中心提供进一步加工的半成品。如果制造中心只生产某一特定型号的标准产品，成本计算过程是简单的，只需把该制造中心所含各作业中心汇集的资源耗费价值全部计入该产品的生产成本，期末在完工产品与在产品之间进行分配即可。

5. 成本动因

成本动因（Cost Drive）也称成本驱动因素，是指导致成本发生的活动或事项。它不仅决定着成本的产生，并且可作为分配成本的标准。成本动因具有隐蔽性，它深藏在成本发生的过程中而不易被识别，因此，成本动因必须与成本的发生具有相关性，另外，成本动因本身还应具有可计量性。

根据作业成本中分配性质的差异，成本动因可被划分为资源动因和作业动因两大类。资源动因是引起资源耗用的成本动因，它反映了资源耗用与作业量之间的因果关系。资源动因的选择与计量为将各项资源费用追溯或分配到作业或作业中心提供了依据。作业动因是引起作业耗用的成本动因，反映了作业耗用与最终产出的因果关系，是将作业成本分配到流程、产品、分销渠道、客户等成本对象的依据。

第二节 作业成本法的一般程序

一、作业成本计算法的计算程序

作业成本计算法的理论基点是"作业消耗资源，产品消耗作业"。根据这一理论，作业成本计算的基本程序包括：收集所有必须进行成本计算的数据，如材料、劳动等成本，以及产品或服务的价格等。建立和识别各种成本因素，并根据实际情况分类收集的数据。根据数据收集的信息和建立的成本因素，开展成本估算，计算出具体的每一项成本，并将其记录下来。之后，将计算出的每一项成本累加，求出最终的总成本，这个总成本是最终作业成本计算结果。然后，把前面计算出的每一项成本与总成本进行比较，求出每一项成本占比，以便判断每一项成本的重要性。最后，将分析结果带入实施，控制各项成本，考虑实际发生情况，并在成本控制过程中按部就班进行。

（一）确认作业中心，将资源耗费价值归集到各作业中心

这一步骤是价值归集的过程。在作业成本计算法下，价值归集的方向受到两个方面的制约：资源种类的差异和作业中心种类的不同。实务操作中，制造中心按资源类别为各作业中心设立资源库，归集所耗资源价值。例如，水杯生产中心针对杯体和杯盖作业中心，分别设立材料费、动力费、折旧费、办公费等资源库，从而清晰展现资源从最初形态到各作业中心的归集情况。

（二）确认作业，将作业中心汇集的各资源耗费价值予以分解并分配到各作业成本库中

由于作业大小划分需根据管理要求而定，因此应选出相对独立的、对产品的形成影响较大的主要作业，并确定与作业主要成本消耗相关性较大的成本动因。作业确认后，一般不得随意发生变动。

确立资源动因的原则包括：第一，若资源耗费能直接确定为某一产品所消耗，则直接计入该产品成本，此时资源动因即作业动因，称为"终结耗费"，材料费常

适用此原则。第二，若资源耗费可按作业划分，则直接计入各作业成本库，称为"作业专属耗费"，各作业的办公费及按实付工资额核定的工资费均适用此原则。第三，若资源消耗最初呈现混合形态，则需选取恰当的量化基准来分解并分配资源至各个作业，此基准即为资源动因，如动力费用通常依据各作业实际消耗的电力度数来分配。

成本分配时，需根据资源动因将各资源库的价值逐一分配到各个作业中。如此，便能针对每个作业库，按资源类别设立相应的作业资源要素，并将各作业资源要素的价值相加，从而得出作业成本库的总价值。

（三）将各作业成本库价值分配记入最终产品成本计算单，计算完工产品成本

与传统成本计算法一样，我们为制造中心投产的每一种（或批）产品设立成本计算单。在每一张成本计算单中，还应按该产品生产所涉及的作业种类设立作业成本项目。这样，该成本计算步骤就是要把各作业成本库的价值结转到各产品成本计算单上，这一步骤反映的作业成本计算规则是：产出量的多少决定作业的耗用量。一般将这种作业消耗量与产出量之间的关系描述为作业动因。

可见，作业动因是将作业库成本分配到产品或服务的标准，也是将作业耗费与最终产出相沟通的中介。既然作业是依据作业动因确认的，就每一项作业而言，其动因也就已经确立，成本计算在这一步骤并无障碍。订单作业作为批别动因作业，我们仅需将作业成本除以当期订单数量，得出分配率；再将此分配率乘以某批产品所使用的订单数量，即可确定该批产品成本计算单中"订单"这一成本项目的金额。

在把作业库成本记入各产品成本计算单以后，如何得出完工产品成本就是一个简单的问题了。如果把作业成本计算法应用于财务会计，则在期末有必要在完工产品与在产品之间分配成本，如果认为作业成本计算法只是一种管理会计手段，则用成本计算单追踪到产品全面完工即可。

二、作业成本计算举例

【例6-1】某公司本月所投入甲、乙两种产品当月全部完工，有关资料如表6-1所示。

表 6-1　　　　　　　　甲、乙两种产品的生产及成本资料

项目	甲产品	乙产品
产量（件）	40	4 500
单位产品机器工时（小时/件）	5	4
单位产品直接材料成本（元/件）	240	164.45
单位产品直接人工成本（元/件）	137.5	101.11
制造费用总额（元）	397 000	

其中，制造费用是由 4 种作业所发生的，具体资料如表 6-2 所示。

表 6-2　　　　　　　　　制造费用作业资料

作业	成本动因	作业成本（元）	成本动因数		
			甲产品	乙产品	合计
机器调整准备	调整准备次数	15 000	6 次	5 次	11 次
生产订单	订单份数	60 000	16 份	14 份	30 份
机器运行	机器工时数	240 000	250 小时	152 00 小时	15 450 小时
质量检测	检验次数	82 000	35 次	25 次	60 次
合计		397 000			

根据上述资料，分别采用作业成本法和传统成本法计算甲、乙两种产品的单位成本。

（1）制造成本法下计算甲、乙两种产品的单位成本。

甲产品机器工时 = 5 × 40 = 200（小时）

乙产品机器工时 = 4 × 4 500 = 18 000（小时）

根据制造费用总额和生产工时计算得出的制造费用分配率为 21.81 元/小时。

则甲产品制造费用 = 21.81 × 200 = 4 362（元）

乙产品制造费用 = 397 000 - 4 362 = 392 638（元）

根据上述分析与计算可编制产品成本计算表，如表 6-3 所示。

表 6-3　　　　　传统成本法下甲、乙两种产品成本计算表　　　　　金额单位：元

项目	直接材料	直接人工	制造费用	总成本	产量（件）	单位成本
甲产品	9 600	5 500	4 362	19 462	40	486.55
乙产品	740 000	455 000	39 2638	1 587 638	4 500	352.80

甲产品单位成本 = 240 + 137.5 + 109.05 = 486.55（元）

乙产品单位成本 = 164.44 + 101.11 + 87.25 = 352.80（元）

(2) 用作业成本法计算甲、乙两种产品的单位成本。

首先计算各项作业动因分配率,如表6-4所示。

表6-4　　　　　　　　　　作业动因分配率计算表

作业	作业成本(元)	作业动因数	作业动因分配率
机器调整准备	15 000	11 次	1 363.64 元/次
生产订单	60 000	30 份	2 000 元/份
机器运行	240 000	15 450 小时	15.53 元/小时
质量检测	82 000	60 次	1 366.67 元/次

然后计算甲、乙两种产品消耗作业量的成本,如表6-5所示。

表6-5　　　　　　　　　甲、乙两种产品消耗作业量成本

作业	作业动因分配率	作业动因数		制造费用分配额(元)	
		甲产品	乙产品	甲产品	乙产品
机器调整准备	1 363.64 元/次	6 次	5 次	8 181.84	6 818.16
生产订单	2 000 元/份	16 份	14 份	32 000	28 000
机器运行	15.53 元/小时	250 小时	15 200 小时	3 882.5	236 117.5
质量检测	1 366.67 元/次	35 次	25 次	47 833.45	34 166.55
合计				91 897.79	305 102.21

最后计算甲、乙两种产品的单位成本,如表6-6所示。

表6-6　　　　　　　　　甲、乙两种产品的单位成本　　　　　　　金额单位:元

项目	直接材料	直接人工	制造费用	总成本	产量	单位成本
甲产品	9 600	5 500	91 897.79	106 997.79	40 件	2 674.94
乙产品	740 000	455 000	305 102.21	1 500 102.21	4 500 件	333.36

甲产品单位成本 = 240 + 137.5 + 2 297.44 = 2 674.94(元)

乙产品单位成本 = 164.44 + 101.11 + 67.80 = 333.35(元)

由上述例题可以看出,使用传统成本计算方法,将制造费用按照机器工时进行分配之后,得到的甲产品单位成本为486.55元,乙产品单位成本为352.8元。而使用作业成本法,将制造费用在不同作业进行归集又分配之后,甲产品的单位成本为2 674.94元,乙产品的单位成本为333.35元。经过对比分析,显而易见,传统成本计算方法显著低估了甲产品的单位成本,这不仅影响了甲产品在销售定价时的合理性,还削弱了其为企业创造利润的能力。另外,乙产品的单位成本在传统的成本计算方法下也计算得略高,这也不利于乙产品的价格制定和利润取得。

第三节　作业成本管理

作业成本法作为一种提高成本计算准确性，正确分析产品、顾客和其他成本对象盈亏能力的技术，受到了很高的评价。作业成本管理（Activity-Based Management，ABM）是以作业成本法（Activity-Based Costing，ABC）为基础，以作业为核心，对作业及作业成本进行确认、计量、分析和管理，以提高企业经济效益的一种新型成本管理方法。作业成本管理是应用作业成本计算提供的信息，从成本的角度，在管理中努力提高增加顾客价值的作业效率，消除或遏制不增加顾客价值的作业，实现企业生产流程和生产经营效率的持续改善。换言之，作业成本管理（ABM）的核心在于，如何通过有效管理作业，来提升顾客价值。

一、作业成本管理的主要内容

作业成本管理能够更精确地将间接成本分配到产品或服务中，提供更准确的成本信息，有助于企业管理者做出合理的定价、产品组合等决策。具体体现在：通过作业分析，帮助企业识别并消除非增值作业，优化增值作业，提高作业效率，降低成本，提升企业的运营管理水平；为企业的战略决策提供详细的成本信息，帮助企业管理者更好地理解成本与战略之间的关系，制定更有效的战略；将成本控制的重点从传统的产品或部门转移到作业上，使成本控制更加精细和有效，有利于企业实现成本领先战略；通过提高成本管理水平，降低成本，提高产品质量和服务水平，增强企业的市场竞争力，促进企业的可持续发展。

（一）作业分析

作业分析是作业成本管理的核心内容，通过对作业的识别、描述和分类，分析作业的必要性和有效性，找出增值作业和非增值作业。增值作业是指能为顾客或企业增加价值的作业，如生产加工、产品设计等；非增值作业是指不能为顾客或企业增加价值的作业，如等待时间、检验等，企业应尽量减少或消除非增值作业。

（二）成本核算

基于作业成本法，将企业的资源成本按照资源动因分配到各个作业中心，再将作业中心的成本按照作业动因分配到产品或服务中，从而计算出产品或服务的成本，这种成本核算方法能够更准确地反映产品或服务的真实成本。

（三）成本控制

根据作业分析和成本核算的结果，制定成本控制目标和措施。对于增值作业，通过提高作业效率、降低资源消耗等方式来控制成本；对于非增值作业，采取措施减少或消除其发生。

（四）业绩评价

建立以作业为基础的业绩评价体系，将作业成本管理的目标和指标分解到各个部门和岗位，通过对作业绩效的评价，激励员工提高作业效率，降低成本，实现企业的战略目标。

二、作业成本管理的特点

（一）以作业分析为基础

作业基础管理将管理重心深入到作业层面，以作业为核心，促使企业从最直接和最小的价值产生单位入手，优化资源消耗。通过作业分析，明确作业发生的原因，将作业区分为增值作业和非增值作业，为作业选择和流程设计奠定基础，便于企业站在竞争角度调整价值链和作业链。其中，增值作业是指企业生产经营所必需的，而且能为顾客带来价值的作业。

（二）以作业成本计算为中介

企业实施作业成本法，通过深入分析每个作业的耗费，能够更精确地分配间接费用，将传统成本计算中难以控制的间接成本转化为可控的直接成本。这不仅提高了成本核算的准确性，还为企业的成本控制提供了更为精确的成本信息。

（三）以价值链优化为重点

企业的生产经营过程可以被看作是为了满足顾客需求而设计的一系列相互关联的作业构成的作业链。作业基础管理从成本动因入手，全面追踪并分析所有作业活动,力求消除非增值作业,同时提升增值作业的执行效率,进而为改善作业链、优化价值链提供相关信息。

三、作业成本管理十字模型

拉费希(Raffish)和托尼(Tourney)提出了作业成本法(ABC)的成本分配观和作业基础管理(ABM)的流程管理观,并结合这两个概念创建了 ABC/ABM 十字模型。该模型因其结构类似于十字而得名,如图 6-4 所示。

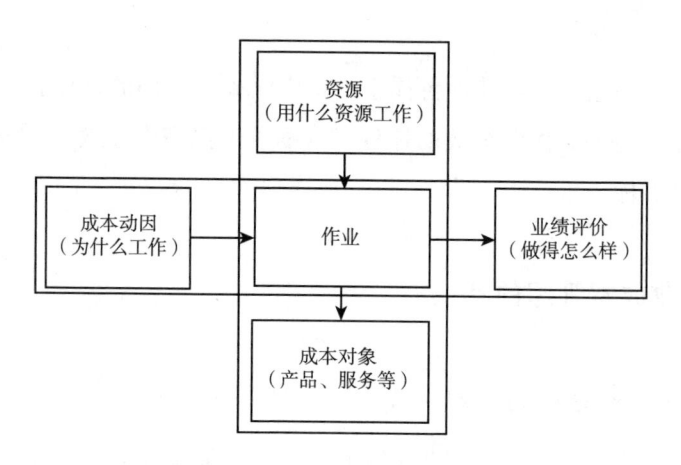

```
              ┌─────────────┐
              │   资源      │
              │(用什么资源工作)│
              └──────┬──────┘
                     ↓
┌──────────┐    ┌─────────┐    ┌──────────┐
│ 成本动因 │───→│  作业   │───→│ 业绩评价 │
│(为什么工作)│    └────┬────┘    │(做得怎么样)│
└──────────┘         ↓         └──────────┘
              ┌─────────────┐
              │  成本对象   │
              │(产品、服务等)│
              └─────────────┘
```

图 6-4　ABC/ABM 十字模型

纵向的成本分配观侧重于将作业成本准确分配给不同的成本对象,确保成本计算的精确性,而不侧重于评估成本对象生产的效率或效果。横向的流程观则注重分析和评估每项作业的成本及其构成要素。仅了解完工产品或准备机器产生的批量成本是不够的,管理者还需掌握准备成本的构成,以便判断是否需要采取措施降低成本或重新设计流程以减少准备成本。当管理层不仅知道一项作业的成本,还知道其具体的成本构成和成本动因,无疑有助于作出如何管理该项作业的决策。流程管理观将关注的重点从成本对象转向流程和作业,以及如何更好地管理它们,正是作业成本管理(ABM)的精髓。

四、实施作业成本管理的注意事项

实施作业成本管理(ABM)是一个复杂的过程,需要综合考虑多方面的因素,以下是实施过程中需要注意的一些问题。

(一) 前期规划与设计

企业应明确，实施 ABM 是为了提高成本核算准确性、优化流程、支持定价决策还是进行战略成本管理等，确保后续工作围绕目标展开。ABM 的实施涉及企业的各个部门和环节，需要高层管理者的大力支持，以推动资源调配、协调部门间的工作和解决实施过程中出现的重大问题。ABM 的理念和方法相对复杂，需要对相关人员进行系统培训，使其理解作业成本管理的原理、方法和操作流程，提高员工的参与度和执行能力。企业需深入分析自身的生产经营流程，准确识别和划分各项作业，避免作业划分过粗或过细。同时，要选择与成本发生具有高度相关性的成本动因，确保成本分配的准确性。

(二) 数据收集与处理

数据的准确性、完整性和及时性是 ABM 实施成功的关键。企业要建立完善的数据收集系统，规范数据录入和审核流程，对数据进行定期校验和清理，确保用于成本核算和分析的数据真实可靠。ABM 通常需要从多个部门和系统收集数据，如生产、采购、销售、财务等。企业需要建立有效的数据整合机制，将分散在不同系统中的数据进行集成和共享，以便进行全面的成本分析。在数据收集、存储和使用过程中，要加强数据安全管理，采取加密、权限控制等措施，保护企业的商业机密和敏感信息，防止数据泄露。

(三) 成本计算与分析

根据企业的生产经营特点和管理需求，选择合适的成本计算方法，如简单的分批法、分步法或更复杂的基于活动的成本计算模型。确保成本计算方法能够准确反映成本的发生和分配过程。除了计算产品或服务的成本，还应深入分析成本的性态，即成本与业务量之间的关系。区分固定成本、变动成本和混合成本，为成本控制和决策提供更详细的信息；将成本计算结果与预算成本进行对比，分析差异产生的原因；对成本差异进行合理的解释，找出成本管理中的问题和改进机会。

(四) 管理与持续改进

将 ABM 提供的成本信息充分应用于企业的决策中，如产品定价、产品组合调整、供应商选择、流程优化等。确保决策基于准确、全面的成本数据，提高决策的科学性和合理性。建立有效的反馈机制，及时收集各部门和员工对 ABM 实施效果的反馈意见，了解在成本核算、流程管理等方面存在的问题，以便及时调整和改进。ABM 的实施不是一次性的工作，而是一个持续改进的过程。企业应根据成本分析结果和业务变化，不断优化作业流程，消除不增值作业，提高作业效率，降低成本；将 ABM 与企业现有的质量管理体系、绩效管理体系、战略管理体系等进行有机融合，形成协同效应，共同促进企业管理水平的提升和战略目标的实现。

第七章 本量利分析

[学习目标及开篇案例]

[学习目标]

掌握变动成本法的特点及其与完全成本法的区别。
理解完全成本法和变动成本法的优缺点。
掌握盈亏平衡分析和实现目标利润的分析。
掌握利润的敏感性分析。

[开篇案例]

2012年上半年的国产电影市场上,华谊兄弟发行的电影《画皮2》首映三天的票房就达2.4亿元,票房排名第一。在上半年公映的百余部国产片,过亿的影片也不过6部。其他的票房市场则被进口大片所占据。似乎只有大片才能与进口片抗衡了。

不过,不需要在演员、场面、服装、效果等方面有额外支出,所需资金仅限维持正常制作、发行的小成本电影也有成功案例。2005年宁浩执导的《疯狂的石头》,不得不说它创造了一个奇迹。该片以300万元的投资最终却赢得了3 000万元的高票房,迄今为止还是电影界小成本电影最成功的案例。

《即日启程》投资只有400万元,而院线经理看好影片赚回3 000万票房。好的票房,确保了发行商的成本回收。

按照中国电影的票房分账惯例,100元的票房,5元钱是要上缴的电影基金,上税3.3元,剩下的91.7元,影院拿走47元,院线拿13元,制片方和发行商拿剩下的31.7元。

请问,《画皮2》的票房达到多少可以保本?

第一节 本量利的一般关系

一、变动成本法

(一) 完全成本法的概念

完全成本法指在计算产品成本时，涵盖直接材料、直接人工及全部制造费用，其中，制造费用分为变动性和固定性两类。完全成本法又被称为"吸收成本法"，在变动成本法出现之前，虽然已经存在完全成本法这种成本计算模式，但并没有作为一个概念提出，而后为了区别"变动成本法"才提出的。

(二) 变动成本法的概念

变动成本法是指在产品成本计算过程中，以成本性态分析为前提，只包括产品生产过程中所消耗的直接材料、直接人工和变动制造费用。该方法下，固定性制造费用被视为期间费用，并从当期收入中全额扣除。

(三) 两种方法的区别

1. 产品成本构成内容不同

完全成本法将所有成本按照经济用途分为生产成本和期间费用两大类，生产成本全部纳入产品成本，期间费用则全额计入当期损益。

变动成本法在成本按性态划分的基础之上，将制造费用划分为变动性制造费用和固定性制造费用两大类，将变动性制造费用和直接材料、直接人工一起计入产品成本，而将固定性制造费用视为期间费用从当期收入中全部扣除。

【例 7-1】已知某企业从事单一产品的生产，当年产销量均为 1 000 件，单位产品售价为 200 元，管理费用与销售费用均为固定成本。单位产品变动成本为 90 元，固定性制造费用为 20 000 元。

变动成本法下单位产品成本为 90 元。

完全成本法下单位产品成本 = 90 + 20 000/1 000 = 110（元）

2. 损益计算方法不同

完全成本法下，按照传统的模式确定税前利润，先用销售收入补偿本期实现

销售的产品的销售成本,从而确定出毛利,然后再补偿期间费用,确定当期利润。具体计算公式如下:

完全成本法下税前利润 = 销售收入 - 销售成本 - 期间费用

变动成本法下,先用营业收入补偿本期实现销售产品的变动成本,确定贡献毛益,再用贡献毛益补偿固定成本以确定当期利润。具体计算公式如下:

变动成本法下税前利润 = 销售收入 - 变动成本 - 固定成本

3. 两种方法下的税前利润不同

完全成本法和变动成本法对于固定性制造费用的处理方式不同,所以两种方法下所计算的税前利润也不同。

【例 7-2】上海 HSZK 信息技术有限公司,成立于 1995 年,是一家从事高新科技民用产品开发及营销的专业公司。公司凭借雄厚的技术力量和高素质的人才储备,在计算机模拟、智能传感、运动仿真、语音处理、无线控制及软件开发等领域均处于业界领先地位。2018 年上半年,由于行业的市场份额逐渐萎缩,市场竞争加剧,产品大幅降价,公司出现了亏损。财务部门提供的数据显示,产品生产成本普遍上升。针对此情况,公司经研究发现,财务部门提供的产品成本信息存在误差。由于公司是一家高科技企业,其进口的高科技设备价值非常高,淘汰年限短,所以固定制造成本高,导致产品成本普遍较高。

在这种情况下,使用完全成本法没有定量揭示产品生产和销售之间的内在联系,不能为企业的日常经营提供准确科学的成本信息。公司通过以下 2016 年与 2017 年的生产数据对两种成本计算方法进行分析,从而在以后的预测、决策和控制活动中选择最优的成本计算方法进行本公司的成本核算。

具体分析如下:公司生产的电子产品市场售价为 30 元/件,单位变动成本为 10 元/件,单位变动销售费用为 8 元/件,每年固定制造费用均为 32 000 元,固定销售及管理费用均为 15 000 元。公司生产资料及销售资料如表 7-1 所示。

表 7-1　　　　　　　　　　业务量资料表　　　　　　　　　　单位:件

业务量	2016 年	2017 年
期初存货量	0	500
本年生产量	5 000	4 500
本年销售量	4 500	5 000
期末存货量	500	0

(1) 用变动成本法计算 2016 年和 2017 年的营业利润。

2016 年:

销售收入 = 4 500 × 30 = 135 000（元）

变动成本 =（变动生产成本 + 变动销售成本）= 4 500 ×（10 + 8）= 81 000（元）

固定成本 =（固定性制造费用 + 固定销售费用）= 32 000 + 15 000 = 47 000（元）

营业利润 =（销售收入 - 变动成本 - 固定成本）= 135 000 - 81 000 - 47 000 = 7 000（元）

2017 年：

销售收入 = 5 000 × 30 = 150 000（元）

变动成本 =（变动生产成本 + 变动销售成本）= 5 000 ×（10 + 8）= 90 000（元）

固定成本 =（固定性制造费用 + 固定销售费用）= 32 000 + 15 000 = 47 000（元）

营业利润 =（销售收入 - 变动成本 - 固定成本）= 150 000 - 90 000 - 47 000 = 13 000（元）

（2）详细说明为什么完全成本法不能为企业的日常经营提供准确科学的成本信息？

2016 年和 2017 年公司营业利润计算表如表 7 - 2 所示。

表 7 - 2　　　　　　　2016 年和 2017 年公司营业利润计算表　　　　　　单位：元

完全成本法			变动成本法		
	2016 年	2017 年		2016 年	2017 年
销售收入	135 000	150 000	销售收入	135 000	150 000
减：销售成本	73 800	85 200	减：销售成本（变动成本）		
销售毛利	61 200	64 800	其中：变动生产成本	45 000	50 000
减：期间费用	51 000	55 000	变动销售成本	36 000	40 000
营业利润	10 200	9 800	贡献毛益	54 000	60 000
			减：固定成本		
			其中：固定性制造费用	32 000	32 000
			固定销售费用	15 000	15 000
			营业利润	7 000	13 000

公司在采用完全成本法计算时，2017 年销售量增加了 500 件，与 2016 年相比，公司的利润非但没有增加，反而下降了 400 元。因此，在完全成本法下，公司实现的目标利润与销售量之间无直接关系，而基于生产数据计算得出的营业利润，往往与实际情况存在偏差，因此，采用这种办法提供的会计信息不准确，这可能会对后续的管理决策产生误导。

此外，我们可以发现，2016 年，完全成本法下的税前利润比变动成本法下的税前利润多 3 200 元，这是因为在 2016 年生产量大于销售量产生了 500 件期末存货，用完全成本法计算时，期末 500 件存货中包含的固定性制造费用 3 200 元仍然保留在存货当中，即：（32 000/5 000）×500＝3 200（元），在计算利润时没有被扣除。2017 年，完全成本法下的税前利润比变动成本法下的税前利润少 3 200 元，这是因为在 2017 年销售量大于生产量，销售了 2016 年的 500 件存货。2017 年负担了一部分 2016 年转来的固定制造费用，因此其利润就会小于变动成本法下计算的税前利润；如果产销平衡，两种成本方法下计算出来的税前利润应该是相等的。

（3）在本案例中，为什么变动成本法比完全成本法更佳？

在变动成本法中，公司的营业利润与产品销量成正比，准确地揭示产品的销售和成本费用之间的相互依存关系，确保了会计信息的质量和提供会计信息的准确性。通过在企业经营管理的实际应用，充分显示了变动成本法在企业内部管理、市场预测和短期决策中起到了积极的作用，也提高了企业的经济效益。因此，在综合情况下，企业在决策方面采用变动成本法比完全成本法更佳。

（四）变动成本法的优缺点

1. 变动成本法的优点

（1）变动成本法有利于企业重视销售工作。变动成本法能够揭示销售量和利润之间的关系，符合扩大产品销售从而增加利润的基本常识，有利于促使企业管理者重视市场销售，关注市场动态，积极开拓市场，实现以销定产，防止因盲目生产而带来的产品大量积压等问题的产生。

（2）变动成本法增强成本信息的有用性，便于企业进行短期经营决策。变动成本法提供了更为丰富的信息资料，包括变动成本、固定成本、贡献毛益、税前利润等，如实反映出生产、销售和利润之间的内在关系，可以为企业的经营决策提供科学依据，防止出现完全成本法下可能出现的成本信息不利于企业决策的情况发生。

（3）变动成本法可以简化成本计算工作。在变动成本法下，将固定性制造费用视为期间费用，不需要进行固定性制造费用计入产品成本时的成本分摊工作，从而避免了固定性制造费用分摊的主观随意性，简化了成本核算工作。

此外，变动成本法提供的成本信息，有利于企业进行成本控制。一般而言，固定成本的发生和业务量之间没有直接的因果关系，其成本控制应以总额控制为目标；而变动成本总额随业务量的变动而变动，其成本控制的方向应该是单位成本的消耗。

2. 变动成本法的缺点

（1）变动成本法不能适应于长期决策的需要。一方面，当面临长期决策的时候，变动成本法的作用会随着决策期的延长而减弱。另一方面，变动成本法以成本性态分析为基础，在满足相关范围假设的条件下才能成立。一旦突破相关范围，变动成本法将不能适应长期决策的需要。

（2）变动成本法下的产品成本，不符合传统的成本概念。生产成本涵盖产品生产过程中所有耗费，包括变动和固定生产成本，因此，变动成本法下的产品成本不符合传统成本观念。

（3）变动成本法下的产品成本，不符合税法要求。变动成本法与完全成本法各有其适用性和局限性，企业需要注重两种方法的结合，变动成本法产生的财务信息用于满足企业内部管理者的决策需要，完全成本法产生的财务信息作为对外提供信息的依据。

（五）变动成本法的应用

从以上的论述中可以看到，完全成本法和变动成本法各有其优缺点，或者说，各有其适用性和局限性。同时，两者的优缺点在某种程度上可以相互转化。例如，完全成本法适用于编制对外财务报表，变动成本法却不适合；前者无法提供企业经营管理需要的各种有用信息，不利于企业的短期决策，而后者正好可以提供这些信息，有利于短期决策。因此，两者既不互相排斥，也不可能相互取代。

从企业会计的职能来看，它一方面需借助灵活多样的手段与路径，为企业内部管理决策提供关键信息，涵盖规划与控制等多个层面；另一方面要通过定期提供财务报表，供企业外部的投资人、债权人和其他财务报表使用者使用。所以，为了满足这两方面的需要，既不能用一种成本计算方法取代另一种成本计算方法，也不可设立两种互不干扰的成本计算体系，而应构建以单一计算方法为核心的统一成本核算框架。

下面具体介绍变动成本法的应用程序。

（1）将日常核算建立在变动成本法的基础之上。首先，基于成本性态分析，将制造费用项目按成本性态划分为固定制造费用与变动制造费用两类，以此为基，便于在不同账户中分别核算变动成本与固定制造费用。其次，对在产品和产成品均按变动成本核算，同时取消"制造费用"账户，另设"变动制造费用"和"固定制造费用"两个账户,以分别核算生产过程中发生的各种变动制造费用和固定制造费用。其他账户按会计制度的要求进行设置。同时按照变动成本法计算税前利润指标。

(2) 期末调整。期末,按本期在产品、已销产品及库存产品数量比例分配并结转"固定制造费用",确保生产成本、销售成本和库存产品均按完全成本法体现,便于期末会计报表编制。

[拓展阅读]

20世纪30年代,美国的会计从业人员发现了一种反常的现象:当公司的产品销售数量增长时,利润反而下降。正是出于对这一现象的反思,人们发现了完全成本法在决策过程中的缺陷:刺激企业过度生产。为了弥补这一缺陷,以获取更多相关的决策信息,变动成本法应运而生。下面我们通过一个例子来再现这一现象。

某企业生产一种产品,销售单价20元,单位变动成本8元,固定制造费用42 000元/年。最近连续3年的销售量均为6 000件,产量分别为6 000件、7 000件、5 000件。销售和管理费用10 000元/年。

如果采用完全成本法,固定成本要分摊到产品中去。因各年的产量不同,单位产品分摊的固定成本数额不同,由此引起单位产品成本不同,其计算结果为:

第一年单位产品成本 $= 8 + \dfrac{42\ 000}{6\ 000} = 15$(元)

第二年单位产品成本 $= 8 + \dfrac{42\ 000}{7\ 000} = 14$(元)

第三年单位产品成本 $= 8 + \dfrac{42\ 000}{5\ 000} = 16.4$(元)

这三年的比较利润表如表7-3所示。从中可以看出,三年的销售量相同,但是,利润波动很大。

表7-3　　　　　　　　　　　比较利润表简表　　　　　　　　　　金额单位:元

项目	第一年	第二年	第三年	合计
产量(件)	6 000	7 000	5 000	18 000
生产成本(固定制造费用+产量×变动成本)	90 000	98 000	82 000	270 000
单位产品成本	15	14	16.4	
期初存货(件)	0	0	1 000	
期初存货成本			14 000	

续表

项目	第一年	第二年	第三年	合计
期末存货（件）	0	1 000	0	
期末存货成本	0	14 000	0	
销售数量（件）	6 000	6 000	6 000	18 000
销售收入	120 000	120 000	120 000	360 000
减：营业成本（期初存货成本 + 本期生产成本 − 期末存货成本）	90 000	84 000	96 000	270 000
营业毛利	30 000	36 000	24 000	90 000
减：销售与管理费用	10 000	10 000	10 000	30 000
税前利润	20 000	26 000	14 000	60 000

为什么每年销量相同，利润却存在差异呢？各期销售单价未变，销售收入相同，利润波动显然是由于成本波动造成的。在成本支出水平稳定的情况下，销量相同时，各年变动成本总额也应相同，不同的只是已销产品所负担的固定制造费用。按照完全成本法，固定制造费用要计入产品成本，其中已销产品的成本转为当期费用从销售收入中抵减，未销产品的成本作为存货成本列为资产。在本案例中，第一年，发生的 42 000 元固定制造费用，全部随产品销售转化成了当期费用。第二年，产量大于销量，形成期末 1 000 件存货，当期发生的固定制造费用有 6 000 元（42 000 ÷ 7 000 × 1 000）滞留在存货中，随销售转化成当期费用的只有 36 000 元（42 000 − 6 000），由此导致第二年利润增加了 6 000 元。第三年，销量大于产量，不仅当年生产的产品全部销售，而且销售了年初的存货 1 000 件。这就是说，不仅当年进入产品成本的 42 000 元固定制造费用已全部转化成当期费用，而且，年初存货成本中的 6 000 元固定制造费用也已转化成当期费用。第三期销售收入中抵减的固定制造费用总计 48 000 元，这一数值由当期的 42 000 元与年初存货成本转化的 6 000 元组成，相较于第一年增加了 6 000 元，比第二年则多出 12 000 元。结论是：尽管三年每年的销售量相同，单位产品售价相同，每年固定制造费用总额相同，单位变动成本相同，但是，由于每年从销售收入中抵减的固定制造费用不同，因此各年利润不同。

采用完全成本法时，一个令人困惑的现象是：尽管销售量有所增加，单价保持不变，但利润却出现了下滑。在本案例中，如果第一年生产 6 000 件产品，销售 4 200 件；第二年生产 4 200 件，销售 6 000 件，其他条件不变，每年实现销售收入和税前利润的情况如表 7 − 4 所示。

表7-4 比较利润表简表　　　　　　　　　　　　　　　　　　　金额单位：元

项目	第一年	第二年
产量（件）	6 000	4 200
生产成本（固定制造费用＋产量×变动成本）	90 000	75 600
单位产品成本	15	18
期初存货（件）	0	1 800
期初存货成本	0	27 000
期末存货（件）	1 800	0
期末存货成本	27 000	0
销售数量	4 200	6 000
销售收入	84 000	120 000
减：营业成本（期初存货成本＋本期生产成本－期末存货成本）	63 000	102 600
营业毛利	21 000	17 400
减：销售与管理费用	10 000	10 000
税前利润	11 000	7 400

表7-4中的数据表明，虽然第二年销售量增加了1 800件（6 000－4 200），但是利润比第一年降低了3 600元（11 000－7 400）。

为什么会出现这种情况呢？原因在于，第一年生产总量为6 000件，每件产品的成本为15元，细分来看，变动成本为8元，单位固定制造费用则为7元。当年售出4 200件，剩余1 800件作为期末库存。这就是说，当年发生的42 000元固定制造费用只有29 400元（4 200×7）随产品销售转化成当期费用，从当年的销售收入中抵减了；另外12 600元（1 800×7），作为期末存货成本的一部分转为资产了。第二年生产4 200件，销售6 000件，不仅销售了当年生产的4 200件，而且销售了期初存货1 800件。即当年销售的固定制造费用总计54 600元，包括当年产生的42 000元和期初存货转入的12 600元，比上一年增加了25 200元。销售量增加导致边际贡献增加21 600元（单价20元，变动成本8元，单位边际贡献12元，增加1 800件），但增加的固定制造费用25 200元完全抵消了这部分增长，最终导致利润比上年减少3 600元。

按照完全成本法确定的利润不仅受销量和成本水平的影响，而且受产量的影响，这既不符合经济学原理，也不易被人们理解，尤其不易被销售人员理解。本案例充分说明了这一点。销售人员致力于拓展产品销售市场，实现了销售量在上一年的基础上 42.86% 的增长（由 4 200 件增至 6 000 件的增幅计算得出），然而，这一成绩却伴随着企业利润 3 600 元的下滑，着实令人困惑。类似的情况还发生在，企业试图通过单纯增加产量来完成甚至超额完成年度利润目标，而不考虑销售量的实际增长情况。

资料来源：Kaplan R S, et al. Management accounting (Edition 3) [M]. NJ: Prentice Hall, 2001.

二、本量利分析的基本假设

本量利分析（CVP）是在成本性态分析和变动成本法的基础上，进一步研究销售数量、价格、成本和利润之间的数量依存关系的一种分析方法。它以数量化的模型、图形来揭示成本、业务量与利润等变量之间的关系，为会计预测、决策、规划和控制提供必要的财务信息。

本量利分析是管理会计的基本方法之一，应用很广泛。它可以帮助企业寻找增加收入、降低成本的措施，也是企业进行决策、规划和控制的重要工具。与经营风险紧密相连，企业能因此降低风险；与预测技术相结合，则能助力企业实现盈亏平衡预测，确保目标利润下的业务量预估；与决策过程深度融合，更可为企业生产决策、定价决策及投资不确定性分析提供有力支持。企业还可以将其用于全面预算、成本控制和绩效评价。

运用本量利分析，需要以下列基本假设为前提条件。

（一）成本按性态划分的基本假设

假定企业的全部成本已经按照成本性态进行划分，区分为固定成本与变动成本。

（二）相关范围假设

本量利分析建立在成本按性态划分的基础上，因此，成本按性态划分的基本假设也构成了本量利分析的基本假设，即时间范围假设和业务量假设。

（三）模型线性假设

假定在相关范围内，固定成本总额和单位变动成本不变，因此，成本函数表现为线性函数。假设在相关范围内销售单价不变，因此销售收入也表现为线性函数。也就意味着在相关范围内，固定成本线、变动成本线与销售收入线均表现为一条直线。

（四）产销平衡假设

假设每期生产的产品都能当期售出，实现产销平衡，即产量等于销量，从而简化决策分析流程。

（五）产品品种结构不变假设

对于生产多种产品的企业而言，假设其产品结构维持不变，即各类产品在总销售额中的占比保持稳定。如果销售产品的品种结构发生较大变动，必然导致利润与品种结构不变假设下的预计利润有很大差别。在产品结构稳定的前提下，企业管理人员可以更加专注于价格、成本及业务量对营业利润的影响。

三、本量利分析的基本模型

本量利分析的基本模型如下：

利润 = 销售收入 − 变动成本 − 固定成本
　　 = 销量×销售单价 − 销量×单位变动成本 − 固定成本
　　 = 销量×(销售单价 − 单位变动成本) − 固定成本

假设 P 代表利润，V 代表销量，SP 代表单价，VC 代表单位变动成本，FC 代表固定成本。

即：P = V×SP − V×VC − FC
　　 = V×(SP − VC) − FC

本量利分析的基本模型实际上就是变动成本法下税前利润的计算公式。

第二节　盈亏平衡分析

盈亏平衡，即保本状态，它描绘的是企业在特定时间段内收入与支出相等，既不盈利也不亏损，利润为零的情形。

一、盈亏平衡点的概念

盈亏平衡点又叫保本点、盈亏临界点，是指企业达到盈亏平衡（保本）状态时的销售量或者销售额。销售量低于盈亏临界点时，企业亏损；销售量高于盈亏临界点时，企业盈利。计算和确定盈亏平衡点，能帮助管理人员控制和分析销售量与利润的关系，即企业要盈利，其产销量必须超过盈亏平衡点。

盈亏平衡分析也叫保本分析、损益平衡分析、两平分析、成本分析等，是本量利分析的一项重要内容。盈亏平衡分析就是当企业恰好处于盈亏平衡状态时，研究本量利关系的一种定量分析方法。在实践中，很多人将它与本量利分析相提并论，但严格来说，它研究的只是本量利分析的一种特殊情形。

二、单一产品盈亏平衡点的确定方法

盈亏平衡分析基本方法如下。

（一）公式法

采用数学模型计算盈亏临界点叫作公式法。根据本量利分析的基本模型：
利润 = 销量 × (销售单价 − 单位变动成本) − 固定成本

再根据盈亏临界点的定义，即盈亏临界点是利润等于 0 时的销售量，得到盈亏临界点的基本模型：

$$盈亏临界点销售量 = \frac{固定成本}{销售单价 - 单位变动成本}$$

假设 BEP（break-even point）代表盈亏临界点：

$$BEP = \frac{FC}{SP - VC}$$

盈亏临界点的测算有两种形式：一种是以实物量表示，即盈亏临界点的销售量；另一种是以货币量表示，即盈亏临界点的销售额。货币量形式的盈亏临界点的计算如下：

$$盈亏临界点销售额 = 盈亏临界点销售量 \times 单价 = \frac{固定成本 \times 单价}{销售单价 - 单位变动成本}$$

$$= \frac{固定成本}{贡献毛益率(后续将介绍贡献毛益率的概念)}$$

【例 7 − 3】某企业生产和销售一种产品，销售单价为 20 元，单位变动成本为 12

元，固定成本为10 000元/月，计算每年的盈亏临界点销售量、盈亏临界点销售额。

盈亏临界点销售量 = 固定成本/(销售单价 – 单位变动成本) = 10 000/(20 – 12) = 1 250（件）

盈亏临界点销售额 = 盈亏临界点销售量 × 单价 = 1 250 × 20 = 25 000（元）

（二）图示法

采用数学模型计算盈亏临界点叫作公式法，将盈亏临界点分析反映在坐标图上，就是图示法。在坐标图中，当总收入等于总成本时，企业恰好处于盈亏平衡状态。盈亏临界图有多种形式，包括传统式盈亏临界图、贡献毛益式盈亏临界图以及利量式盈亏临界图。

传统式盈亏临界图绘图步骤如下：

（1）绘制直角坐标系，横轴表示销售数量，纵轴表示成本和销售收入。

（2）绘制固定成本线。

（3）绘制总成本线。

（4）绘制销售收入线。

（5）销售收入线和总成本线的交叉点即为盈亏平衡点。

盈亏临界图能够清晰地反映出固定成本不随业务量的变化而变化的特点以及总成本线是在固定成本线的基础上加变动成本而得到的。相较于公式法，图示法的优点在于形象、直观，易于理解，但是绘制过程麻烦且可能并不精确。

三、本量利分析相关概念介绍

（一）贡献毛益

贡献毛益（Contribution Margin）是指销售收入与变动成本之间的差额。它反映了产品或业务对企业利润的贡献能力，揭示了产品或业务在补偿变动成本后，为企业利润所作的贡献。

贡献毛益 = 销售收入 – 变动成本
       = 销量 × 销售单价 – 销量 × 单位变动成本

（二）单位贡献毛益

单位贡献毛益（Contribution Margin Per Unit）是指销售单价和单位变动成本之

间的差额。它反映了每增加一单位产品销售所带来的贡献毛益增加额。

单位贡献毛益 = 销售单价 − 单位变动成本

贡献毛益总额 = 单位贡献毛益 × 销量

(三) 贡献毛益率

贡献毛益占销售收入的百分比称作贡献毛益率（Contribution Marginratio）。它反映了产品或业务为企业创造利润的能力和对固定成本及利润的贡献程度，体现了每一元销售收入所带来的贡献毛益。

$$贡献毛益率 = \frac{贡献毛益}{销售收入} = \frac{单位贡献毛益}{销售单价}$$

(四) 变动成本率

变动成本占销售收入的百分比称作变动成本率。

$$变动成本率 = \frac{变动成本}{销售收入} = \frac{单位变动成本}{销售单价}$$

(五) 盈亏临界点的作业率

盈亏临界点作业率即盈亏临界点的销售量占实际或预计销售量的百分比，用于描述企业经营的安全程度，盈亏临界点作业率越小，企业经营的安全程度越高。具体公式如下：

$$盈亏临界点作业率 = \frac{盈亏临界点销售量}{正常销售量}$$

【例7-4】 某企业生产和销售一种产品，销售单价为20元，单位变动成本为12元，固定成本为120 000元/月，正常销售量为24 000件/月。计算盈亏临界点作业率。

$$盈亏临界点销售量 = \frac{固定成本}{销售单价 − 单位变动成本} = \frac{120\ 000}{20 − 12} = 15\ 000（件）$$

$$盈亏临界点作业率 = \frac{盈亏临界点销售量}{正常销售量} = \frac{15\ 000}{24\ 000} = 62.5\%$$

意味着该企业的作业率只有达到62.5%以上才能实现盈利，否则亏损。

(六) 安全边际与安全边际率

安全边际是指企业实际（或预计）销售量（额）超过保本销售量（额）的差

安全边际分析

额。它表明企业的销售量(额)在超过保本点的基础上,还有多大的空间可以下降而不至于使企业发生亏损,体现了企业经营的安全程度。一般包括两种表现形式:绝对数形式和相对数形式。绝对数形式包括两个指标:安全边际量和安全边际额。

安全边际量是实际或预计销售量与保本销售量的差额。计算公式为:

安全边际量 = 实际(或预计)销售量 - 保本销售量

例如,某企业预计销售产品1 000件,经计算保本销售量为600件,则安全边际量 = 1 000 - 600 = 400(件)。

安全边际额是实际或预计销售额与保本销售额的差额。计算公式为:

安全边际额 = 实际(或预计)销售额 - 保本销售额

假设上述产品单价为50元,则预计销售额为50 000元,保本销售额为30 000元,安全边际额 = 50 000 - 30 000 = 20 000(元)。

相对数形式是安全边际率,安全边际率是指安全边际与实际或预期销售量的比值。安全边际率越高,企业生产经营的安全程度就越高。具体计算公式如下:

$$安全边际率 = \frac{安全边际}{正常销售量} = \frac{正常销售量 - 盈亏临界点销售量}{正常销售量}$$

盈亏临界点所实现的销售收入扣除变动成本后仅能弥补固定成本,利润是安全边际提供的,因此可以借助安全边际计算利润。

利润 = 安全边际量 × 单位产品贡献毛益得到

或:

利润 = 安全边际额 × 贡献毛益率

等式两端同时除以销售收入,得到:

销售利润率 = 安全边际率 × 贡献毛利率

因此,企业要想提高销售利润率,需要提高安全边际率和贡献毛利率。

(七)盈亏临界点作业率与安全边际率的关系

安全边际率 + 盈亏临界点作业率 = 1

【例7-5】某企业生产和销售一种产品,销售单价为20元,单位变动成本为12元,固定成本为120 000元/月,正常销售量为24 000件/月。计算安全边际和安全边际率。

盈亏临界点销售量 = 固定成本/(销售单价 - 单位变动成本) = 120 000/(20 - 12) = 15 000(件)

安全边际量 = 24 000 − 15 000 = 9 000（件）

安全边际率 = $\dfrac{\text{安全边际}}{\text{正常销售量}}$ = $\dfrac{9\,000}{24\,000}$ = 37.5%

或

盈亏临界点作业率 = $\dfrac{\text{盈亏临界点销售量}}{\text{正常销售量}}$ = $\dfrac{15\,000}{24\,000}$ = 62.5%

根据安全边际率 + 盈亏临界点作业率 = 1，安全边际率 = 1 − 62.5% = 37.5%

四、相关因素变动对盈亏平衡点的影响

盈亏临界点的位置受固定成本、单位变动成本及销售单价等多重因素影响，这在盈亏临界图中一目了然。

（一）销售单价对盈亏临界点的影响

根据盈亏平衡点的基本模型或者盈亏临界图，可以看出单价变化影响单位产品贡献毛益，进而改变盈亏临界点。具体而言，销售单价上升会提升单位产品贡献毛益，进而减少盈亏临界点销售量；反之，销售单价下降则效果相反。

（二）单位变动成本对盈亏临界点的影响

根据盈亏平衡点的基本模型或者盈亏临界图，可以看出单位变动成本变化影响单位产品贡献毛益，进而改变盈亏临界点。具体而言，单位变动成本上升会导致单位产品贡献毛益减少，进而增加盈亏临界点销售量，对企业生产经营不利；反之，单位变动成本下降则有利。

（三）固定成本对盈亏临界点的影响

根据盈亏平衡点的基本模型或者盈亏临界图，可以看出固定成本的变动会改变盈亏临界点的位置。具体而言，固定成本上升，会使盈亏临界点上升，对企业发展不利；固定成本下降时，情况相反。

（四）产品品种对盈亏临界点的影响

此部分内容在后续多种产品盈亏平衡点的确定方法中进行介绍。

五、多种产品盈亏平衡点的确定方法

在现实的经济生活中,一家企业通常不会仅仅生产和销售一种产品。对于多种产品生产的企业,实物单位表示的盈亏临界点将不再可取,原因是不同品种产品的销售量无法直接相加,在多品种产品生产的条件下,可以运用加权平均贡献毛益率法、联合单位法等进行本量利分析。本教材给大家介绍加权平均贡献毛益率法,即采用销售额的形式来表示企业的盈亏临界点,具体如下。

步骤一:计算加权平均贡献毛益率。

加权平均贡献毛益率 = $\sum$ 某种产品的贡献毛益率 × 该产品的销售额占比

步骤二:计算盈亏临界点销售额。

企业盈亏临界点销售额 = $\dfrac{\text{固定成本}}{\text{加权平均贡献毛益率}}$

步骤三:计算各产品的盈亏临界点销售量和销售额。

某种产品盈亏临界点销售额 = 企业盈亏临界点销售额 × 该种产品的销售额比重

产品品种结构发生变化,会影响加权平均贡献毛益率,进而影响到盈亏临界点的销售额。提高贡献毛益率高的产品比重,盈亏临界点的销售售额下降;反之,提高贡献毛益率低的产品比重,盈亏临界点的销售额上升。

第三节 目标利润分析

一、实现目标利润的基本模型

盈亏临界点分析回答的是企业利润为零时的销售量的问题,目标利润分析描述的是实现一定数额的利润应该达到的业务量水平。实现目标利润的分析实际上是盈亏临界点分析的延伸和扩展。在盈亏平衡分析中,我们确定保本点,在目标利润分析中,我们寻求保利点。

(一)实现税前目标利润的模型

根据本量利分析的基本模型,可推导出实现目标利润的基本模型。实现目标

利润的销售量计算公式为：（目标利润＋固定成本）/单位产品贡献毛益；而实现目标利润的销售额计算公式则为：（目标利润＋固定成本）/贡献毛益率。

【例 7-6】设某企业只生产和销售单一产品。该企业计划年度内全年预计固定成本为 50 000 元。该产品单价为 50 元，单位变动成本为 25 元。若企业计划年度的目标利润为 40 000 元，则：

$$\text{实现目标利润的销售量} = \frac{\text{目标利润} + \text{固定成本}}{\text{单位产品贡献毛益}}$$

$$= \frac{40\ 000 + 50\ 000}{50 - 25} = 3\ 600\ (\text{件})$$

（二）实现税后目标利润的模型

所得税费用对于盈利企业而言是一项必然的支出，因此，从税后角度去分析目标利润对于企业管理者而言或许更为适用。由于税后利润＝税前利润×（1－所得税税率），故税前利润＝税后利润/（1－所得税税率），得到实现税后目标利润的模型：

实现税后目标利润的销售量＝[税后目标利润/（1－所得税税率）＋固定成本]/单位贡献毛益

实现税后目标利润的销售额＝[税后目标利润/（1－所得税税率）＋固定成本]/贡献毛益率

二、相关因素变动对实现目标利润的影响

实现税后目标利润的销售量＝[税后目标利润/（1－所得税税率）＋固定成本]/单位贡献毛益

显而易见，保利点受单价、单位变动成本、固定成本及所得税税率等因素的影响。单价、单位变动成本、固定成本三个因素对保利点的影响类似于相关因素变动对盈亏平衡点的影响，不再赘述。此部分介绍所得税税率对保利点的影响。

所得税税率变化对实现目标利润的影响：税率上升时，税后目标利润的销售量增加；税率下降时，则相反。

第四节　利润敏感性分析

利润的敏感性分析，主要围绕两个问题展开：一个是相关因素发生多大变化

会导致盈利转为亏损,即影响利润的各个因素临界值的确定;另一个是各相关因素对利润变化的影响程度。

一、相关因素盈亏临界值的确定

根据本量利分析的基本模型,影响利润的主要因素有销售单价,单位变动成本,固定成本和销售量。确定相关因素的盈亏临界值,即分析当单价、单位变动成本、销量或固定成本总额中的某一因素发生何种变化时,会导致利润变为零。

根据公式"利润=销量×(销售单价−单位变动成本)−固定成本",当令利润等于零,并保持其他因素不变时,可以求解出其中一个因素的具体值。

销量=固定成本/(单价−单位变动成本)

单价=固定成本/销量+单位变动成本

单位变动成本=单价−固定成本/销量

固定成本=销量×(单价−单位变动成本)

即:

$V = FC/(SP - VC)$

$SP = FC/V + VC$

$VC = SP - FC/V$

$FC = (SP - VC) \times V$

【例7−7】设某企业只生产和销售单一产品,该产品单价为50元,单位变动成本为25元,固定成本为50 000元。若计划销量为5 000件,根据盈亏临界点的计算公式,盈亏临界点销售量=固定成本/(单价−单位变动成本)=50 000/(50−25)=2 000(件)。

(1)销量临界值(最小值)。

销量最小值=固定成本/(单价−单位变动成本)=50 000/(50−25)=2 000(件)

这意味着,企业产品的销售规模必须至少达到2 000件,销量低于此数将导致亏损。

(2)单价临界值(最小值)。

单价的最小值=固定成本/销量+单位变动成本=50 000/5 000+25=35(元)

这意味着产品的单价不能低于35元,否则就会发生亏损。

(3)单位变动成本(最大值)。

单位变动成本的最大值=单价−固定成本/销量=50−50 000/5 000=40(元)

这意味着单位变动成本从 25 元上升到 40 元，使企业由盈利转为盈亏平衡，如果单位变动成本大于 40 元的话，企业将发生亏损。

（4）固定成本（最大值）。

固定成本的最大允许值 = 销量 × （单价 – 单位变动成本） = 5 000 × （50 – 25） = 125 000 （元）

这意味着固定成本的最大允许值是 125 000 元，若超过此限额企业就会发生亏损。

二、相关因素敏感系数的确定

很明显，相关因素的变化都会导致利润的变化，但其影响程度各不相同。有的因素发生较小的变化，就会使利润发生很大的变动。即利润对这些因素的变化十分敏感，称为敏感因素。相反，有些因素在发生变化后，对利润的影响并不显著，我们称之为不敏感因素。也就是说，利润对不同因素的敏感程度不同，反应敏感程度的指标叫作敏感系数。具体计算公式如下：

敏感系数 = 利润变动百分比 / 因素变动百分比

敏感系数有正有负，如果因素与利润同方向变化，敏感系数为正；如果因素与利润反方向变化，则敏感系数为负。因此，我们需要依据敏感系数的绝对值大小来评估不同因素对利润的敏感程度。利润的敏感性分析为管理者在决策过程中提供了明确的方向，对于敏感性较高的因素，管理者应给予高度关注，因为这些因素往往是解决问题的关键所在。

【例 7 – 8】设某企业只生产和销售单一产品，该产品单价为 50 元，单位变动成本为 25 元，固定成本为 50 000 元，计划销售量为 5 000 件，若单价、单位变动成本、固定成本和销售量均分别增长 10%，则各因素的敏感系数分别是多少？

目标利润 = 5 000 × （50 – 25） – 50 000 = 75 000 （元）

（1）销量的敏感系数。若销量增长 10%，即 V = 5 000 × （1 + 10%） = 5 500（件），实现利润 = 5 500 × （50 – 25） – 50 000 = 87 500 （元）。

利润变化百分比 = （87 500 – 75 000）/ 75 000 = 16.67%，销量的敏感系数 = 16.67% / 10% = 1.67。

（2）单价的敏感系数。若单价增长 10%，即 SP 提升至 50 × （1 + 10%） = 55（元），则实现利润为 5 000 × （55 – 25） – 50 000 = 100 000 （元）。

利润变化百分比 = （100 000 – 75 000）/ 75 000 = 33.33%，单价的敏感系数 =

33.33%/10% =3.33。

（3）单位变动成本的敏感系数。若单位变动成本增长10%，即 VC = 25 × (1 + 10%) = 27.5（元），实现利润 = 5 000 × (50 - 27.5) - 50 000 = 62 500（元）。

利润变化百分比 = (62 500 - 75 000)/75 000 = -16.67%，单位变动成本的敏感系数 = -16.67%/10% = -1.67。

（4）固定成本的敏感系数。若固定成本增长10%，即 FC = 50 000 × (1 + 10%) = 55 000（元），实现利润 = 5 000 × (50 - 25) - 55 000 = 70 000（元）。

利润变化百分比 = (70 000 - 75 000)/75 000 = -6.67%，固定成本的敏感系数 = -6.67%/10% = -0.67。

通过以上的计算，我们发现不同因素的敏感系数方向不同，销售单价和销售量的敏感系数为正，单位变动成本和固定成本的敏感系数为负。这意味着什么呢？销售单价和销量提高则利润增加，而单位变动成本和固定成本提高则利润减少。销售单价的敏感系数较大，固定成本的敏感系数较小。这意味着什么呢？销售单价的较小变动会导致利润较大幅度的变动，而固定成本的变动对利润的影响程度最小。企业一般应根据敏感系数绝对值的大小对其进行排序，按照有关因素的敏感程度优化规划和决策。敏感系数可以揭示影响企业实现目标利润的各因素的影响程度，引导经营者关注强敏感因素，抓住重点，促进目标利润的实现。

第八章　短期经营决策

[学习目标及开篇案例]

[学习目标]

了解决策的分类。
理解决策制定的程序。
掌握生产决策的分析方法。
掌握定价决策的分析方法。

[开篇案例]

饮料企业为什么要自建工厂？

元气森林是一家致力于为美好生活创造健康好产品的中国食品饮料企业。公司成立于 2016 年，是自主研发、自主设计的创新型饮品公司。品牌秉持"用户第一"的使命，立足健康需求、破除口味壁垒，传递健康生活理念，提供贴心的用户体验。

元气森林已经在全国布局了 6 座现代化工厂，分别位于安徽滁州、广东肇庆、天津西青、湖北咸宁、四川都江堰和江苏太仓等地。在食品饮料行业，"轻资产"依托代工模式是许多新创品牌的选择。此前的元气森林也不例外，据悉，该企业的主要代工企业为健力宝旗下北京、镇江、佛山的工厂。"燃茶"的代工企业为北京、昆山、泰州的统实工厂；功能饮料"外星人"则由奥瑞金代工。

资料来源：滕斌圣，王小龙. 元气森林：爆红背后的秘密 [J]. 商业评论，2022 (3)：113-125.

请问，元气森林是一家靠互联网打法快速崛起的网红饮品公司。一般的网红品牌都采用"重营销、轻生产"的轻资产模式，然而元气森林却反其道而行之，主动从代工模式转向自建工厂，由轻转重，这是为什么呢？这样做会对该企业产生哪些影响呢？

第一节 决策概述

一、决策的意义

决策（Decision-making）是指为了实现一定的目标，在充分考虑各种可能的前提下，基于科学的理论和方法，进行必要的计算、分析和判断，进而从可供选择的诸方案中，选取最满意（可行）方案的过程。企业决策贯穿企业经营活动的始终，涵盖战略目标的决策、技术发展与投资决策、产品品种开发决策、价格决策、生产组织决策、市场营销决策、资金筹措决策、利润分配与使用决策等众多方面。大量的实践证明，企业的盛衰成败、生存发展均取决于企业的决策是否正确。经营决策的正确与否往往直接体现在企业的经济效益方面，甚至会影响到企业未来的长期发展。因此，企业经营管理者面临的不是是否应该进行决策的问题，而是如何进行科学决策的问题。

二、决策的分类

决策贯穿于生产经营活动的始终，涉及的内容较多，不同类别的决策所需要的信息、决策的重点以及采用的决策方法有所不同。按照不同的标准可将决策分为若干不同的种类。

（一）按照决策的重要程度分类

决策按照决策问题本身的重要性可分为战略决策与战术决策。

1. 战略决策

战略决策一般是指关系到企业未来发展方向的全局性重大决策，如战略目标的制定、新产品的开发、产能的扩张等问题。这类决策取决于外部环境和企业的长远规划。战略赢则大赢，战略输则大输，因此，战略决策对企业的成败具有决定性意义。

2. 战术决策

战术决策一般是指为达到预期的战略目标而进行的有针对性的、短期性的具体决策，如零部件的自制还是外购、亏损产品是否停转产等决策。这类决策主要考虑怎样使现有的资源得到最合理、最充分的利用。战术决策的正确与否，不会对企业的大局产生决定性影响。

（二）按决策所涉及的时间长短分类

决策按照所涉及的时间长短可分为短期决策与长期决策。

1. 短期决策

短期决策一般是指决策产生的结果只涉及一个运营年度或运营周期，并只对该期间内企业的生产经营活动产生影响的决策。这类决策的侧重点是充分利用现有资源进行战术决策，一般不涉及大量的资金投入，而且见效较快，通常不需要考虑货币的时间价值和投资的风险价值。例如，半成品立即出售还是进一步加工决策属于短期决策。

2. 长期决策

长期决策一般是指决策产生的结果涉及一年以上，并将在较长时间内对企业的生产经营活动产生重要影响的决策。这类决策的侧重点是资源配置效益与使用效益得到统一，一般需投入大量资金，需要考虑货币的时间价值和投资的风险价值。固定资产更新决策属于长期决策。

（三）按决策者所掌握的信息特点分类

决策按照决策者掌握的信息特点的不同可分为确定型决策、风险型决策和不确定型决策。

1. 确定型决策

确定型决策一般是指决策所涉及的各种备选方案的条件都是已知的，决策者事先可以明确决策结果的决策。例如，将一定数额的现金存入银行，可以明确一年后将得到多少利息。现实生活中，这种决策比较少。

2. 风险型决策

风险型决策一般是指决策所涉及的各种备选方案的条件虽然也是已知的，但决策的结果有多种可能性，决策者事先可以知道决策的可能结果及其每种结果发生的可能性即概率。

3. 不确定型决策

不确定型决策一般是指决策者虽然知道决策的可能结果但不知道各种结果出现的概率，或者决策者事先不知道决策可能出现的结果的决策。例如，航空公司开辟新航线的决策就属于不确定型决策。

（四）按决策项目本身的从属关系分类

决策按照决策项目本身的从属关系可以分为独立方案决策、互斥方案决策和优化组合方案决策。

1. 独立方案决策

独立方案决策一般是指备选方案只有一个，只需要判断方案本身可行与否，如是否开发新产品的决策。

2. 互斥方案决策

互斥方案决策一般是指存在两个或两个以上的备选方案，选取某个方案必须放弃其他方案的选取为条件的决策。这类决策不仅要判断每个方案的可行性，还要进行可行方案的比较，如零部件自制还是外购的决策。

3. 优化组合方案决策

优化组合方案决策一般是指存在两个或两个以上的备选方案，并且方案可以同时选择，但在资源约束的条件下，如何将这些方案进行优化组合，获得最佳经济效益的决策。例如，航空公司在现有的运力（飞机和飞行员）下优化航线组织。

在学习上述决策分类时，我们要注意：不同类别的决策并不是彼此独立无关的，往往是相互联系的。例如，战略决策一般是长期决策。

三、决策的程序

任何企业要进行科学的决策，都需要遵循决策的程序。从本质上说，决策程序就是提出问题、分析问题和解决问题的过程。一般而言，决策的程序可以采用下面的五步决策法。

（一）根据企业经营情况提出问题，确定决策目标

决策目标是决策的出发点。决策只有明确要解决什么问题，才能对症下药。由于企业面对的经营环境的复杂性，企业在生产经营过程中会遇到各种各样的问题，其中某些可能对经济效益产生重要的影响，这些问题就是需要决策的关键问题，也就是决策目标。一般而言，决策目标具有可计量性和可实现性。

（二）广泛收集与决策目标相关的信息

一旦确定了决策的目标，决策者就要广泛地收集与决策目标相关的信息。这

里的信息既包括财务信息，也包括非财务信息；既包括定性信息，也包括定量信息。同时，所收集的信息要符合决策所需的质量要求，满足决策相关性。

（三）分析不同的备选方案，预测未来的情况

决策就是选择的过程。它是对未来的各种可能行动方案进行选择。为了对未来各种可能的行动方案作出最优选择，必须根据所确定的决策目标和所掌握的相关信息，提出实现决策目标的各种备选方案。基于之前收集的信息，管理会计师采用专业的方法对各个备选方案进行定性和定量的综合分析，计算出各个方案的预期收入和预期成本。

（四）作出决策，选择最满意（可行）的方案

选择最满意（可行）方案是整个决策过程中最关键的环节。决策者根据所掌握的相关信息，对各种备选方案的可行性进行充分的论证，并作出综合分析，全面权衡有关因素的影响，选择出最满意（可行）的方案。

（五）实施决策、业绩评价与持续学习改进

在实施所选方案时要运用组织、计划、协调和控制将决策有效地传递给有关人员，并就实施过程中各种不确定性因素的变化作出相应的调整改进，适时进行信息反馈，并不断地改进决策方案。在决策方案实施完毕后，要进行决策效果的评价，例如，是否有效地解决了问题，是否获得了预期的收益，是否存在有待完善的环节等。

四、短期经营决策的分析方法

在短期经营决策过程中，在厘清决策的相关信息后，需根据具体决策情境选择合适的分析方法，并结合企业的内外部环境和企业目标作出最终的决策。

（一）贡献毛益分析法

贡献毛益分析法是在固定成本不变的情况下，通过比较不同备选方案的贡献毛益进行决策的方法。一般包括以下三种决策指标。

1. 贡献毛益总额

贡献毛益总额是销售收入扣除变动成本之后的余额。在一定期间和一定的业

务量范围内，固定成本属于决策非相关成本，这时只需要考虑相关变动成本和相关收入，将贡献毛益总额作为决策的关键指标。

2. 剩余贡献毛益总额

剩余贡献毛益总额是贡献毛益总额扣除备选方案的专属成本之后的余额。当某备选方案涉及追加专属成本，此时需将剩余贡献毛益总额作为决策的关键指标。

3. 单位资源贡献毛益

单位资源贡献毛益是单位资源创造的贡献毛益，一般用单位贡献毛益除以单位产品消耗的资源量（单位产品人工工时、单位产品机器小时、单位产品消耗的原材料数量）。正常情况下，企业的生产运营会受到资源约束，需要将资源配置到效益最高的产品上，此时需将单位资源贡献毛益作为关键决策指标。

（二）差量分析法

差量分析法是指在计算各备选方案的差量收入和差量成本的基础上选择最优方案的方法。无论是差量收入还是差量成本均需要与决策相关。差量分析法一般应用于互斥方案决策，假设有两个备选方案 A 和 B，决策原则如下。

(1) 差量收入 = A 方案相关收入 - B 方案相关收入

(2) 差量成本 = A 方案相关成本 - B 方案相关成本

(3) 差量利润 = 差量收入 - 差量成本

如果差量利润大于零，则选择 A 方案；如果差量利润小于零，则选择 B 方案。

（三）成本无差别点分析法

备选方案的选择只涉及成本的比较，这时需要找到成本无差别点，即备选方案成本相等的业务量点。当业务量高于或低于该业务量水平时，不同方案就具有不同的业务量优势区域。利用不同方案的不同业务量优势区域进行最优化方案选择的方法，决策原则如表 8-1 所示。

表 8-1　　　　　　　　　　决策原则

业务量情况	决策原则
业务量 = 成本无差别点	两方案均可取
业务量 < 成本无差别点	选择固定成本较低的方案
业务量 > 成本无差别点	选择固定成本较高的方案

第二节 生产决策

生产决策是短期经营决策的重要内容之一。它主要针对生产什么、生产多少、怎样生产等问题进行决策，具体包括新产品开发、半成品是否深加工，亏损产品是否停转产、是否接受一次性的特殊订单，零部件是自制还是外购等决策问题。这些决策的共同点在于：在既定产能的约束条件下提高企业的经济效益。在进行短期经营决策的过程中，除了需要进行相关收入和相关成本的定量分析以外，不能忽视质量、客户等定性因素的影响。

一、新产品开发决策

（一）新产品开发决策的定义

新产品开发决策是指企业在利用现有的剩余产能开发新产品的过程中，在两个或两个以上可供选择的多个新品种中选择一个最优品种的决策。

（二）新产品开发决策的方法

1. 不追加专属成本条件下的决策

已有的产能成本（即约束性固定成本）是沉没成本，因此是无关成本。此时如果备选方案均不涉及追加专属成本，可以用贡献毛益总额进行择优决策。如果备选方案只有一个，其贡献毛益总额大于零，则进行开发；反之，则不开发。如果备选方案在两个以上，同时只能选择一个，则选择贡献毛益总额较高的方案进行开发。

2. 追加专属成本条件下的决策

当备选方案涉及追加专属成本时，应先计算备选方案的剩余贡献毛益（贡献毛益总额减去专属成本后的余额），然后通过比较不同备选方案的剩余贡献毛益总额进行择优决策。

3. 在企业的某项资源（如原材料、设备工时、人工工时等）受限制的情况下

可以用单位资源贡献毛益（单位贡献毛益除以单位资源消耗）进行择优决策。

4. 若开发新产品会影响原有产品的生产

需要将放弃原有产品产销所舍弃的收益作为开发新产品的机会成本作为决策

的相关成本。

(三) 例题

【例 8-1】某企业原来生产一种产品 A,现有 B、C 两种新产品可以投入生产,剩余产能有限,只能选择其中一种新产品投入生产。该企业的固定成本总额为 3 400 元,短时期内无法改变。各种产品的资料如表 8-2 所示。

表 8-2　　　　　　　　　　A、B、C 产品的资料

项目	A 产品	B 产品	C 产品
产销数量(件)	600	200	250
销售单价(元)	10	12	9
单位变动成本(元)	6	6	4
单位产品定额工时(小时)	4	5	4

开发 B 产品还是 C 产品呢?如表 8-3 所示,这里只需要计算两种产品各自提供的贡献毛益总额,进行对比,选择贡献毛益总额较大者。

表 8-3　　　　　　　　B、C 产品贡献毛益总额的比较

项目	B 产品	C 产品
预计销售量(件)	200	250
销售单价(元)	12	9
单位变动成本(元)	6	4
单位贡献毛益(元)	6	5
贡献毛益总额(元)	1 200	1 250

以上计算表明,C 产品的贡献毛益总额大于 B 产品的贡献毛益总额,可见生产 C 产品更有利。这里请注意,尽管 B 产品的单位贡献毛益较高,但由于受其产销量的影响,贡献毛益总额较低,可见,单位贡献毛益的大小不能作为决策的标准。

我们还可以直接利用单位资源贡献毛益进行比较,择优决策,如表 8-4 所示。

表 8-4　　　　　　　B、C 产品单位资源贡献毛益的比较

项目	B 产品	C 产品
单位贡献毛益(元)	6	5
单位产品定额工时(小时)	5	4
单位工时贡献毛益(元/小时)	1.2	1.25

以上计算表明，C产品的单位资源贡献毛益大于B产品的单位资源贡献毛益，因此生产C产品更有利。

【例8-2】假设〖例8-1〗中的C产品还需要购买专门的设备，设备的年折旧费为100元，决策的结论会改变吗？此时需要计算剩余贡献毛益，如表8-5所示。

表8-5　　　　　　　B、C产品剩余贡献毛益总额的比较　　　　　　　单位：元

项目	B产品	C产品
贡献毛益总额	1 200	1 250
专属固定成本	0	100
剩余贡献毛益总额	1 200	1 150

在这种情况下，C产品的剩余贡献毛益总额比B产品少50元，因此生产B产品更有利。

【例8-3】假设〖例8-1〗中，如果开发C产品，会使A产品的产销量从600件下降到590件；如果开发B产品，对A产品无影响。决策的结论会改变吗？这时需要考虑由于生产C产品而舍弃的A产品的收益，即机会成本，作为C产品的相关成本。

C产品的贡献毛益 = 1 250（元）

C产品的机会成本 = (600 - 590) × (10 - 6) = 40（元）

C产品的剩余贡献毛益总额 = 1 250 - 40 = 1 210（元）

以上计算表明，C产品的剩余贡献毛益总额大于B产品的贡献毛益总额，因此生产C产品更有利。

在新产品开发的决策分析中，除了考虑贡献毛益总额、剩余贡献毛益或单位资源贡献毛益等财务指标以外，还需要考虑非财务因素，例如新产品的技术更新速度、市场需求的发展趋势等。

二、亏损产品是否停转产的决策

（一）亏损产品决策的定义

亏损产品决策是指围绕特定的亏损产品在未来"是否继续生产"或"是否转产"而开展的决策分析。一般包括四种类型的决策：其一，"停止生产亏损产品"方案，简称"停产"方案；其二，"继续按原规模生产亏损产品"方案，简称"继

续生产"方案;其三,利用现有产能"转产其他产品"方案,包括"转产某种新产品"和"增产某种老产品",简称"转产"方案;其四,出租现有产能。

(二) 亏损产品决策的方法

1. 第一和第二种类型方案的决策方法

如果现有产能没有其他用途,需要作出的是停产还是继续生产的决策,只需要计算亏损产品的贡献毛益总额,如果贡献毛益总额大于零,则说明亏损产品能够弥补企业一部分固定成本,一般不应停产,而是继续生产。需要注意的是,可避免固定成本对决策结论的影响。如果存在与亏损产品是否生产的可避免固定成本,则需要将其从亏损产品的贡献毛益总额中扣除,如果剩余的贡献毛益总额依然大于零,则不停产,反之停产。

2. 第三和第四种类型的决策方法

如果现有产能有其他用途,如可以转产其他产品或出租,则由于继续生产亏损产品会舍弃转产其他产品的收益或出租产能的收益,即机会成本,这时需从贡献毛益总额或剩余贡献毛益总额中扣除这部分机会成本,如果余额大于零,则继续生产亏损产品,反之则将产能用于其他用途。针对以上四类方案的决策,我们也可以比较停产(转产)与不停产(不转产)方案之间的贡献毛益总额的大小,选择贡献毛益总额较大者。

(三) 例题

【例8-4】假定某企业本年产销A、B、C三种产品,年终按完全成本法计算损益。有关数据如表8-6所示。

表8-6　　　　　　　　　基础数据

项目	A产品	B产品	C产品	合计
销售量(件)	1 000	400	500	—
销售单价(元)	20	25	60	—
销售收入(元)	20 000	10 000	30 000	60 000
销售成本及期间费用(元)	15 000	9 000	32 000	56 000
营业利润(元)	5 000	1 000	(2 000)	4 000

从表8-6可以看出,C产品亏损。那么是否应该停止生产C产品呢?我们需要考虑生产C产品的产能和C产品可以提供的贡献毛益。假设生产C产品的产能

没有其他用途，这时只需要计算 C 产品的贡献毛益总额。成本性态的相关数据如表 8-7 所示。

表 8-7　　　　　　　　　　成本性态相关数据　　　　　　　　　　单位：元

项目	A 产品	B 产品	C 产品
单位变动生产成本	7	12	40
单位变动销售及管理费用	2	3	6
固定制造费用	15 000		—
固定销售及管理费用	3 000		—

假设固定成本按销售收入比重在各产品之间分配，则各产品的贡献毛益及营业利润如表 8-8 所示。

表 8-8　　　　　　　　　　各产品营业利润　　　　　　　　　　单位：元

项目	A 产品	B 产品	C 产品	合计
销售收入	20 000	10 000	30 000	60 000
变动生产成本	7 000	4 800	20 000	31 800
变动销售及管理费用	2 000	1 200	3 000	6 200
变动成本总额	9 000	6 000	23 000	38 000
贡献毛益总额	11 000	4 000	7 000	22 000
固定制造费用	5 000	2 500	7 500	15 000
固定销售及管理费用	1 000	500	1 500	3 000
固定成本合计	6 000	3 000	9 000	18 000
营业利润	5 000	1 000	(2 000)	4 000

从表 8-8 的计算可以看出，C 产品可以提供贡献毛益 7 000 元，之所以亏损是因为分摊了 9 000 元的固定成本，两相轧抵后亏损 2 000 元。然而不论是否生产 C 产品，固定成本均会发生，如果将 C 产品停产，公司整体会减少贡献毛益 7 000 元，而固定成本不会发生改变，需由 A 和 B 产品承担，这样公司的营业利润会下降 7 000 元，反而会发生亏损 3 000 元。有关验证计算如表 8-9 所示。

表 8-9　　　　　　　　　　停产后企业营业利润　　　　　　　　　　单位：元

项目	A 产品	B 产品	合计
销售收入	20 000	10 000	30 000
变动生产成本	7 000	4 800	11 800

续表

项目	A产品	B产品	合计
变动销售及管理费用	2 000	1 200	3 200
变动成本总额	9 000	6 000	15 000
贡献毛益总额	11 000	4 000	15 000
固定制造费用	10 000	5 000	15 000
固定销售及管理费用	2 000	1 000	3 000
固定成本合计	12 000	6 000	18 000
营业利润	(1 000)	(2 000)	(3 000)

由此，我们可以得出结论：在现有产能无其他用途的情况下，只要亏损产品提供贡献毛益就不应停产。

【例8-5】假设《例8-4》中的C产品如果停产，可以少雇用一名生产监管人员，节约车间管理人员工资2 000元。在这种情况下，C产品需要停产吗？这里的车间管理人员工资属于可避免成本，需从C产品的贡献毛益总额中扣除，剩余的贡献毛益总额为5 000元，依然大于零，因此C产品不应该停产。

【例8-6】假设《例8-4》中的C产品如果停产，其现有产能可以转产D产品，其销售单价为50元，单位变动生产成本为28元，单位变动销售及管理费用为2元，销售量为400件。在这种情况下，应该停止生产C产品而转产D产品吗？这时D产品可以提供的贡献毛益属于继续生产C产品的机会成本。

D产品的销售收入 = 50 × 400 = 20 000（元）

D产品的变动成本 = (28 + 2) × 400 = 12 000（元）

D产品的贡献毛益总额 = 20 000 - 12 000 = 8 000（元）

C产品的剩余贡献毛益 = C产品的贡献毛益总额 - 机会成本（D产品的贡献毛益总额）= 7 000 - 8 000 = -1 000（元）

因此，应该停止生产C产品，转产D产品。

通过以上计算可以看出，如果生产亏损产品的现有产能存在其他用途，需要考虑其他用途可能产生的收益，进而择优决策。

关于亏损产品的决策方法，也可以应用于增加或撤销一个部门，亏损客户是否放弃的决策分析中，同时要注意决策时不能仅仅考虑财务因素，也需要考虑客户的需求以及产品的完整性、道德层面等非财务因素。

三、半成品或联产品是否深加工的决策

(一) 半成品和联产品的含义

1. 半成品的含义

半成品是一个与产成品相对立的概念，是指那些经过初步加工而形成的，已具备独立使用价值，但尚未最终完成全部加工过程的产品表现形式，半成品经过进一步深加工就可以变成产成品，半成品属于广义在产品的范畴，但它的存在形式暂时不处于加工过程中，又不同于正处于加工过程中的、尚不具备独立使用价值的狭义在产品。例如棉纺织企业，棉花经过初步加工，可生产出棉纱，棉纱经过深加工可以进一步加工成布匹。这里的棉花是原材料，棉纱是半成品，布匹是产成品。再如钢铁联合企业，铁矿石经过初步高炉冶炼可以加工为生铁，生铁经过平炉或转炉冶炼可以加工为钢坯，钢坯再经过轧制就可以加工为钢材。这里，铁矿石是原材料，生铁和钢坯都是半成品，钢材是产成品。

2. 联产品的含义

联产品是指由相同的原材料进行相同的加工，生产出来的若干经济价值较大的，并在分离点前不能单独辨认的产品。例如，从原油中可以提炼出三种联产品，即汽油、柴油和取暖油。对煤加以蒸馏可以得到焦炭、煤气和其他产品。这里的分离点是指在制造过程中联产品能被识别为不同产品的点。对于联产品主要有分离前和分离后两个阶段。在分离点之前发生的生产联产品的成本属于联合成本，在分离点之后发生的进一步加工的成本属于可分成本。

(二) 半成品或联产品是否深加工决策的方法

对于半成品或联产品是立即销售还是深加工的决策，属于互斥选择决策，只要深加工的增量收入大于深加工的增量成本，深加工就有利可图。这里需要注意的是对于半成品而言，将原材料加工为半成品的成本属于决策的非相关成本；对于联产品而言，联合成本属于决策的非相关成本。

(三) 例题

【例 8-7】 某企业每年可产销 A 半成品 3 000 件，单位变动成本为 15 元，单位固定成本为 1 元，销售单价为 25 元。A 半成品可以深加工为 B 产品，销售单价可提高到 32 元，但需要追加投入单位变动成本 5 元，并需要投入专属设备一台，

年折旧费为1 000元。请问A半成品立即出售还是深加工为B产品？

增量收入 = (32 - 25) × 3 000 = 21 000（元）

增量成本 = 5 × 3 000 + 1 000 = 16 000（元）

增量收益 = 21 000 - 16 000 = 5 000（元）

由于增量收入大于增量成本，产生增量收益5 000元，因而深加工更有利。这里需注意，决策的相关成本是追加投入的成本。

【例8-8】假设某化学制剂公司生产两种化学制剂：X和Y。它们是一个特殊的联合过程的产物。联合加工过程发生的成本为10万元，包括原材料成本和X、Y到达分离点之前的加工成本。在分离点，公司可以直接将X与Y出售给石油产业作为汽油的添加成分；也可以将Y继续加工为另外一种产品Ya，然后将其出售给塑料加工厂作为塑料薄膜的添加成分。有关数据如图8-1所示。

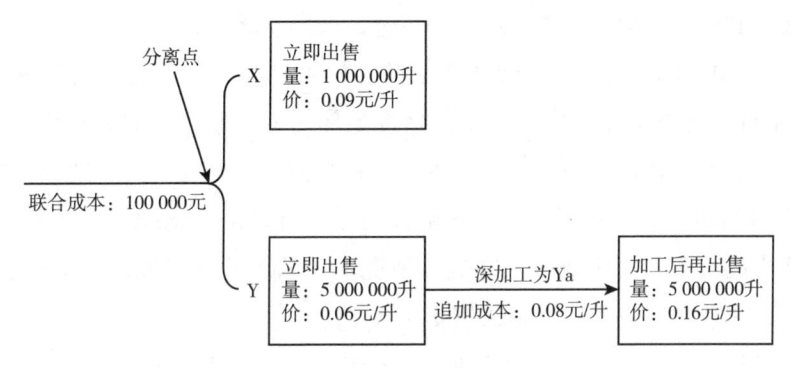

图8-1 联产品深加工决策

结合图8-1可知，要决策的问题是Y直接出售还是深加工为Ya之后再出售。

增量收入 = (0.16 - 0.06) × 5 000 000 = 500 000（元）

增量成本 = 0.08 × 5 000 000 = 400 000（元）

增量收益 = 500 000 - 400 000 = 100 000（元）

由于增量收入大于增量成本，产生增量收益100 000元，因而深加工更有利。这里需注意，决策的相关成本是分离点之后追加投入的成本，也就是可分成本。分离点之前的联合成本10万元是非相关成本。

四、零部件自制或外购的决策

（一）零部件自制或外购决策的定义

零部件自制或外购的决策是指企业围绕既可自制又可外购的零部件的取得方

式而开展的决策,又称零部件取得方式的决策。它属于"互斥方案"的决策类型,通常涉及"自制零部件"和"外购零部件"两个备选方案。这些方案不涉及相关收入,只需要考虑相关成本因素。

(二)零部件自制或外购决策的方法

企业已经具备自制能力,且零部件的全年需用量为固定常数时的决策:如果企业已经有能力自制零部件,则与自制能力有关的固定生产成本属于沉没成本,在决策中不予考虑。具体又可分为以下两种情况。

(1)自制的生产能力无法转移或削减:如果自制的生产能力是完全的闲置产能,同时如果不自制,该部分生产能力不能转作他用或削减,则"自制零部件"方案的相关成本仅包括按零部件需要量计算的变动生产成本,这时可以直接比较自制零部件的单位变动生产成本和外购单价,选择较低者。

(2)自制的生产能力可以转移或削减:如果自制的生产能力可以转作他用,"自制零部件"方案的相关成本除了包括按零部件需用量计算的变动生产成本外,还包括与自制能力转移有关的机会成本。如果自制的生产能力可以削减,"自制零部件"方案的相关成本除了包括按零部件需用量计算的变动生产成本外,还包括可削减产生的可避免固定成本。在这种情况下,无法通过直接比较单位变动生产成本与外购单价作出决策,必须采用相关成本分析法。

企业已经具备自制能力,但零部件的全年需用量不确定时的决策:在这种情况下,往往采用成本无差别点分析法。成本无差别点是计算两个备选方案总成本相等时的业务量,若需要量大于成本无差别点业务量,选择固定成本较高的方案;若需要量小于成本无差别点业务量,选择固定成本较低的方案;若需要量等于成本无差别点业务量,两个方案均可。

(三)例题

【例8-9】某企业生产打印机,销售单价为2 500元,年销售量为1 000台。以前打印机的所有零部件全部由企业自己生产,但是现在考虑从一家专门生产塑料外壳的企业购买塑料外壳,其出价为120元/套。生产塑料外壳的有关成本数据如表8-10所示。

表 8-10　　　　　　　　　生产塑料外壳的成本数据　　　　　　　　单位：元

项目	1 000 套塑料外壳	单位成本
直接材料	30 000	30
直接人工	40 000	40
变动制造费用	30 000	30
固定制造费用	40 000	40
合计	140 000	140

从表 8-9 可见，每套塑料外壳的成本为 140 元，而外购单价仅为 120 元，似乎应该外购。然而，140 元的成本中包括固定制造费用，无论自制还是外购，这部分成本均会发生，即属于不可避免成本，因此在决策中属于非相关成本，应该从总成本中扣除，自制的单位成本实际为 100 元（140-40），小于外购单价，因此，应该选择自制打印机塑料外壳。

【例 8-10】假设《例 8-9》中，如果企业不自制塑料外壳，那么原来生产塑料外壳的机器可以出租，每年可获得 35 000 元收益，此时企业选择自制还是外购塑料外壳呢？我们可以计算两个备选方案的相关成本，具体计算如表 8-11 所示。

表 8-11　　　　　　　　　自制与外购方案的相关成本　　　　　　　　单位：元

项目	自制方案成本	外购方案成本
直接材料	30 000	—
直接人工	40 000	—
变动制造费用	30 000	—
机会成本	35 000	—
外购成本	—	120 × 1 000 = 120 000
总成本	135 000	120 000

从表 8-11 的计算可以看出，自制方案的成本比外购方案的成本高 15 000 元，因此应该选择外购方案。

【例 8-11】假设《例 8-9》中，如果企业不自制塑料外壳，可以减少一名产品质量检查人员的雇用，可以削减固定成本 10 000 元/年，此时企业选择自制还是外购塑料外壳呢？我们可以计算两个备选方案的相关成本，具体计算如表 8-12 所示。

表 8-12　　　　　　　　　　自制与外购方案的相关成本

项目	自制方案成本	外购方案成本
直接材料	30 000	—
直接人工	40 000	—
变动制造费用	30 000	—
可避免固定成本	10 000	—
外购成本	—	120×1 000=120 000
总成本	110 000	120 000

从表 8-12 的计算可以看出，自制方案的成本比外购方案的成本低 10 000 元，因此应该选择自制方案。

【例 8-12】假设〖例 8-9〗中，企业所需的打印机塑料外壳的数量不确定，如果企业选择自制，还需要购买一台专用设备，年折旧费为 14 000 元，自制的单位变动成本如〖例 8-9〗所示，外购单价依然为 120 元/套。此时应该如何决策呢？我们需要采用成本无差别点分析法。

假设打印机塑料外壳年需要量为 x 套，则：

自制方案的总成本 = 14 000 + 100x

外购方案的总成本 = 120x

自制与外购方案成本相等时，即 14 000 + 100x = 120x，则成本无差别点业务量为 x = 700（套）。

以上计算表明，当需要的打印机塑料外壳为 700 套时，自制和外购方案一样好；当需要的打印机塑料外壳大于 700 套时，应该选择固定成本较高的方案，即自制方案；当需要的打印机塑料外壳小于 700 套时，选择固定成本较低的方案，即外购方案。

上例可以用图 8-2 表示。

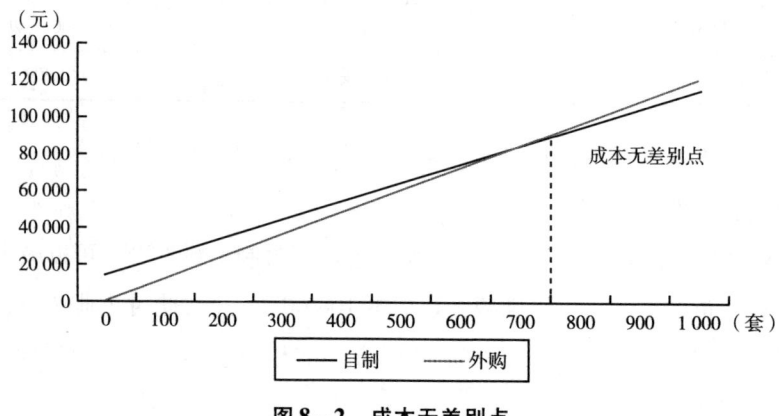

图 8-2　成本无差别点

关于零部件自制还是外购的决策分析，除了考虑财务因素以外，还需要考虑产品质量、交货期、与供应商的合作关系以及战略等非财务因素。另外，可以将零部件自制还是外购的决策分析方法应用于业务自营还是外包的决策中。

五、一次性特殊订货的决策

（一）特殊订货决策的含义

特殊订货是指企业在生产经营计划的执行过程中，由客户临时提出的额外订货任务，即正常订货以外的订货。在这类订货中，订货方提出的订货价格水平偏低，不但低于产品的正常订货价格，甚至低于产品的单位完全成本，属于特殊价格。特殊订货决策是在企业满足正常的销售需要后，若生产能力有剩余，是否应该接受特别定价的订单。

（二）特殊订货决策的方法

特殊订货量未超过剩余生产能力，剩余生产能力无法转移。企业的生产能力是由企业的长期战略规划决定的。最大产能是企业的最大生产能力，一般大于或等于正常订货量，剩余生产能力是企业在满足正常订货量之后剩余的生产能力，等于最大产能减去正常订货量之后的数量。生产能力一般在短期之内无法改变。若特殊订货量在剩余生产能力的范围之内，与生产能力有关的固定成本属于不可避免成本，即非相关成本，因此只需要比较特殊订货的单价和单位变动成本的关系：若单价高于单位变动成本，即贡献毛益大于零，则接受；反之拒绝。

特殊订货量超过剩余生产能力，会减少部分正常销售：当特殊订货量超过剩余生产能力，会影响企业的正常订货量，这时需要考虑为了接受特殊订货而放弃正常订货发生的机会成本。一般可以采用增量分析法，只要增量收益大于零，则可以接受特殊订货，反之拒绝。

（三）例题

【例 8-13】 某手机制造商每月的最大产能是 4 000 部手机。实际产量是 3 000 部/月，正常销售价格为 2 000 元/部。某月某互联网大厂想要在年终给每位员工发一部手机作为年终奖，提出以 1 520 元/部购入 900 部手机的订货要求。财务部按变动成本法编制的正常订货量利润预算如表 8-13 所示。

表 8-13　　　　　　　　　　　　正常订货量利润预算　　　　　　　　金额单位：元

项目	合计	每单位
销售数量	3 000 部	—
销售收入	6 000 000	2 000
变动成本	—	—
变动生产成本	4 500 000	1 500
变动销售费用	18 000	6
变动成本合计	4 518 000	1 506
贡献毛益	1 482 000	494
固定成本	—	—
固定制造费用	45 000	15
固定销售及管理费用	15 000	5
固定成本合计	60 000	20
营业利润	1 422 000	474

该手机制造商的剩余生产能力为 1 000 部，特殊订货量未超过剩余生产能力，剩余的生产能力无法转作他用，即固定成本为不可避免成本。通过与特殊订货客户的沟通，该笔订单不发生变动销售及管理费用。因此，我们只需要将该笔订单的单价与手机的单位变动生产成本进行比较，若单价大于单位变动成本，则可接受该笔订货。根据表 8-13 可知，手机的单位变动生产成本为 1 500 元，该笔订单的单价为 1 520 元，单价大于单位变动成本，因此，可接受。对于企业收益的影响如表 8-14 所示。

表 8-14　　　　　　　　　　　接受特殊订货利润预算　　　　　　　　金额单位：元

项目	正常订货量	接受特殊订货后	差额
销售数量	3 000 部	3 900 部	900 部
销售收入	6 000 000	7 368 000	1 368 000
变动成本	—	—	—
变动生产成本	4 500 000	5 850 000	1 350 000
变动销售及管理费用	18 000	18 000	0
变动成本合计	4 518 000	5 868 000	1 350 000
贡献毛益	1 482 000	1 500 000	18 000
固定成本	—	—	—
固定生产成本	45 000	45 000	0
固定销售及管理费用	15 000	15 000	0
固定成本合计	60 000	60 000	0
营业利润	1 422 000	1 440 000	18 000

从表 8-14 的计算可以看出，此项决策的相关收入和成本是由于接受特殊订货而增加的收入和成本，即 1 368 000 元（900×1 520）的收入和 1 350 000 元（900×1 500）的变动生产成本。此时的固定生产成本和所有的销售及管理费用均为非相关成本。从最后一列的差异可以看出，如果接受这张订单，将会增加收益 18 000 元（增量收入 1 368 000 元 - 增量成本 1 350 000 元）。

【例 8-14】假设〖例 8-13〗中，互联网大厂的订货量为 1 100 部，请问是否接受这张特殊订单呢？特殊订货量 1 100 部超过了剩余生产能力 1 000 部，这时必须减少正常销售 100 部，这时因为减少正常销售而放弃的贡献毛益是接受特殊订货的机会成本，我们可以通过比较增量收入与增量成本，具体如表 8-15 所示。

表 8-15 接受特殊订货对收益的影响 单位：元

项目	接受特殊订货
增量收入	1 100×1 520 = 1 672 000
增量成本	—
其中：变动生产成本	1 100×1 500 = 1 650 000
机会成本	100×494 = 49 400
成本合计	1 699 400
增量收益	(27 400)

可见，如果接受特殊订货会使企业亏损 27 400 元，所以不能接受此项特殊订货。

在特殊订货决策分析中，没有战略和长期影响这一假设至关重要。我们需要考虑：接受这笔订货，是否会影响正常销售的定价以及长期合作客户的心理感受。

六、产品组合决策

（一）产品组合决策的含义

产品组合决策是指在资源稀缺的约束下，管理者如何决定生产产品的组合比例，以使资源得到有效合理的利用，获得最大的营业利润的决策。有限的资源可能是限制生产的机器设备、人工、原材料或限制销售的市场需求、展厅面积等。产品组合决策往往着眼于短期，因为长期而言，生产能力约束是可以改变的。

（二）产品组合决策的方法

由于着眼于短期，因此生产能力成本是不可避免成本，即非相关成本，在决

产品优化组合决策

策中只需要考虑变动成本。

只存在一种资源约束：若只存在一种资源约束，可按以下步骤进行决策：(1) 计算各种产品的单位贡献毛益。(2) 计算各种产品的单位资源贡献毛益：单位贡献毛益÷单位产品资源需要量。(3) 按各产品的单位资源贡献毛益大小排序。(4) 优先生产单位资源贡献毛益最大的产品，依次向下分配资源。

存在多种资源约束：若存在多种资源约束，可以采用逐次测算法。具体步骤如下：(1) 计算不同产品的单位资源贡献毛益，这里会出现一种产品多个单位资源贡献毛益。(2) 针对不同的资源，按各产品单位资源贡献毛益进行排序和测算。由于各资源的排序结果可能会不一致，所以可能需要进行多次测算。(3) 选择贡献毛益最大的组合方案。

（三）例题

【例 8 – 15】某运动服饰制造企业生产两种运动鞋：篮球鞋和跑步鞋。有关数据如表 8 – 16 所示。

表 8 – 16　　　　　　　　　　　　基础数据

项目	篮球鞋	跑步鞋
销售单价（元）	600	400
每双的变动成本（元）	360	320
每双的贡献毛益（元）	240	80
每双消耗的机器工时（小时）	0.2	0.1

近年来，市场对这两种产品的需求急剧上升，对篮球鞋的需求是每月 30 000 双，对跑步鞋的需求是每月 60 000 双。企业的月生产能力只有 10 000 机器小时，企业现有的生产能力无法完全满足市场需求，请问两种运动鞋各生产多少双可以使利润最大？

由于这里主要的资源约束来自生产能力，因此，可以先依据单位机器工时贡献毛益进行优先排序，同时结合市场需求，安排产品的生产数量。

表 8 – 17　　　　　　　　　　　单位资源贡献毛益

项目	篮球鞋	跑步鞋
每双的贡献毛益（元）	240	80
每双消耗的机器工时（小时）	0.2	0.1
单位机器工时贡献毛益（元/小时）	1 200	800

通过计算可知，应该优先生产篮球鞋，根据市场需求，应该生产 30 000 双篮球鞋，剩余的机器工时用于生产跑步鞋。

篮球鞋消耗的机器工时 = 30 000 × 0.2 = 6 000（小时）

剩余机器工时 = 10 000 - 6 000 = 4 000（小时）

可生产的跑步鞋数量 = 4 000 ÷ 0.1 = 40 000（双）

因此，最优产品组合是 30 000 双篮球鞋和 40 000 双跑步鞋，可获得 10 400 000 元贡献毛益总额，具体计算如表 8 - 18 所示。

表 8 - 18　　　　　　　　　　产品组合贡献毛益

项目	篮球鞋	跑步鞋	合计
产销数量（双）	30 000	40 000	—
每双的贡献毛益（元）	240	80	—
贡献毛益（元）	7 200 000	3 200 000	10 400 000

【例 8 - 16】假设《例 8 - 15》中在运动鞋生产完毕之后，还需要进行质量检查。企业每月可用的质检工时为 8 000 小时。篮球鞋需要的质检工时是 0.2 小时，跑步鞋需要的质检工时为 0.05 小时。请问两种运动鞋各生产多少双可以使利润最大？这时的决策受到了多种资源的约束，需要采用逐次测算法。

（1）计算两种产品的单位资源贡献毛益，如表 8 - 19 所示。

表 8 - 19　　　　　　　　　　单位资源贡献毛益

项目	篮球鞋	跑步鞋
每双的贡献毛益（元）	240	80
每双消耗的机器工时（小时）	0.2	0.1
单位机器工时贡献毛益（元/小时）	1 200	800
每双消耗的质检工时（小时）	0.2	0.05
单位质检工时贡献毛益（元/小时）	1 200	1 600

（2）针对不同的资源，按各产品单位资源贡献毛益进行排序和测算。

首先，按单位机器工时贡献毛益排序，优先生产篮球鞋。按市场需求生产 30 000 双，而这 30 000 双篮球鞋需要耗用机器工时 30 000 × 0.2 = 6 000（小时），质检工时 30 000 × 0.2 = 6 000（小时），因此剩余的机器工时为 10 000 - 6 000 = 4 000（小时），剩余的质检工时为 8 000 - 6 000 = 2 000（小时），按瓶颈资源决定可以生产的跑步鞋为 4 000 ÷ 0.1 = 40 000（双）[2 000 ÷ 0.05 = 40 000（双），这里两种资源决定的结果是一样的]。计算结果如表 8 - 20 所示，30 000 双篮球鞋和 40 000 双跑步鞋的产品组合可获得 10 400 000 元贡献毛益总额,共耗用机器工时 10 000 小时,质检工时 8 000 小时。

表 8-20 产品组合贡献毛益

项目	篮球鞋	跑步鞋	合计
产销数量(双)	30 000	40 000	—
每双的贡献毛益(元)	240	80	—
贡献毛益(元)	7 200 000	3 200 000	10 400 000

其次,按单位质检工时贡献毛益排序,优先生产跑步鞋,根据市场需求,应该生产 60 000 双跑步鞋,需要耗用的质检工时 = 60 000 × 0.05 = 3 000(小时),机器工时 60 000 × 0.1 = 6 000(小时),剩余的质检工时为 8 000 - 3 000 = 5 000(小时),剩余的机器工时为 10 000 - 6 000 = 4 000(小时),可以生产的篮球鞋为 4 000 ÷ 0.2 = 20 000(双),需要耗用质检工时 20 000 × 0.2 = 4 000(小时),计算结果如表 8-21 所示。20 000 双篮球鞋和 60 000 双跑步鞋的产品组合可获得 9 600 000 元贡献毛益总额,共耗用质检工时 7 000 小时,机器工时 10 000 小时。

表 8-21 产品组合贡献毛益

项目	篮球鞋	跑步鞋	合计
产销数量(双)	20 000	60 000	—
每双的贡献毛益(元)	240	80	—
贡献毛益(元)	4 800 000	4 800 000	9 600 000

将两种产品组合的贡献毛益进行比较,选择贡献毛益总额较大的组合方案,也就是 30 000 双篮球鞋和 40 000 双跑步鞋的产品组合可以为企业带来更高的利润,同时资源利用更充分。

进行测算时需注意瓶颈资源的约束,也就是在多个资源中较稀缺资源的约束影响,例如〚例 8-16〛中,先按单位机器工时贡献毛益进行排序,优先按市场需求的数量生产篮球鞋,然后安排跑步鞋的生产,此时需要注意剩余的机器工时和质检工时哪一个更稀缺,需要按稀缺的资源来安排跑步鞋的生产数量。

第三节 定价决策

除了生产决策以外,管理者面对的另一个短期经营决策就是定价决策。在销量一定的情况下，产品的销售单价越高，销售收入就会越高。然而提高销售单价，往往会影响市场需求，从而导致销售量趋于减少，进而影响企业的生产规模，达不到规模经济的效果，产品的单位成本会提高，有可能导致企业的利润下降。相反，销售单价定得太低，又难以补偿企业成本，无法保证企业目标利润的实现。因此定价决策的中心问题就是确定价格—数量的最优组合，保证企业最佳经济利益的实现。总之，定价决策关系着企业的生存与发展。

一、定价的基本方法

（一）以成本为基础的定价方法

成本是影响定价的最基本因素。从长期来看，销售价格必须足以补偿全部的生产、行政管理和营销成本，并为投资者提供合理的利润，才能维持企业的生存和发展。

1. 成本加成定价法

成本加成定价法是在单位产品成本的基础上按一定的加成率计算相应的加成额，进而确定产品价格的方法。其基本公式是：

价格 = 成本基数 × （1 + 成本加成率）

$$成本加成率 = \frac{加成额}{成本基数}$$

这里的成本基数可以是完全成本法下的完全成本，也可以是变动成本法下的变动成本。

完全成本加成法：采用完全成本加成法时，其成本基数就是单位产品的制造成本，加成的内容包括两部分，即行政管理、营销费用等非制造成本和目标利润。其计算公式是：

价格 = 单位产品的制造成本 × （1 + 加成率）

$$加成率 = \frac{投资额 \times 企业期望投资报酬率 + 非制造成本}{产量 \times 单位产品制造成本}$$

【例8-17】假设某公司正在研究 A 产品的定价问题。有关 A 产品的单位成本数据如下：直接材料6元，直接人工4元，变动制造费用4元，固定制造费用6元，变动销售及管理费用1元，固定销售及管理费用2元。假设公司经过研究确定在制造成本的基础上"加成"50%作为 A 产品的目标销售价格，则：

首先，按照完全成本法计算单位产品的制造成本作为"成本基数"，A 产品的

单位制造成本 = 6 + 4 + 4 + 6 = 20（元）。

其次，以制造成本为基础加上其50%作为目标销售价格，A产品的目标销售价格 = 20 × (1 + 50%) = 30（元）。

注意：完全成本加成法下的加成内容既包括非制造成本，也包括目标利润。本例中，非制造成本 = 1 + 2 = 3（元），目标利润 = 10 - 3 = 7（元）。

【例8-18】假设某公司投资1 000 000元，每年产销A产品50 000件，其单位制造成本20元，营销及行政管理费用为每年250 000元，如果该公司期望的投资报酬率为25%。那么，采用完全成本加成法，其加成率是多少？

$$加成率 = \frac{1\,000\,000 \times 25\% + 250\,000}{50\,000 \times 20} \times 100\% = 50\%$$

变动成本加成法：采用变动成本加成法时，其成本基数就是单位产品的变动成本，加成的内容包括两部分：固定成本和目标利润。其计算公式是：

价格 = 单位产品的变动成本 × (1 + 加成率)

$$加成率 = \frac{投资额 \times 企业期望的投资报酬率 + 固定成本}{产量 \times 单位产品变动成本} = \times 100\%$$

【例8-19】假设《例8-17》中，公司经过研究确定在变动成本的基础上"加成"100%作为A产品的目标销售价格，则：

首先，按照变动成本法计算单位产品的变动成本作为"成本基数"，A产品的单位变动成本 = 6 + 4 + 4 + 1 = 15（元）。

其次，以变动成本为基础加上其100%作为目标销售价格，A产品的目标销售价格 = 15 × (1 + 100%) = 30（元）。

注意：变动成本加成法下的加成内容既包括固定成本，也包括目标利润。本例中，固定成本 = 6 + 2 = 8（元），目标利润 = 15 - 8 = 7（元）。

【例8-20】假设某公司投资1 000 000元，每年产销A产品50 000件，其单位变动成本15元，固定制造费用每年为350 000元，固定营销及行政管理费用为每年150 000元，如果该公司期望的投资报酬率为25%。那么，采用变动成本加成法，其加成率是多少？

$$加成率 = \frac{1\,000\,000 \times 25\% + 500\,000}{50\,000 \times 15} \times 100\% = 100\%$$

注意：虽然完全成本加成法和变动成本加成法都是以企业的定价必须补偿全部成本为思路，但是，其"成本基数"不同，进而"加成"的内容也不同。

2. 边际成本定价法

边际成本定价法是指根据微分极值原理，通过分析不同价格与销售量组合条件下的产品边际收入、边际成本和边际利润之间的关系,作出相应定价决策的一种定量分析方法。

从数学意义上看,边际收入是以销售量为自变量的销售收入函数的一阶导数;边际成本是以销售量为自变量的销售成本函数的一阶导数;边际利润是以销售量为自变量的销售利润函数的一阶导数,又等于边际收入与边际成本之差。按照微分极值原理,如果利润的一阶导数为零,即边际利润为零,边际收入等于边际成本,此时的利润达到极大值。这时的售价就是最优售价。

在管理会计中,边际收入是指销售量每增加或减少一个单位所形成的销售收入差;边际成本是指销售量每增加或减少一个单位所形成的成本差;边际利润则是指销售量每增加或减少一个单位所形成的利润差。这里的一个销售量单位可以指一件产品,也可以指一批产品。在这种情况下,仍然可以根据"边际收入等于边际成本"或"边际利润等于零"的条件来判断能否找到最优售价。如果确实无法找到能使"边际利润等于零"的售价,也可以根据"边际利润为不小于零的最小值"这个条件,来判断最优售价的位置。

【例 8-21】 假定某企业产销 A 产品,其收入、成本与产销量之间为非线性关系。其收入和成本可以用下列函数表示:

销售收入函数为 $R = 5.6X - 0.1X^2$

成本函数为 $C = -0.4X + 1.4X^2$

其中,R 为收入,C 为成本,X 为销量。

边际收入是通过收入函数对销售量求一阶导数:

$MR = dR/dX = 5.6 - 0.2X$

边际成本是通过成本函数对销售量求一阶导数:

$MC = dC/dX = -0.4 + 2.8X$

令边际收入等于边际成本,求出销售量 X,这就是利润最大化时的销售量:

$5.6 - 0.2X = -0.4 + 2.8X$

$X = 2$(件)

此时的销售单价 $P = R/X = (5.6 \times 2 - 0.1 \times 2^2) \div 2 = 5.4$(元)

(二)以需求为基础的定价方法

以需求为基础的定价方法主要针对竞争性产品的定价,这种定价方法优先考虑的是消费者愿意接受的价格,企业必须研究确定什么样的价格才能使企业的产品销量不仅符合市场需求,又能给企业带来最佳效益。这里主要介绍目标成本法。

目标成本法

1. 目标成本法的定义

目标成本法是 20 世纪 60 年代在日本发展起来的进行利润计划和成本管理的方法。它是指企业以市场为导向，以目标售价和目标利润为基础确定产品的目标成本，从产品设计阶段开始，通过各部门、各环节乃至与供应商的通力合作，共同实现目标成本的成本管理方法。它以具有竞争性的目标价格和目标利润倒推出产品的目标成本。在这里，"目标价格"是顾客愿意接受的价格，它体现了市场导向。"目标利润"则是企业长远发展目标的体现。因此，目标成本法将企业内部发展战略与企业外部市场有机地结合起来。

2. 应用目标成本法的基本步骤

企业应用目标成本法，一般按照确定应用对象、成立跨部门团队、收集相关信息、计算市场容许成本、设定目标成本、分解可实现目标成本、落实目标成本责任、考核成本管理业绩以及持续改善等程序进行。具体包括以下步骤。

（1）确定应用对象。企业一般应将拟开发的新产品作为目标成本法的应用对象，或选择那些功能与设计存在较大的弹性空间、产销量较大且处于亏损状态或盈利水平较低、对企业经营业绩具有重大影响的老产品作为目标成本法的应用对象。

（2）在考虑市场需求和竞争情况的基础上确定目标价格。一般应综合考虑客户感知的产品价值、竞争产品的预期相对功能和售价，以及企业针对该产品的战略目标等因素。

（3）确定目标利润。目标利润的设定应综合考虑利润预期、历史数据、竞争地位等因素。

（4）根据目标价格和目标利润确定市场容许成本。市场容许成本 = 目标价格 - 目标利润。

（5）设定目标成本。企业应将市场容许成本与新产品设计成本或老产品当前成本进行比较，确定差异及成因，设定可实现的目标成本。企业可采取价值工程、流程再造、供应链成本管理等方法，寻求将市场容许成本转化为目标成本的途径。

【例 8-22】某公司计划开发生产一种新产品——A 型涂料，公司人员经过几个月的攻关，终于设计出一个生产 A 型涂料的配方。生产 A 型涂料需要用清铅粉、黑铅粉、黏土和糖浆等原材料，它们所占的比重分别是 30%、50%、15% 和 5%。企业通过市场调查，发现 A 型涂料的市场价格为 0.60 元/千克，公司设计阶段的目标利润为 0.30 元/千克。

据此，我们可以根据目标价格和目标利润确定 A 型涂料的市场容许成本 = 0.60 - 0.30 = 0.30（元/千克）。

公司通过市场调查得知：清铅粉、黑铅粉、黏土和糖浆的成本分别为 0.45 元/千克、0.25 元/千克、0.05 元/千克和 1.00 元/千克。据此，A 型涂料的设计成本为：

0.45 × 30% + 0.25 × 50% + 0.05 × 15% + 1 × 5% = 0.3175（元/千克）

可见，这个设计方案虽然在技术上可行，但是，其成本却达不到市场容许成本的要求。财务人员将这个信息反馈给设计部门。设计人员对 A 型涂料现有的配方进行认真研究，通过开展价值工程，发现现有的配方使 A 型涂料耐高温性能过剩，而悬浮稳定性却略显不足。于是，设计人员在保证 A 型涂料必要功能的前提下，改进了配方。新配方只用清铅粉、黑铅粉和膨润土三种原料，它们所占比重分别为 15%、80% 和 5%。膨润土的成本为 0.09 元/千克。根据新配方，A 型涂料的成本为 = 0.45 × 15% + 0.25 × 80% + 0.09 × 5% = 0.272（元/千克）。

新配方的成本达到了市场容许成本的要求，并作为企业可实现的目标成本加以进一步落实。

（三）特殊环境定价方法

特殊环境定价方法是指企业面临闲置生产能力、市场需求发生变化或参加订货会等情景所采用的定价方法。

1. 特殊订货的定价方法

企业在满足正常渠道的销售需要后，生产能力有剩余，此时遇到一些出价比较低的订货，需要对是否接受订货进行决策，这里的关键点是明确可接受的价格是多少。

（1）特殊订货量未超过剩余生产能力，剩余生产能力无法转移。若特殊订货量在剩余生产能力的范围之内，与生产能力有关的固定成本属于不可避免成本，即非相关成本，因此特殊订货的单价只需要高于单位变动成本即可。

（2）特殊订货量超过剩余生产能力，会减少部分正常销售。当特殊订货量超过剩余生产能力，会影响企业的正常订货量，这时需要考虑为了接受特殊订货而放弃正常订货发生的机会成本。特殊订货的价格不仅要补偿变动成本，而且要补偿机会成本。

【例 8-23】 如〖例 8-13〗所述，某手机制造商每月的最大产能是 4 000 部手机。实际产量是 3 000 部/月。某月某互联网大厂想要在年终给每位员工发一部手机作为年终奖，提出购入 900 部手机的订货要求。财务部按变动成本法编制的正常订货利润预算如表 8-22 所示。

表 8-22　　　　　　　　　　　正常订货利润预算　　　　　　　金额单位：元

科目	合计	每单位
销售数量	3 000 部	—
销售收入	6 000 000	2 000
变动成本	—	
变动生产成本	4 500 000	1 500
变动销售费用	18 000	6
变动成本合计	4 518 000	1 506
贡献毛益	1 482 000	494
固定成本		
固定制造费用	45 000	15
固定销售及管理费用	15 000	5
固定成本合计	60 000	20
营业利润	1 422 000	474

请问这项订货可以接受的价格是多少元？

该手机制造商的剩余生产能力为 1 000 部，特殊订货量未超过剩余生产能力，剩余的生产能力无法转作他用，即固定成本为不可避免成本。通过与特殊订货客户的沟通，该笔订单不发生变动销售及管理费用。因此，这笔订单的单价只要大于单位变动生产成本，则可接受该笔订货。根据表 8-22 可知，手机的单位变动生产成本为 1 500 元，该笔订单的单价只要大于 1 500 元就可以接受。

【例 8-24】假设〖例 8-23〗中，互联网大厂的订货量为 1 100 部，请问能接受这张特殊订单的价格是多少？

特殊订货量 1 100 部超过了剩余生产能力 1 000 部，这时必须减少正常销售 100 部，因为减少正常销售而放弃的贡献毛益是接受特殊订货的机会成本，因此，订货的价格不仅要补偿变动成本，还要补偿机会成本，具体如表 8-23 所示。

表 8-23　　　　　　　　　　　接受特殊订货的价格　　　　　　　金额单位：元

项目	接受特殊订货
变动成本	1 100 × 1 500 = 1 650 000
机会成本	100 × 494 = 49 400

续表

项目	接受特殊订货
成本合计	1 699 400
订货量	1 100 部
订货单价	1 699 400 ÷ 1 100 = 1 545

可见，如果客户的出价高于 1 545 元，此项特殊订货可接受。

这种情况的定价问题其实就是特殊订货决策问题，因此也需要考虑特殊订货对正常销售的影响，这种低价的订单有时会使正常渠道的产品售价不得不降低，而且会使正常的客户产生对产品质量、企业信用等方面的质疑，甚至会失去一些潜在客户，因此企业必须综合权衡接受特殊订货的利弊。

2. 保本/保利定价法

保本/保利定价法是以本量利分析为基础，以实现保本或一定的利润为目标的一种定价方法。其公式如下：

$$保本价 = \frac{固定成本 + 变动成本}{预计销售量}$$

$$保利价 = \frac{目标利润 + 固定成本 + 变动成本}{预计销售量}$$

【例 8-25】假设某公司的销售部门准备参加商品交易会，此行的目的是实现目标利润 50 000 元。销售部门要求财务部门提供 A 产品销售量在 [500, 1 000] 区间内，每间隔 100 件的保本价和保利价，作为贸易洽谈的重要依据。A 产品的单位变动成本为 20 元，固定成本总额为 10 000 元。

根据上述资料，财务部门提供了报价单，如表 8-24 所示。

表 8-24　　　　　　　　　　报价单

项目	销售量（件）					
	500	600	700	800	900	1 000
保本价（元）	40	36.67	34.29	32.5	31.12	30
保利价（元）	140	120	105.72	95	86.67	80

二、定价策略

在现实的经济生活中，企业所面临的宏观经济、行业状况、市场供需以及竞争对手的对策等方面存在着诸多的不确定性，往往很难用精确的定价模型进行定价决策。需要企业管理当局根据实际情况，借助理论模型的同时，依靠自己的实践经验和判断能力对有关问题进行定性的分析，制定合理的定价策略。

（一）基于需求的定价策略

基于需求的定价策略是指根据消费者的不同消费心理，区别对待，采取不同的定价方法。

1. 需求弹性定价策略

需求弹性较大的商品，适宜制定较低的价格，实现薄利多销；需求弹性较小的商品，应制定相对较高的价格，以获得较高的利润。

2. 消费者心理定价策略

企业在进行定价决策时，常常可以利用消费者的些心理特征制定合适的价格。心理定价策略包括以下三种形式。

（1）去整取余法：又称尾数定价法或取九舍十法，多用于中低档商品的定价，比如将 20 元改为 19.9 元。

（2）整数定价法：适用于高端产品，可提高产品的身价，刺激消费者的购买欲望，比如将 4 990 元改为 5 000 元。

（3）对比定价法：对于亟待出售或降价处理的商品，可将削价前后的价格同时列出，促使顾客通过对比积极购买。例如，原价 700 元，现价 399 元。

（二）基于竞争的定价策略

基于竞争的定价策略是指根据竞争对手的情况制定价格，区别对待，采用不同的定价方法。

1. 根据竞争对手的实力定价

如果竞争对手的实力较强，适宜制定稍低于竞争对手的价格紧紧跟随，即对手提价我提价，对手降价我降价；如果竞争对手实力较弱，一开始可以采取较低的价格挤走竞争对手后再提价；如果双方的实力势均力敌，应在渠道、服务、客户关系等方面与竞争对手开展竞争，以提高客户的满意度，实现更大的销售量。

2. 根据双方产品的质量定价

如果竞争对手的产品质量较高，企业宜制定较低的价格，以低价吸引消费者，采取薄利多销；如果企业的产品质量较高，对手望尘莫及，企业应利用这一竞争优势，制定较高的价格以获取丰厚的利润。

（三）基于产品生命周期的定价策略

在激烈的市场竞争中，企业研发的新产品能否打开销路，获得一定的市场份额，同时赚取利润，在很大程度上取决于企业的定价策略。新产品定价有两种策略：撇脂性定价策略和渗透性定价策略。根据新产品的特点和企业希望达成的目标进行选择。

1. 撇脂性定价策略

撇脂性定价策略是一种高价策略，是指新产品上市之初，以高价销售，以保证初期高额获利，随着市场销量提高、竞争加剧而逐步降价的方法，又称先高后低策略。这种策略可在短期内获得较高利润，补偿产销时无法预知的成本。

撇脂性定价策略一般适用于产品研发难度大，不容易模仿，产品包含专利或技术诀窍；为了树立高品质的产品形象；初期没有竞争对手而且容易开辟市场的新产品等情况。

2. 渗透性定价策略

渗透性定价策略是一种低价策略，是指新产品上市之初，以较低价格开拓市场，争取顾客，赢得竞争优势后再逐步提价的方法，又称先低后高策略。这种策略在短期内会牺牲一部分利润，但可以获得较高的市场份额。

渗透性定价策略一般适用于企业拥有较大的生产能力，规模收益显著，大批量生产可以降低成本；顾客对该类产品的价格较敏感；产品所包含的技术容易模仿，竞争对手进入该市场的门槛较低等情况。

第九章　全面预算管理

[学习目标及开篇案例]

[学习目标]

理解预算及预算管理的概念。
理解战略、计划和预算的关系。
理解经营预算和财务预算的关系。
掌握经营预算和财务预算的编制。
了解不同预算编制方法的特点。

[开篇案例]

XG集团:"315"经营魔方

"要推进中国制造向中国创造转变、中国速度向中国质量转变、制造大国向制造强国转变。"作为全球前三的工程机械领军品牌,XG集团聚力推进高质量、高效率、高效益、可持续"三高一可"的高质量发展理念,从国内业界标杆到全球认可,从立足国内市场到远销全球187个国家和地区,品牌知名度和美誉度持续提升,其中,全面预算管控体系对于战略的有效实施发挥了至关重要的作用。

XG集团的经营魔方以全面预算管理为轴,上承集团战略目标,下启企业具体业务活动,贯穿企业管控始终,突出全员、全过程、全业务、全价值链,实现从集团到事业部到分子公司到部门到员工的目标一致、行动一致。全面预算管控遵循"315"法则:"3"突出目标平衡、分级平衡和专业平衡三项平衡;"1"是以战略时钟行走打通"战略—计划—预算—分析—考核"的管理闭环,实现战略的有效落地;"5"指搭建五项基础,遵循"制度管人、流程管事",实现"横向集成、纵向管控",有效促进战略落地,保障组织高效协同,持续提升企业价值。

资料来源：程芳，吴江龙. 徐工集团全面预算"315"法则 [J]. 新理财，2016（6）：73-74.

请问你如何理解全面预算中的"全面"？

第一节　全面预算管理概述

一、预算

（一）预算的起源

"预算"一词源自法语"bougette"（意为"公文包"），最初是政府部门用于管理财政收支的重要工具，即财政预算。20世纪20年代，美国杜邦化学公司和通用汽车公司率先将预算引入企业领域，创立了"杜邦通用模式"。该模式利用预算协调与控制企业内部职能，有效解决了企业规模扩大、人员增加以及分权化管理带来的管理难题。

（二）预算的定义

预算是以货币形式呈现的企业经营计划，是企业经营目标的具体化。本质上，预算围绕企业业务流程和管理流程，全面反映资源配置的过程与预期结果，是一种重要的管理手段。

（三）预算的作用

明确目标：预算编制的过程是将企业总体战略与短期计划具体化、数量化并逐步分解的过程。它为各部门设定与战略、经营计划相一致的短期目标，同时确定各部门实现目标所需的资源，引导各部门更有方向地开展工作。

协调沟通：预算编制的过程也是各部门相互沟通、协调的过程。它有利于向公司全体员工传达组织的目标，并协调他们的工作。通过预算，所有员工都能认识到自己在实现目标过程中的作用，从而促进团队合作。

全面控制：预算的全面控制作用体现在事前控制、事中控制和事后控制三个方面。事前控制通过确定预算单位的业务范围和规模，促使企业合理安排资金，优化资金配置；事中控制按照预算确定的目标对预算收入和支出进行监督，确保预算的执行；事后控制则通过比较预算与实际执行结果，分析差异产生的原因，以便及时采取有效措施进行改进调整。

评价业绩：预算是评价企业生产经营活动多个方面工作成果的基本尺度。企业可以采用预算或预算完成度考核各层级管理者或员工，为其奖惩激励提供明确的标准。预算不仅能让激励政策更加透明公正，还能促进企业全体员工为实现企业预算目标而不断努力奋斗。

（四）预算的分类

1. 按涉及的预算期，分为长期预算和短期预算

长期预算：预算期在一年以上的预算，通常为资本支出预算，如固定资产购置预算、厂房改建预算等。长期预算金额较大、影响期长，其编制质量直接影响企业战略目标的实现。

短期预算：预算期在一年以内或一个经营周期以内的预算，一般指经营预算和财务预算，如销售预算、生产预算、现金预算等。短期预算是一种执行性预算，结合战略目标，根据当前实际情况和短期经营目标制定。

2. 按涉及的内容，分为总预算和专门预算

总预算：指利润表预算和资产负债表预算，反映企业的总体状况，是各种专门预算的综合。

专门预算：指其他反映企业某一方面经济活动的预算。

3. 按涉及业务活动的领域，分为业务预算、专门决策预算和财务预算

业务预算（年度经营预算）：与企业日常经营活动直接相关的经营业务的各种预算，包括销售预算、生产预算、直接材料预算、直接人工预算、制造费用预算、销售费用预算、管理费用预算等。这些预算相互衔接、相互勾稽，既有实物量指标，又有价值量指标和时间量指标。

专门决策预算：企业为预算期内不经常发生的、需要根据特定决策临时编制的一次性预算，主要包括与购置、更新、改造、扩建固定资产决策有关的资本支出预算，以及与资源开发、产品改造和新产品试制有关的生产经营决策预算等。

财务预算：一系列反映企业预算期内预计财务状况、经营成果以及现金流量等价值指标的各种预算总称，具体包括现金预算、预计利润表、预计资产负债表和预计现金流量表等内容。财务预算作为全面预算体系中的最后环节，从价值方面总括反映专门决策预算与业务预算的结果。

二、预算管理

(一) 预算管理的定义

预算管理是通过预算的形式将市场和公司内部经营过程、管理控制衔接起来的一种机制，目的在于控制运营过程和结果，使其符合预算要求。根据《管理会计应用指引第 200 号——预算管理》，预算管理是指企业以战略目标为导向，对未来一定期间内的经营活动和相应的财务结果进行全面预测和筹划，科学、合理配置企业各项财务和非财务资源，并对执行过程进行监督和分析，对执行结果进行评价和反馈，指导经营活动的改善和调整，进而推动实现企业战略目标的管理活动。

(二) 预算管理的框架体系

预算管理的基本框架包括预算管理的主体（谁负责预算的编制、执行、考核）和预算管理的实际运转（如何推动预算管理的实施），分别对应着预算管理的组织体系以及预算管理的运转体系。

1. 预算管理的组织体系

为确保预算工作的有序进行和有效实施，企业通常在内部设立预算管理委员会，专门负责预算的编制并监督实施。预算管理委员会一般由企业负责全面管理工作的总经理和分管生产、销售、财务等各主要职能部门的负责人组成。其主要职责包括制定和颁布预算制度、审查协调各部门预算申报、调节解决部门间争执问题、批准预算、监督预算执行、分析调整预算等，以促使企业各方协调运作，共同完成预算目标和任务。预算管理的基本架构包括决策机构、工作机构和执行单位三个层次。

(1) 预算管理决策机构属于公司治理层，通常直接归属于公司董事会。其主要职责包括：

①制定企业全面预算管理制度，明确预算管理的政策、措施、办法和要求。

②根据企业战略规划和年度经营目标拟定预算目标，并确定预算目标分解方案、预算编制方法和程序。

③组织编制、综合平衡预算草案，并下达经批准的正式年度预算。

④审议预算调整方案，协调解决预算编制和执行过程中遇到的重大问题。

⑤审议预算考核和奖惩方案，并对企业全面预算的执行情况进行考核。

(2) 预算管理工作机构是企业预算管理工作的常设管理机构，主要职责包括：

①按照预算决策机构的要求拟定企业各项全面预算管理制度，并负责检查落实预算管理制度的执行。

②根据预算管理决策机构拟定的预算目标，拟定年度预算总目标分解方案及有关预算编制程序、方法的草案，报决策机构审定。

③组织和指导各级预算单位开展预算编制工作，预审各预算单位的预算初稿，综合平衡，提出修改意见和建议。

④汇总编制企业全面预算草案。

⑤负责跟踪、监控企业预算执行情况，定期将各预算单位的预算执行情况进行汇总、分析后，将有关分析报告提交决策机构并提出决策建议。

⑥协调解决企业预算编制和执行中的有关问题，审查各预算单位的预算调整申请，汇总后制定年度预算调整方案，提交决策机构审议。

⑦向决策机构提交预算考核和奖惩方案，并组织开展对预算执行单位的预算执行情况的考核，将考核结果和奖惩建议提交决策机构。

(3) 预算管理的执行单位是指在实现预算总目标过程中，能够按照其所起的作用和所负的职责，承担一定的经济责任并享有相应权利的企业内部单位，如企业内部的职能部门以及所属分（子）公司等。企业内部预算责任单位的划分通常与企业的组织机构设置一致。其主要职责包括：

①提供编制预算的各项基础资料，并负责本单位全面预算的编制和上报工作。

②分解、落实本单位的预算指标，并监督检查本单位的预算执行情况。

③及时分析、报告本单位的预算执行情况，解决预算执行中的问题。

④根据内外部环境变化及企业预算管理制度，提出预算调整申请。

⑤组织实施本单位内部的预算考核与奖惩工作。

⑥配合预算管理部门做好企业总预算的综合平衡、执行监控、考核奖惩等工作。

预算管理的组织体系应遵循不相容职务相互分离的原则，明确各部门、各岗位在预算管理体系中的职责、分工与权限，建立预算编制、执行、分析、调整及考核等各环节的授权审批制度与工作程序。这样可以确保分工明确、职责分明，通过层层分解将预算指标落实到每一个岗位和员工，并通过相互制衡、层层考核，加强预算的执行力，保障企业目标的实现。

2. 预算管理的运转体系

预算管理的运转体系（即基本流程）一般涵盖预算的编制、执行和考核三个阶段。

（1）预算编制：在广义上，预算编制包括预算编制、审批与下达等环节。基于企业战略，结合上一预算周期的预算分析与考核结果以及对未来市场等因素的预测，沿着预算管理的组织体系，开展自下而上以及自上而下的反复调整，最终完成预算编制。

（2）预算执行：预算编制完成后，开始预算的执行阶段。此阶段需将预算指标层层分解，将责任落实到预算单位和个人，对预算的执行进行监控，对预算执行结果进行分析。同时，鉴于预算对未来的预测性质，当企业内外部环境发生重大变化时，应对预算进行必要的调整，以防止预算与实际偏差过大而失去控制意义。但预算调整应避免频繁或随意，以免削弱预算的权威性。

（3）预算考核：预算考核是将考核对象所完成预算指标的情况进行决算，并与企业事先制定的考核标准进行比对，然后按照企业的考核方案进行奖惩。通过预算考核，可以激励员工为完成预算目标而努力，引导全体成员为实现企业战略而奋斗。

预算的编制、执行和考核三个阶段及其各业务环节相互关联、环环相扣，在企业运营过程中不断循环运转，以达到对企业经营活动进行全面控制的目的。图9-1为企业预算管理的基本流程。

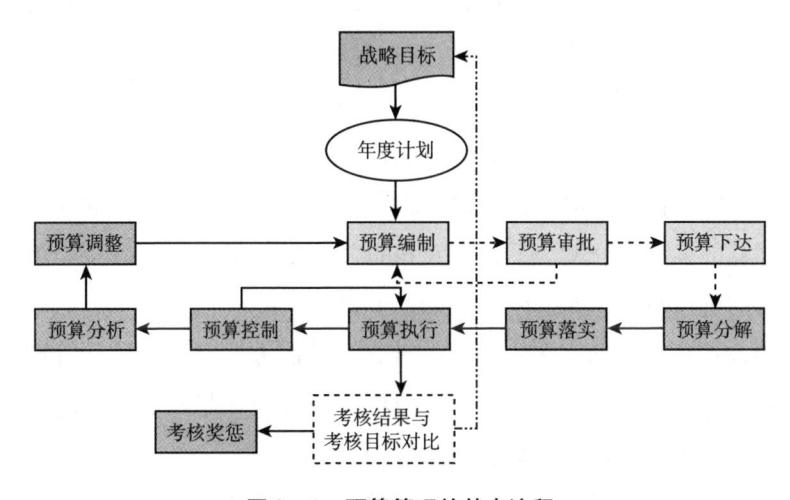

图9-1 预算管理的基本流程

预算管理将企业内部的各种预测、计划与预算联结为一个整体，它们相互衔接并相互勾稽，共同构成综合的预算管理体系，这并非某一专业职能部门的职责。预算编制是预算管理的起点，基于企业战略，结合上一预算周期预算分析与预算考评的结果及对未来市场等因素的预测,沿着预算管理的组织体系开展自下而上以及自上而下的反复调整,最终完成预算编制。预算编制完成后,即开始了预算的执行,在预算执行过程中必须发挥预算对于日常活动的监督与控制作用,以预算为标准对业务活动进行严格控制。预算是对未来的预测,但是未来是不确定的,因此预算并非必须是固定或一成不变的。当企业内外部环境发生重大变化时,企业需要对预算进行必要的调整,以防止预算与实际偏差过大而失去控制的意义。但是预算的调整不能是频繁或随意的,否则预算会失去权威性。预算的作用不仅是为未来设定具体的目标,更是企业不断发展提升的工具。要发挥预算的积极作用,就需要分析预算的执行情况,例如,预算与实际存在什么差异?差异的原因是什么?如何解决?通过分析,可以发现导致企业表现不如预期的原因并加以改进。预算考评通过将预算完成情况与个人利益挂钩,可以激励员工为完成预算目标而不断努力,最终引导全体成员为实现企业战略而不断奋斗。

三、全面预算管理

(一) 全面预算管理的定义

全面预算管理是在预算管理基本内容的基础上,将预算编制以及预算的执行、考核全面覆盖于企业的主要流程与管理职能中。其全面性主要体现在以下三个方面。

(1) 管理对象的全方位:预算编制全方位地覆盖企业的各项运营和管理活动,将企业的人、财、物等各类资源,以及供、产、销等各个环节均纳入预算管理范畴。通过预算的编制、分解、下达以及执行、分析、调整、考核及奖惩,对企业各项经营活动进行事前、事中和事后的全过程管理。

(2) 管理手段的全面运用:作为一种管理控制方法,全面预算管理将企业计划、协调、控制、激励、评价等综合管理功能融合到一起,整合和优化配置企业资源,提升企业运行效率,帮助企业实现发展目标。

(3) 管理主体的全员参与:全面预算管理要求企业所有部门、单位以及岗位和人员等都参与到预算的编制与实施过程中,共同进行管理。通过全员参与的方式促使企业的预算管理最大可能地吸收企业流程中的各项信息,保证预算编制的准确性,以及预算考核的合理性。

全面预算管理将预算管理更为深入、全面地覆盖企业的运营管理流程,力图将流程中各项关键环节的资源需求、资源供应都尽量科学合理地预计、估算到位，并随着预算的执行开展必要的监督，从而令预算管理体系能够充分地融入企业的经营管理实践，通过有效贯彻预算，促进企业实现其经营目标乃至战略目标。

（二）全面预算管理的特点

1. 动态性

（1）滚动预算：全面预算管理采用滚动预算的方法，根据上一期预算执行情况和新的预测结果，对原有的预算方案进行调整和补充，逐期滚动，持续推进。

（2）实时调整：预算管理过程中，企业可以根据市场变化和内外部环境的不确定性，及时调整预算，保持预算的时效性和准确性。

2. 价值导向

（1）以价值形式为主：全面预算管理主要以货币为单位，用价值形式来反映企业未来某一特定时期有关生产经营活动、现金收支、财务状况等各方面的详细计划。

（2）定量描述：预算管理通过具体的量化指标，对企业的经营活动进行预测和规划，提高预算的科学性和可操作性。

3. 战略导向

（1）以战略目标为导向：全面预算管理以企业的战略目标为导向，通过对未来一定期间内的经营活动和相应的财务结果进行全面预测和筹划，科学、合理配置企业各项财务和非财务资源。

（2）战略落地：预算管理将企业的战略目标细化为具体的经营指标和预算数据，确保战略目标的顺利实现。

4. 系统性

（1）系统化的管理工具：全面预算管理将企业计划、协调、控制、激励、评价等综合管理功能融合到一起，整合和优化配置企业资源，提升企业运行效率。

（2）全过程管理：全面预算管理对企业各项经营活动进行事前、事中和事后的全过程管理，通过预算的编制、执行、分析、调整、考核及奖惩，实现对企业经营活动的全面控制。

5. 灵活性

（1）适应市场变化：全面预算管理能够根据市场变化和企业实际运营情况，灵活调整预算，确保预算的合理性和可行性。

（2）应对不确定性：通过滚动预算和弹性预算等方法，全面预算管理能够有效应对市场环境的不确定性,提高企业的适应能力。

6. 业绩导向

(1) 业绩评价:全面预算管理为企业的业绩考核提供了明确的标准,通过对比实际业绩与预算目标,客观、公正地评价各部门和员工的工作表现。

(2) 激励机制:预算管理与员工的薪酬、晋升等激励措施挂钩,能够有效激发员工的工作积极性和创造力。

7. 以财务管理为中心

(1) 财务管理的核心地位:在实施全面预算管理的企业中,财务管理部门发挥着重要的作用,并处于整个企业管理的枢纽地位。

(2) 财务资源的优化配置:全面预算管理通过财务预算,合理安排企业的资金、成本和利润,优化财务资源配置,提高企业的经济效益。

(三) 全面预算管理的作用

1. 明确企业目标,协调部门工作

(1) 战略落地:全面预算管理将企业的战略目标细化为具体的经营指标和预算数据,使各部门明确自己的任务和责任,确保战略目标的顺利实现。通过预算编制过程中的反复沟通和协调,各部门能够理解企业整体战略,将部门目标与企业目标保持一致。

(2) 部门协同:预算管理要求各部门共同参与预算的编制和执行,促进了部门间的沟通与协作。各部门在预算编制过程中需要相互提供信息、协商资源分配,这有助于打破部门壁垒,形成协同效应,提高企业整体运营效率。

2. 控制企业运营,降低运营风险

(1) 事前控制:在预算编制阶段,企业通过对未来经营活动的预测和规划,合理安排资金、人力等资源,避免资源的浪费和不合理配置。同时,预算编制过程中对各项费用的详细规划,有助于企业在事前就对成本进行控制,防止不必要的开支。

(2) 事中控制:预算执行过程中,企业通过对比实际数据与预算数据,及时发现偏差并采取措施进行调整。这种实时监控机制能够有效控制企业的运营过程,确保各项活动按照预算计划进行,降低运营风险。

(3) 事后控制:预算执行完毕后,企业通过预算考核和分析,总结经验教训,为下一期预算的编制提供参考。这种事后控制机制有助于企业不断优化预算管理流程,提高预算的科学性和准确性。

3. 优化资源配置，提高资源利用效率

（1）资源配置：全面预算管理通过对各项业务活动的预算编制，合理分配企业的资金、人力、物力等资源。企业可以根据预算确定各项业务的优先级和资源需求，将有限的资源集中投入到关键业务和高效益项目中，提高资源的利用效率。

（2）资源调配：预算管理过程中，企业可以根据市场变化和业务需求，灵活调整资源分配。当某一业务领域出现预算偏差时，企业可以及时调配资源，支持该领域的业务发展，确保企业整体目标的实现。

4. 评价业绩，激励员工

（1）业绩考核：全面预算管理为企业的业绩考核提供了明确的标准。通过对比实际业绩与预算目标，企业可以客观、公正地评价各部门和员工的工作表现。这种量化的考核方式能够提高考核的透明度和公正性，增强员工对考核结果的认可度。

（2）激励机制：预算管理与员工的薪酬、晋升等激励措施挂钩，能够有效激发员工的工作积极性和创造力。当员工的业绩达到或超过预算目标时，他们可以获得相应的奖励，这种激励机制能够鼓励员工努力工作，为实现企业目标贡献力量。

5. 增强企业适应能力，应对不确定性

（1）滚动预算：全面预算管理中的滚动预算方法，使企业能够根据市场变化和内外部环境的不确定性，及时调整预算。通过滚动预算，企业可以保持预算的时效性和准确性，增强对市场变化的适应能力。

（2）风险预警：预算管理过程中，企业可以通过对预算执行情况的监控，及时发现潜在的风险和问题。当实际业绩与预算目标出现较大偏差时，企业可以迅速采取措施，调整经营策略，降低风险，提高企业的抗风险能力。

6. 提升管理效率，促进企业可持续发展

（1）管理决策：全面预算管理为企业的管理决策提供了全面、准确的信息支持。预算编制过程中，企业需要对各项业务活动进行详细的分析和预测，这有助于管理层了解企业的运营状况和市场趋势，作出科学的决策。

（2）持续改进：预算管理是一个持续的过程，企业通过不断优化预算编制和执行流程，提高预算的科学性和准确性。同时，预算管理过程中积累的经验和数据，可以为企业的长期发展规划提供参考，促进企业的可持续发展。

"凡事预则立，不预则废"，充分体现了做事情预先计划的重要性。自 20 世纪 90 年代开始，预算管理逐渐为中国大型企业所推崇，经历了从成本控制、财务预算、经营目标到以价值管理为核心的全面预算管理，已成为企业优化资源配置、

改善经营效益、加强风险管控、提高运行质量的有效管理工具,也是精细化管理的重要抓手,在促进战略目标实现、增强管理者的预见性与责任感、提升公司整体价值等方面发挥了重要作用。

(四) 预算管理的智能化发展

随着数字化时代的到来,智能技术使得"用数据管理、用数据创新、用数据说话、用数据决策"的预算管理模式成为可能。基于大数据思维和技术对庞杂的信息数据进行深度挖掘分析,提取有价值的信息,并将其应用于预算管理全过程,提高预算管理的科学性、有效性和预见性,已成为企业全面预算管理改进的主要方向。

1. 数据驱动的预算管理

(1) 数据的重要性凸显:在数字化时代,数据成为预算管理的核心资源。企业通过收集、整合和分析海量的内外部数据,包括市场数据、业务数据、财务数据等,为预算编制、执行和调整提供有力支持。

(2) 大数据和人工智能技术的应用:利用大数据技术,企业可以实现对数据的快速处理和深度挖掘,提高预算编制的准确性和效率。人工智能和机器学习技术则能够通过自动化数据采集、预测模型和算法的应用,自动生成预算方案、优化资源配置,并提供更精确的预测和分析能力,减少人工干预和错误。

2. 战略与预算的紧密连接

(1) 预算管理的战略导向增强:未来的预算管理将更加注重与企业战略的紧密结合,强调预算管理是为企业战略落地服务的。企业需要将战略目标分解为可操作的预算目标,并通过预算管理确保这些目标的达成。

(2) 战略规划与预算编制的协同:预算编制将不再是单纯的财务行为,而是与企业的战略规划同步进行。通过将战略目标细化到预算中,企业能够更好地协调资源分配,确保各项战略举措得到充分支持。

3. 业务与财务的深度融合

(1) 业财一体化:预算管理将促进业务与财务的深度融合,打破传统信息孤岛现象。财务人员需要深入了解业务,为业务提供有针对性的预算支持和建议,而业务人员也需要具备一定的财务知识,参与到预算的制定和执行中来。

(2) 信息化平台建设:企业将建立集业务处理、财务管理、数据分析、绩效管理于一身的信息化平台,支持多部门、多层级的数据共享与协同。通过信息化手段,实现财务数据全流程管理,促使管理层在制定决策时,全面融合财务思维,提升决策过程的科学性、严谨性与结果的合理性。

4. 智能化预算工具的应用

(1) 智能预算平台的普及:随着技术的进步,智能预算平台将得到广泛应用。这些平台整合了先进的算法和数据处理技术,能够进行高效的预算编制、全面的预算分析和智能化的管理驾驶舱等多维应用,进而实现运营效率的显著提升。

(2) 情景模拟与预测:智能化预算工具将支持情景模拟和预测功能,企业可以通过设定不同的业务场景和假设条件,快速生成相应的预算方案和预测结果,为决策提供更全面的参考。

5. 预算管理的赋能型定位

(1) 从管控到赋能的转变:预算管理的定位将从传统的"管控型"向"赋能型"转变。赋能型预算管理将赋予各级管理者更大的自主权,使他们能够根据市场变化和业务需求,灵活调整预算,更好地应对不确定性。

(2) 推动目标一致与协作:赋能型预算管理将促进公司目标与员工目标的一致,推动跨部门协作。通过定性与定量指标的结合,激发员工的积极性和创造力,实现战略与预算的衔接、资源平衡,以及预算与执行的衔接。

6. 动态调整与实时监控

(1) 滚动预算的推广:滚动预算将成为预算管理的主流模式。通过利用内存计算等新技术,企业能够突破传统年度预算的技术瓶颈,实现月度、周甚至天的滚动预测,大幅提升预测的准确度和精细度。

(2) 实时监控与预警:借助信息化平台的数据分析能力,企业能够实时监控预算执行情况,并根据市场变化和业务需求进行动态调整。同时,建立预警机制,及时发出预警信号并通知相关人员,确保预算执行的顺利进行和及时调整偏差。

7. 人工智能与自动化

(1) 自动化预算编制:人工智能和机器学习技术将推动预算编制的自动化。通过自动化数据采集和处理,预算管理系统能够自动生成预算方案,减少人工干预和错误,提高预算编制的效率和准确性。

(2) 智能决策支持:人工智能技术将为预算管理提供智能决策支持。通过深度学习和数据分析,系统能够提供优化资源投入与产品结构的决策方向,帮助企业更好地应对复杂多变的市场环境。

8. 云平台与移动互联

(1) 云平台的应用:云计算技术将为企业提供低成本的信息化平台搭建服务,

支持预算管理系统的运行。云平台能够快速分析海量数据，为企业预算管理提供强大的计算支持。

（2）移动互联的便捷性：移动互联网技术将使预算管理更加便捷。员工可以通过移动设备进行费用的申请和报销，管理层可以随时通过移动设备查询报表，对预算实施过程中的预算完成情况进行更加具体化、精细化的实时监控。

智能技术应用到企业的全面预算管理中有以下作用。

①赋予预算管理强大的数据基础：数据是预算管理的基础。在数字化时代，基于内存多维数据库、敏捷BI、大数据等新技术，企业可以从物联网、云平台、存储设备、移动终端等多种渠道全面获取内外部海量数据，经由分布式计算、内存计算等技术加速数据变现，并将其应用于企业的业务经营和管理决策中。这能够有效降低数据信息传递过程中的"失真"现象，破除因信息隔绝产生的"孤岛"效应，使得数据获取更及时，数据更完整，数据质量更高，进而预算管理更有效。

②助力预算管理的智能建模能力：预算管理通过构建量化模型来模拟和还原特定业务场景的业务流程，以实现对具体业务在未来不同情况下的数据测算，系统的建模能力在很大程度上决定了预算结果的有效性。目前，大部分企业管理指标的设定，如信度、效度、完整性、可操作性等具有一定的主观随意性，也更加注重探寻数据背后的"因果关系"。这种过于强调定性分析的方法，可能导致预算编制部门陷入"为果而因"的分析陷阱。智能技术架构支撑的企业全新IT体系拥有强大的建模能力，企业可以构建业务预测体系，快速制定针对特定业务场景的经营计划，及时响应复杂业务的变化并作出快速调整，并使用神经网络、规则归纳等技术发现数据之间的关系，作出基于数据的推断。

③支持科学的预算编制方法：传统的定期预算由于缺乏远期指导，形成了预算滞后的特点。为了克服预算这方面的缺点，产生了滚动预算。滚动预算指按既定的预算编制周期和滚动频率，对原有的预算方案进行调整和补充，逐期滚动，持续推进的预算编制方法。滚动预算编制需遵循"近细远粗"的原则，可以逐周滚动、逐月滚动、逐季滚动和混合滚动，使预算编制具有连续性，能实时预测外界环境变化。但由于滚动预算所需数据量大，数据更新修正频繁，编制过程复杂以及预算系统与业务系统集成度高，使绝大部分企业难以有效实施。数据计算、数据分析、数据挖掘和数据仓库等新技术的迅速发展，为滚动预算的实施奠定了技术基础。

（五）全面预算的内容

全面预算通常包括基于日常经营活动的经营预算、专门决策预算和财务预算。其构成如图9-2所示。

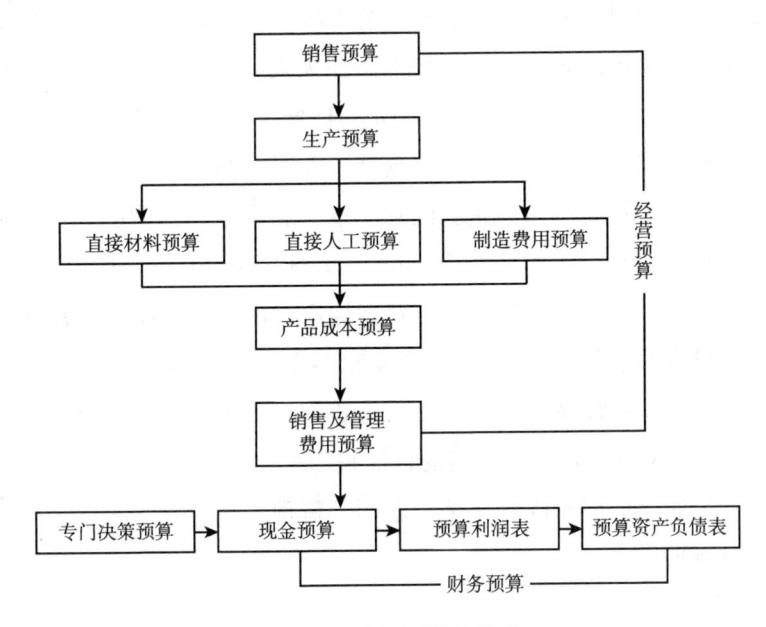

图9-2 全面预算的构成

经营预算：经营预算是对企业日常经营活动和管理活动编制的预算，包括销售预算、生产预算和销售及管理费用预算。其中，销售预算是经营预算的起点，包括销售预测、销售收入预算以及预计现金流入预算。生产预算包括产量预算、生产成本预算以及期末产成品存货预算。生产成本预算包括直接材料、直接人工和制造费用预算。

专门决策预算：专门决策预算是企业为不经常发生的长期投资项目或一次性业务单独编制的预算。其独立于日常经营预算，可以帮助企业在预算编制过程中合理考虑针对投资与偶发项目的资源配置问题。

财务预算：财务预算是反映经营预算和专门决策预算对企业财务状况、经营成果和现金流量带来的影响，可以分为现金预算和财务报表预算两类。

（六）全面预算编制的过程

全面预算的编制过程各式各样，小公司的预算编制相当简易，而大公司的预算编制则非常复杂，整个过程可能长达几个月。一般情况下，预算的编制涉及企业各个职能部门。全面预算的编制过程可概括为以下几步。

第一步：预算委员会拟定总体目标。预算委员会在预测与决策的基础上，拟定预算期内的经营方针以及利润、成本和销售等方面的总体目标和分项目标，并以书面的形式下发到各有关职能部门。

第二步：各职能部门编制分项预算。组织各个职能部门按具体目标编制本部门的预算分项。分项预算既是各个职能部门在未来一定期间内从事生产经营应该达到的预期水平的最初反映，也是进一步汇总编制企业全面预算的基础。

第三步：预算委员会汇总编制全面预算。各职能部门将草拟的分项预算上报给预算委员会，由预算委员会分析、汇总、审查和调整各部门的分项预算，并在此基础上编制反映企业在预算期内所应达到的总体经营目标的全面预算。

注意：此时编制的全面预算仍属于草案性质，还需上报企业最高管理当局审核批准。已获批准的全面预算由预算委员会向各个职能部门传达。

第四步：检查监督预算执行情况。经常检查、监督预算的执行情况，督促各有关部门齐心协力完成全面预算规定的目标和任务。

第五步：定期分析预算执行结果。定期分析预算执行的结果，提出对编制下期预算的改进意见。

第二节　全面预算编制原理

一、经营预算的编制

（一）销售预算

销售预算的编制取决于以下三个因素：科学的销售预测、产品的销售单价以及销售的收款条件。进行销售预测时应当考虑的因素包括以往销售量、未来的定价政策、市场份额、宏观经济状况、行业竞争、营销策略、产品的季节性变动等。通过对未来产品销售情况所作出的预测，确定预算期产品的销售量和销售单价，进而得出预计的销售收入。销售收入的计算公式为：

销售收入 = 预计销售量 × 销售单价

在编制销售预算的同时，需要根据前期应收账款的收回以及当期销售款预计的回款情况，编制预计现金收入预算表。

【例 9-1】假定 A 公司只生产和销售一种产品，销售单价为 100 元，预算年度内四个季度的销售量经测算分别为 200 件、400 件、350 件、280 件。往年每季的产品销售在当季收到的货款占 50%，其余部分下季收讫。预计预算年度第一季度可收回上年第四季度的应收账款 5 000 元。根据上述资料，编制出销售预算表，如表 9-1 所示。

表 9-1　　　　　　　　　A 公司销售预算表
2×24 年度

项目	一季度	二季度	三季度	四季度	全年
预计销售量（件）	200	400	350	280	1 230
销售单价（元）	100	100	100	100	—
预计销售收入（元）	20 000	40 000	35 000	28 000	123 000

为了便于编制现金预算，应在编制销售预算的同时，编制现金收入计算表，用来反映销售所得现金数额。现金收入计算表应列示每月或每旬的现金收入额，如表 9-2 所示。

表 9-2　　　　　　　A 公司预计现金收入计算表
2×24 年 4 月　　　　　　　　　　　　　单位：元

项目	一季度	二季度	三季度	四季度	全年
预计销售收入	20 000	40 000	35 000	28 000	123 000
收到上季度应收销货款	5 000	10 000	20 000	17 500	52 500
本季度应收销货款	10 000	20 000	17 500	14 000	61 500
现金收入合计	15 000	30 000	37 500	31 500	114 000

（二）生产预算

编制生产预算的原因：生产预算告诉我们公司来年应该生产多少数量的产品。预计生产数量将用于决定直接材料、直接人工和制造费用的预算数。

编制生产预算的方法：计算预计生产量。

预计生产量 = 预计销售量 + 预计期末产成品存货量 - 预计期初产成品存货量

编制预算时应当考虑的因素：企业的销售能力、企业的存货政策（目的在于尽可能地降低产品的单位成本，避免由于存货过多而造成资金积压和浪费，或由于存货不足、无货销售而导致收入下降的情况发生）。

【例9-2】依《例9-1》的资料假定A公司期末存货量按下一季度销售量的10%计算，预算年度第一季度期初存货量为30件，预算年度期末存货量为20件。根据销售预算的预计销售量和上述有关数据，可编制出预算年度的生产预算如表9-3所示。

表9-3　　　　　　　　　　　A公司生产预算表

2×24年度　　　　　　　　　　　　　　　　　单位：件

项目	一季度	二季度	三季度	四季度	全年
预计销售量	200	400	350	280	1 230
预计期末存货量	40	35	28	20	—
预计期初存货量	30	40	35	28	—
预计生产量	210	395	343	272	1 220

生产预算的数据通常以实物计量，但在多品种的情况下，也可以采用货币单位来计量。生产预算一般只确定预算期的预计产量，不涉及任何成本金额，故无须编制现金支出计算表。

（三）直接材料预算

编制直接材料预算的原因：我们需要为生产中用到的各种不同的材料分别编制直接材料预算。它能告诉管理者为了支持来年的生产预算所需的采购成本是多少。在现金预算中会用到采购金额的数据。

编制直接材料预算的方法：计算预计直接材料采购量。

$$\text{预计直接材料采购量} = \text{预计生产量} \times \text{单位产品耗用量} + \text{预计期末材料存货量} - \text{预计期初材料存货量}$$

根据计算所得到预计直接材料采购量，不仅可以安排预期内的采购计划，也可得到直接材料预算额。直接材料预算额的计算公式为：

$$\text{直接材料预算额} = \text{预计直接材料采购量} \times \text{直接材料单价}$$

【例9-3】依《例9-2》的资料，假定A公司所生产的产品只需要一种原材料，单位产品的材料消耗定额为5千克，每千克成本为1元。每季度末的材料存货量为下一季度生产用量的30%，每季度的购料款当季付60%，其余款项在下季度付讫。预算年度第一季度应付上年第四季度赊购材料款为3 000元，预算年度预计期初材料存货量为500千克，预计期末材料存货量为520千克。生产预算确定后，就可以根据预计的生产量和上述单位产品的材料耗用定额，以及期初、期末的材料存货量，编制出材料采购预算，如表9-4所示。

表9-4　　　　　　　　　　A公司材料采购预算
2×24年度

项目	一季度	二季度	三季度	四季度	全年
预计生产量（件）	210	395	343	272	1 220
单位产品耗用量（千克/件）	5	5	5	5	5
预计材料耗用量（千克）	1 050	1 975	1 715	1 360	6 100
预计期末材料存货量（千克）	592.5	514.5	408	520	520
预计期初材料存货量（千克）	500	592.5	514.5	408	500
预计直接材料采购量（千克）	1 142.5	1 897	1 608.5	1 472	6 120

在编制出材料采购预算后，还要根据材料采购预算的预计材料采购量、单位成本和有关材料采购款的支付情况，编制出材料采购现金支出计算表，如表9-5所示。

表9-5　　　　　　　　A公司材料采购现金支出计算表
2×24年度

项目	一季度	二季度	三季度	四季度	全年
预计直接材料采购量（千克）	1 142.5	1 897	1 608.5	1 472	6 120
材料单位成本（元）	1	1	1	1	1
预计材料采购成本（元）	1 142.5	1 897	1 608.5	1 452	6 120
应付上季应赊购款（元）	3 000	457	758.8	643.4	4 859.2
应付本季度现购款（元）	685.5	1 138.2	965.1	883.2	3 672
现金支出（元）	3 685.5	1 595.2	1 723.9	1 526.6	8 531.2

为了便于编制财务预算，应在编制直接材料预算的同时编制现金支出计算表，表中各季度现金支出包括本季度采购现金支出和支付上季度采购款两个部分。

（四）直接人工预算

编制直接人工预算的原因：需要为生产中用到的各种不同的人工分别编制直接人工预算。它能告诉管理者为了支持来年的生产预算所需的人工成本是多少。在现金预算中也会用到直接人工成本的数据。

编制直接人工预算的方法：直接人工预算与直接材料预算相似，也是在生产预算的基础上编制的。编制直接人工预算的根据是生产预算中的每季度预算生产量、单位产品定额工时、单位工时工资率（包括基本工资、各种津贴及社会保险费等）。直接人工预算额的计算公式为：

直接人工预算额＝预计生产量×单位产品直接人工小时×小时工资率

【例9-4】依〖例9-2〗的资料，如果A公司在预算期内所需直接人工工资率均为6元，单位产品的定额工时为2小时，并且A公司以现金支付的直接人工工资均于当期付款。

根据所给的直接人工工资率、单位产品定额工时和产品的预计生产量，就可以编制出直接人工预算表，如表9-6所示。

表9-6　　　　　　　　　　A公司直接人工预算表
2×24年度

项目	一季度	二季度	三季度	四季度	全年
预计生产量（件）	210	395	343	272	1 220
单位产品定额工时（小时/件）	2	2	2	2	—
预计直接人工小时（小时）	420	790	686	544	2 440
小时工资率（元/小时）	6	6	6	6	—
直接人工预算额（元）	2 520	4 740	4 116	3 264	14 640

（五）制造费用预算

编制制造费用预算的原因：制造费用预算是根据生产中的变动性和固定性制造费用编制的。它能告诉管理者，为了支持来年的生产需要耗费多少制造费用。在现金预算中会用到制造费用金额的数据。

编制制造费用预算的方法：制造费用预算是除直接材料和直接人工以外的其他产品成本的计划。这些成本根据与生产量的相关性，通常可以分为变动制造费用和固定制造费用两类（即通常所说的成本性态分类）。不同性态的制造费用，其预算的编制方法也完全不同，因此，在编制制造费用预算时，通常两类费用分别进行。

变动制造费用与生产量之间存在线性关系，因此其计算方法为：

变动制造费用预算额＝预计生产量×单位产品预定分配率

固定制造费用与生产量之间不存在线性关系，其预算通常是根据上年的实际水平，经过适当的调整而取得的。

【例 9 – 5】 假定 A 公司在预算期间的变动制造费用为 12 200 元（其中，间接人工为 7000 元，间接材料为 2 000 元，水电费为 2 200 元，维修费为 1 000 元），固定制造费用为 30 500 元（其中，管理人员工资为 6 000 元，维护费为 2 000 元，保险费为 2 500 元，设备折旧费为 20 000 元），其他条件同前例。A 公司的变动制造费用分配率按产量计算，以现金支付的各项制造费用均于当期付款。根据所给条件，可求出变动制造费用分配率为：

变动制造费用分配率 = 变动制造费用/预算期生产总量 = 12 200 ÷ 1 220 = 10（元/件）

根据所求出的变动制造费用分配率可编制出制造费用预计现金支出计算表，如表 9 – 7 所示。

表 9 – 7　　　　　　　　A 公司制造费用预计现金支出计算表

项目	一季度	二季度	三季度	四季度	全年
预计生产量（件）	210	395	343	272	1 220
变动制造费用（元）	2 100	3 950	3 430	2 720	12 200
固定制造费用（元）	7 625	7 625	7 625	7 625	30 500
制造费用合计（元）	9 725	11 575	11 055	10 345	42 700
减：折旧费（元）	5 000	5 000	5 000	5 000	20 000
制造费用现金支出合计（元）	4 725	6 575	6 055	5 345	22 700

为了便于编制财务预算，编制制造费用预算的同时，还要编制现金支出计算表，但要注意有些制造费用不必在预算期支付现金，如折旧费等，因此不应列入现金支出计算表。

（六）期末产成品存货预算

编制期末产成品预算的原因：期末产成品预算是编制产品销售成本预算的一个重要信息来源。它不仅直接影响到生产预算，而且直接对预计利润表和预计资产负债表产生影响。

编制期末产成品预算的方法：它的编制依赖于从生产预算、直接材料预算、直接人工预算和制造费用预算中取得的信息。其预算方法为：先确定产成品的单位成本，然后将产成品的单位成本乘以预计的期末产成品存货量。

【例 9 – 6】 根据表 9 – 7 的内容，可编制出产品单位成本及期末存货预算表，如表 9 – 8 所示。

表 9-8　　　　　　　　A 公司产品单位成本及期末存货预算表

项目	价格标准	用量定额	价格标准
直接材料（元）	1 元/千克	5 千克	5
直接人工（元）	6 元/工时	2 工时	12
制造费用（元）			35
产品单位成本（元）			52
产品期末存货量（件）			20
产品期末存货成本（元）			1 040

（七）销售成本预算

编制销售成本预算的原因：产品销售成本预算告诉管理者预计销售出去的生产成本是多少。产品销售成本预算信息是编制预计利润表的一个重要信息。

编制销售成本预算的方法：在生产预算的基础上按产品对其成本进行归集，计算出产品的单位成本，然后便可以得到销售成本预算。销售成本预算额的计算公式为：

销售成本预算额 = 产品单位成本 × 预计销售量

【例 9-7】依〖例 9-1〗的资料，可编制出销售成本预算表，如表 9-9 所示。

表 9-9　　　　　　　　　A 公司销售成本预算表

项目	一季度	二季度	三季度	四季度	全年
预计销售量（件）	200	400	350	280	1 230
单位产品成本（元）	52	52	52	52	52
销售成本预算额（元）	10 400	20 800	18 200	14 560	63 960

（八）销售费用预算

编制销售费用预算的原因：销售费用预算告诉销售经理来年的销售和分销作业的预计成本是多少。在后面编制预计利润表中会用到销售费用预算的数据。

编制销售费用预算的方法：编制销售费用预算的主要依据是预算期全年各季度的销售量及各种有关的标准价格资料。销售费用预算也可以和管理费用预算合并编制。

(九) 管理费用预算

编制管理费用预算的原因：管理费用预算告诉经理们来年预计的运营成本是多少。在预计利润表中会用到销售费用预算金额。

编制管理费用预算的方法：管理费用预算是为管理部门的行政管理活动编制的预算。管理费用分为固定管理费用和变动管理费用两类。

【例9-8】根据上述条件及前述例子中的资料，可编制出销售及管理费用预算表，如表9-10所示。

表9-10　　　　　　　　A公司销售及管理费用预算表

项目	一季度	二季度	三季度	四季度	全年
预计销售量（件）	200	400	350	280	1 230
变动销售及管理费用分配率	1	1	1	1	1
变动销售及管理费用现金支出（元）	200	400	350	280	1 230
固定销售及管理费用现金支出（元）	1 000	1 000	1 000	1 000	4 000

二、专门决策预算

专门决策预算是指企业为那些在预算期内不经常发生的长期投资决策项目或一次性的专门业务活动所编制的预算，主要包括根据长期投资决策所编制的资本支出预算、根据企业的政策和对预算期经营成果的预测而编制的股利发放额预算、研究与开发预算等，可以分为资本支出预算和一次性专门业务预算两类。

(一) 资本支出预算

资本支出预算是根据经过审核批准的各个长期投资决策项目，如购置固定资产、无形资产等活动所编制的预算，其中，需要详细列出该项目在生命周期内各个年度的现金流出量和现金流入量等明细资料。它的格式和内容，企业可以结合实际情况设计（见表9-11~表9-13）。

表 9-11　　　　　　　　A 公司工程项目支出概算总表
2×24 年度　　　　　　　　　　　　单位：元

项目	预算	实际	差异
A	—	—	—
B	—	—	—
C			
合计	—	—	—

表 9-12　　　　　　　　A 公司某工程项目支出预算表
2×24 年度　　　　　　　　　　　　单位：元

项目	预算	实际	差异
工资及福利	—	—	—
材料	—	—	—
设备			
其他	—		
合计	—	—	—

表 9-13　　　　　　　　A 公司某项目进度报告书
2×24 年度　　　　　　　　　　　　单位：元

项目	预算	实际	差异
A			
B			
C			
合计			

（二）一次性专门业务预算

一次性专门业务是指那些非经常性的、较为特殊的业务活动。关于这些业务的预算也是利用了决策的结果，而不是从预算来产生这些结果。一次性专门业务预算主要包括技改预算、科技开发预算和其他财务决策预算。

三、财务预算

（一）现金预算

编制现金预算的原因：之前的预算表仅仅考虑了各项收入、费用的账面数据，并未考虑现金流问题。而现金流是企业生存发展的最关键因素,因此,企业务必对其未来现金流进行合理规划,保证企业正常运转。

编制现金预算的方法:现金预算包括三部分,即现金收入预算、现金支出预算、融资与财务费用预算。其中,现金收入预算主要指经营活动现金流入,即销售预算中预计现金收入;现金支出预算主要指材料采购支出、人工工资支出、制造费用现金支出部分,以及销售及管理费用现金支出部分、专项决策支出、所得税支出等;预计现金收入与现金支出的差额即为现金节余或不足,结合企业最低现金余额的考虑,决定融资金额和融资期限。

【例9-9】假设 A 公司第一季度购置设备 45 000 元。期末现金余额不得少于 10 000 元,否则向银行借款,借款利率为年息 10%,同时,借款金额需为 1 000 的整数倍。相关所得税费用每季度为 5 000 元。预计期初现金余额为 15 000 元。由此,可以编制 A 公司 2×24 年度现金预算表如表 9-14 所示。

表 9-14　　　　　　　　　　A 公司现金预算表

2×24 年度　　　　　　　　　　　　　　单位:元

项目	第一季度	第二季度	第三季度	第四季度	全年
期初现金余额	15 000	10 869.5	21 559.3	40 814.4	15 000
加:现金收入(表9-2)					
收回赊销款和现销收入	15 000	30 000	37 500	31 500	114 000
可动用现金合计	30 000	40 869.5	59 059.3	72 314.4	129 000
减:现金支出					
直接材料(表9-5)	3 685.5	1 595.2	1 723.9	1 526.6	8 531.2
直接人工(表9-6)	2 520	4 740	4 116	3 264	14 640
制造费用(表9-7)	4 725	6 575	6 055	5 345	22 700
销售及管理费用(表9-9)	1 200	1 400	1 350	1 280	5 230
购置设备	40 000				40 000
支付所得税	5 000	5 000	5 000	5 000	20 000
现金支出合计	57 130.5	19 310.2	18 244.9	16 415.6	111 101.2
现金结余或不足	(27130.5)	21 559.3	40 814.4	55 898.8	17 898.8
筹措资金					
向银行借款	38 000				40 000
归还借款				38 000	40 000
支付利息				3 800	4 000
期末现金余额	10 869.5	21 559.3	40 814.4	14 098.8	14 098.8

"可供使用现金"是期初现金余额和预计现金收入之和。其中，期初现金余额来自上期期末，注意第一季度期初余额来自期初资产负债表。预计现金收入来自销售预算。

"现金支出"部分包括预算期的各项现金支出。"直接材料""直接人工""制造费用""销售及管理费用"的数据来自前面的经营预算。此外，还包括所得税费用、股利分配、购置设备等现金支出，有关数据分别来自另行编制的专门预算。

"现金节余或不足"部分是可供使用现金与现金支出合计的差额。如果差额大于最低现金余额，说明现金有节余，可以偿还借款或进行短期投资；如果差额小于最低现金余额，说明现金有不足，需要向银行借入资金。本例中，要求的最低现金余额为10 000元，不足此数时需向银行借款。从表9-4可以看出，A公司第一季度将产生现金不足，因此需借入资金，借款额 = 10 000 + 27 130.5 = 37 130.5 ≈ 38 000（元）。第四季度现金产生节余，可用于偿还借款。一般按"期初借入、期末偿还、利随本清"来预计借款利息，故本例中借款期为1年，年利率10%，年利息为3 800元（38 000 × 10%）。

（二）预计利润表

编制预计利润表的原因：预计利润表整合了所有经营预算的结果，可以帮助管理者了解来年的公司业绩，据此了解企业的发展趋势，并适时调整其经营策略。如果预计净利润不符合管理者的预期，那么他们必须找到增加销售收入或减少费用的办法。

编制预计利润表的方法：预计利润表是在上述各经营预算的基础上，按照权责发生制的原则编制的，其编制方法与一般财务报表中的利润表相同。假设A公司预算期期初的资产负债表如表9-15所示。

表9-15　　　　　　　　　　A公司期初资产负债表　　　　　　　　　　单位：元

流动资产	金额	流动负债	金额
现金	15 000	应付账款	3 000
应收账款	5 000	长期负债	
原材料存货	500	负债合计	3 000
产成品存货	1 560		
流动资产合计	22 060		
固定资产		所有者权益	

续表

流动资产	金额	流动负债	金额
土地	80 000	实收资本	200 000
房屋及设备	240 000	盈余公积	99 060
减：折旧	40 000	所有者权益合计	299 060
固定资产合计	280 000		
资产总计	302 060	负债及所有者权益合计	302 060

根据上述数据，可编制出预计利润表，如表 9-16 所示。

表 9-16   A 公司预计利润表
                            2×24 年度   单位：元

销售收入	表 9-1	123 000
减：销售成本	表 9-8，表 9-11	63 960
销售毛利		59 040
减：销售及管理费用	表 9-9	5 230
营业净利润		53 810
减：利息费用	表 9-10	4 000
税前利润		49 810
减：所得税	表 9-10	20 000
净利润		29 810

（三）预计资产负债表

编制预计资产负债表的原因：预计资产负债表反映企业预算期末各个账户的预计余额，企业管理当局可以据此了解企业未来期间财务状况，以便采取有效措施，防止企业出现不良财务状况。

编制预计资产负债表的方法：预计资产负债表是在预算期期初资产负债表的基础上，根据经营预算、资本支出预算、现金预算、预计利润表的相关结果对有关项目进行调整后编制而成的。

根据表 9-15 和前面所有各个例子的预算资料，可编制出预计资产负债表，如表 9-17 所示。

表 9 – 17　　　　　　　　　　A 公司预计资产负债表

2×24 年 12 月 31 日　　　　　　　　　　　单位：元

项目	金额		
流动资产			
现金	①	表 9 – 10	14 098.8
应收账款	② = 28 000 × 50%	表 9 – 2	14 000
原材料存货	③ = 520 × 1	表 9 – 4	520
产成品存货	④	表 9 – 8	1 040
流动资产合计	⑤ = ① + ② + ③ + ④		29 658.8
固定资产			
土地	⑥ = 80 000		80 000
房屋及设备	⑦ = 240 000 + 40 000	表 9 – 10	280 000
减：累计折旧	⑧ = 40 000 + 20 000	表 9 – 7	60 000
合计	⑨ = ⑥ + ⑦ – ⑧		300 000
资产总计	⑩ = ⑤ + ⑨		329 658.8
流动负债			
应付账款	a = 1 472 × 40%	表 9 – 5	588.8
长期负债			
负债合计	b = a		588.8
所有者权益			
实收资本	c		200 000
盈余公积	d = 99 060 + 30 010	表 9 – 12	1 290 870
所有者权益合计	e = c + d		329 070
负债及所有者权益合计	f = b + e		329 658.8

第三节　预算编制方法

企业在编制预算时，可以采用的编制方法通常包括固定预算和弹性预算、增量预算和零基预算、定期预算和滚动预算、概率预算、作业预算等。

一、固定预算和弹性预算

（一）固定预算

固定预算又称静态预算，是指以预算期内正常的、最可能实现的某一业务量水平为固定基础，不考虑可能发生的变动的预算编制方法。固定预算主要适用于未来业绩平稳或预测准确性较高的企业。但是当实际情况与预算编制假设存在较大差异时，预算数据往往会失去其对标的价值，因此当市场、产能等存在较大不确定性时，不宜采用固定预算。

（二）弹性预算

1. 弹性预算的定义

基于固定预算存在的局限性，弹性预算应运而生。弹性预算是指企业在分析业务量与预算项目之间数量依存关系的基础上，分别确定不同业务量及其相应预算项目所消耗资源的预算编制方法。弹性预算考虑了未来可能出现的多种情况，从而编制能够适用于不同业务水平的预算。

2. 弹性预算的编制程序

企业在应用弹性预算工具方法时，一般按以下程序进行。

（1）确定弹性预算适用项目：弹性预算适用项目一般应与业务量有明显数量依存关系，且企业能有效分析该数量依存关系，并积累了一定的分析数据。同时，要考虑该预算项目是否具备较好的成本性态分析基础。

（2）识别相关的业务量指标：企业应分析、确定与预算项目变动直接相关的业务量指标，根据市场需求、价格走势、企业产能等内外因素的变化，预测预算期可能的不同业务量水平。

（3）确定弹性定额：企业应逐项分析、认定预算项目和业务量之间的数量的合理范围及变化趋势，确定弹性定额。

（4）构建弹性预算模型，确定预算方案：企业通常采用公式法或列表法构建具体的弹性预算模型，形成基于不同业务量的多套预算方案。

（5）审定预算方案：企业预算管理责任部门应审核、评价和修正各预算方案，根据预算期最可能实现的业务量水平确定预算控制标准，并上报企业预算管理委员会等专门机构审议后报董事会等机构审批。

3. 弹性预算模型构建方法

（1）公式法。公式法是应用成本性态模型，测算预算期的成本费用数额，并编制成本费用预算的方法。根据成本性态，成本与业务量之间的数量关系可以用公式表示为：$y = a + bx$。其中，y 代表某项成本预算总额；a 代表该项成本中的固定成本预算总额；b 代表该项成本中的单位变动成本预算数额；x 代表预计业务量。

【例9-10】假设某企业制造费用中的修理费用与修理工时密切相关。经测算，预算期修理费用中的固定修理费用为4 000元，单位工时的变动修理费用为2元；预计预算期的修理工时为3 000小时。运用公式法，测算预算期的修理费用总额4 000+2×3 000=10 000（元）。

因为任何成本都可用"$y=a+bx$"来近似地表示，所以，只要在预算中列示a（固定成本）和b（单位变动成本），便可随时利用公式计算任一业务量（x）的预算成本（y）。

公式法的优点是便于计算任何业务量的预算成本，但是对于阶梯成本和曲线成本而言，必须修正为直线才能使用公式法。同时，要注意固定成本和单位变动成本适用的业务量范围。

（2）列表法。列表法是指企业通过列表的方式，在业务量范围内依据已划分出的若干个不同等级，分别计算并列示该预算项目与业务量相关的不同可能预算方案的方法。

【例9-11】A公司预算期内计划产品销售单价为200元，单位变动成本为100元，固定成本总额为45 000元。A公司充分考虑到了预算期产品销售量发生变化的可能，分别编制出销售量为1 500件、1 600件、1 700件、1 800件和1 900件时的弹性利润预算表，如表9-18所示。

表9-18　　　　　2×24年度A公司弹性利润预算表

销售量（件）	1 500	1 600	1 700	1 800	1 900
销售收入（元）	300 000	320 000	340 000	360 000	380 000
减：变动成本（元）	150 000	160 000	170 000	180 000	190 000
边际贡献（元）	150 000	160 000	170 000	180 000	190 000
减：固定成本（元）	45 000	45 000	45 000	45 000	45 000
营业净利（元）	105 000	115 000	125 000	135 000	145 000

【例9-12】B公司采用列表法编制的制造费用预算如表9-19所示。

表9-19　　　　　B公司2×24年度制造费用预算（列表法）

业务量（直接人工工时）	400	450	500	550	600
占正常生产能力百分比	60%	70%	80%	90%	100%
变动成本（元）					
电力费用（b=1）（元）	400	450	500	550	600

续表

间接材料（b=0.2）（元）	80	90	100	110	120
变动成本合计（元）	480	540	600	660	720
固定成本（元）					
折旧费（元）	300	300	300	300	300
管理人员工资（元）	100	100	100	100	100
固定成本合计（元）	400	400	400	400	400
总成本（元）	880	940	1 000	1 060	1 120

弹性预算编制量大，可借助信息系统或其他管理会计工具方法，匹配和及时修订弹性定额，形成企业弹性定额库。同时，企业应不断强化弹性差异分析，修正和完善预算项目和业务量之间的数量依存关系。

二、增量预算和零基预算

（一）增量预算

增量预算是指以历史期实际经济活动及其预算为基础，结合预算期经济活动及相关影响因素的变动情况，通过调整历史期经济活动项目及金额形成预算的预算编制方法。该方法更加看重过往数据，编制较为简单，同时预算能够满足领导层或股东对于企业增长的要求。例如，下一期预算销量较上一期销量增长10%，成本下降5%等。该方法简便易行，适用于对预算要求不高，或增长较为稳定的企业。但是预算以历史数据为基础，可能存在历史数据过时，难以适应未来市场变动的问题，此外，成本与费用科目同样采用历史数据增量的方式确定，不利于企业压缩成本、提升效率，可能造成额外的浪费或预算松弛现象。

（二）零基预算

1. 零基预算的定义

零基预算是指企业不以历史期经济活动及其预算为基础，以零为起点，从实际需要出发分析预算期经济活动的合理性，经综合平衡，形成预算的预算编制方法。在编制零基预算时，不考虑以往会计期间所发生的费用项目或费用数额，而是以零为起点，根据预算期企业实际经营情况的需要，并按照各项开支的重要程度编制。

2. 零基预算的编制步骤

（1）确定预算期的生产经营目标：利润目标、销售目标或生产目标等，以便于各个部门据此制订出各项费用的支出方案。

（2）对每一费用项目进行"成本—效益分析"：对各个费用开支方案进行评价，权衡轻重缓急，划分成不同等级并排出先后顺序。

（3）按照排出的等级和顺序，并根据企业预算期可用于费用开支的资金数额合理分配资金：优先满足重要或紧急的费用支出，并编制相应预算。

零基预算以零为起点编制预算，不受历史期经济活动中的不合理因素影响，能够灵活应对内外环境的变化，预算编制更贴近预算期企业经济活动需要。但是预算编制工作量较大、成本较高，而且预算编制的准确性受企业管理水平和相关数据标准准确性影响较大。

三、定期预算和滚动预算

按预算期的时间特征不同，预算的编制方法可分为定期预算法和滚动预算法两类。

（一）定期预算

定期预算是以固定不变的会计期间（如年度、季度、月份）作为预算期间编制预算的方法。采用定期预算编制预算，保证预算期间与会计期间在时期上配比，便于依据会计报告的数据与预算的比较，考核和评价预算的执行结果。但不利于前后各个期间的预算衔接，不能适应连续不断的业务活动过程的预算管理。

（二）滚动预算

滚动预算是指企业根据上一期预算执行情况和新的预测结果，按既定的预算编制周期和滚动频率，对原有的预算方案进行调整和补充，逐期滚动，持续推进的预算编制方法。其中，预算编制周期是指每次预算编制所涵盖的时间跨度。滚动频率是指调整和补充预算的时间间隔，一般以月度、季度、年度等为滚动频率。

以前面 A 公司 2×24 年年度预算为例，若采用滚动预算，并假设以一个季度为滚动频率。在前一年年底编制完 2×24 年一至四季度预算后，2×24 年一季度末，A 公司应基于新的内外部环境，编制 2×24 年第二季度至下一年第一季度预算，始终保持1年的时间跨度。

与定期预算相比，滚动预算能高效应对环境的不确定性，在实施过程中，通过不断地修正、调整和延续预算，使得企业预算更切合实际，与业务活动的融合更紧密，能够避免编制与执行预算过程的僵化，进而切实指导企业的经营活动。

实践中，企业需要借助数据仓库等信息技术的支持，实现预算编制方案的快速生产，搭建相应的滚动预算模型，提高滚动预算的效率。大数据等信息技术可以规避滚动预测中出现的预算基础的随时更新延后、预算数据的频繁修正速度慢、计算量大、编制过程复杂等问题，使得预算系统与其他业务系统之间更具集成性、预测数据更具时效性和准确性。

四、概率预算

概率预算是为了反映企业在实际经营过程中各项预定指标可能发生的变化而编制的预算。概率预算考虑了各因素可能发生变化的水平范围以及在此范围内有关数据可能出现的概率情况。因此，在预算的编制过程中，需要在有关变量的数值进行加工的基础上对可预期的概率进行分析。用该方法编制出的预算由于在其形成过程中把各种预计的可能性都考虑进去了，因而比较接近客观实际情况，同时有助于企业管理当局对各种经营情况出现的可能性做到心中有数，有备无患。

【例9-13】以A公司2×24年度销售预算为例，其包含销量与单价两项假设。通过市场分析，A公司得出了如表9-20所示的销售量预测，表9-21所示的销售单价预测。

表9-20　　　　　　　　A公司2×24年各季度销量预测　　　　　　　单位：件

类别	内容	第一季度	第二季度	第三季度	第四季度
乐观	估计值	210	410	380	310
	概率	20%	30%	20%	10%
稳健	估计值	200	400	350	280
	概率	60%	50%	70%	60%
悲观	估计值	190	390	340	270
	概率	20%	20%	10%	30%
期望		200	401	355	280

表9-21　　　　　　　A公司2×24年各季度销售单价预测　　　　　　　单位：元

类别	内容	第一季度	第二季度	第三季度	第四季度
乐观	估计值	105	115	110	105
	概率	30%	20%	10%	10%
稳健	估计值	100	100	100	100
	概率	60%	60%	70%	80%
悲观	估计值	95	90	90	95
	概率	10%	20%	20%	10%
期望		101	101	99	100

在概率预算法下，我们将以上面两张表中的销售量期望值和销售单价期望值编制销售预算，如表9-22所示。

表9-22　　　　　　　概率预算法下A公司销售预算
2×24年度

项目	第一季度	第二季度	第三季度	第四季度	合计
销量期望值（件）	200	401	355	280	1 236
销售单价期望值（元）	101	101	99	100	—
预计销售收入（元）	20 200	40 501	35 145	28 000	123 846

五、作业预算

（一）作业预算概述

作业预算，简称为ABB，指基于"作业消耗资源、产出消耗作业"的原理，以作业管理为基础的预算管理方法。其主要适用于具有作业类型较多且作业链较长、管理层对预算编制的准确性要求较高、生产过程多样化程度较高以及间接或辅助资源费用所占比重较大等特点的企业。其主要内容包括以下几个方面。

1. 以作业为中心的预算理念

作业消耗资源，产出消耗作业：作业预算是基于"作业消耗资源、产出消耗作业"的原理，强调作业在资源消耗和产出形成中的核心作用。通过识别和分析各项作业，将资源成本合理分配到各个作业上，再根据作业的产出量计算产品或服务的成本。

关注作业链：作业预算关注企业的作业链，即从原材料采购到产品交付给客户的整个过程。通过对作业链的分析，企业可以了解各项作业之间的关系，以及它们对最终产出的贡献，从而优化作业流程，提高资源利用效率。

2. 作业识别与分析

识别作业：企业需要识别和定义各项作业，包括生产作业、管理作业、销售作业等。这些作业可以是具体的生产活动，也可以是抽象的管理活动。通过识别作业，企业可以明确各项作业的内容和目标，为后续的预算编制提供基础。

分析作业成本：对各项作业的成本进行分析，确定每项作业的资源消耗情况。这包括直接成本和间接成本，如原材料、人工、设备折旧、管理费用等。通过作业成本分析，企业可以了解各项作业的成本结构，为资源的合理分配提供依据。

3. 作业成本动因分析

确定成本动因：成本动因是指导致成本发生的因素，如生产批量、生产次数、生产复杂度等。企业需要确定各项作业的成本动因，以便将成本合理分配到各个作业上。例如，生产作业的成本动因可能是生产批量，管理作业的成本动因可能是管理活动的次数。

量化成本动因：对成本动因进行量化，确定每项作业的成本动因数量。例如，生产作业的成本动因数量可以是生产的产品数量，管理作业的成本动因数量可以是管理活动的次数。通过量化成本动因，企业可以更准确地计算各项作业的成本。

（二）作业预算管理

1. 作业预算编制

预测作业需求量：根据企业的生产计划和销售预测，预测各项作业的需求量。这包括生产作业的需求量、管理作业的需求量等。通过预测作业需求量，企业可以了解各项作业在未来一段时间内的资源需求情况。

计算作业成本：根据作业需求量和成本动因，计算各项作业的成本。这包括直接成本和间接成本，如原材料、人工、设备折旧、管理费用等。通过计算作业成本，企业可以了解各项作业的成本情况，为资源的合理分配提供依据。

分配资源成本：将各项作业的成本分配到产品或服务上，计算产品或服务的总成本。这可以通过作业成本法（Activity-Based Costing，ABC）来实现。通过分配资源成本，企业可以了解产品或服务的成本结构，为定价决策提供支持。

2. 作业预算执行与监控

执行作业预算：按照作业预算的计划，组织实施各项作业。这包括生产作业、管理作业、销售作业等。通过执行作业预算，企业可以确保各项作业的资源需求得到满足,保证生产经营活动的顺利进行。

监控作业执行情况:对各项作业的执行情况进行监控,及时发现和解决作业执行过程中出现的问题。这可以通过建立作业执行监控系统来实现。通过监控作业执行情况,企业可以确保各项作业的执行效果符合预期,提高资源利用效率。

3. 作业预算调整与优化

调整作业预算:根据市场变化和企业实际运营情况,及时调整作业预算。这包括调整作业需求量、成本动因、资源分配等。通过调整作业预算,企业可以确保预算的合理性和可行性,提高预算的适应性。

优化作业流程:通过对作业流程的分析和优化,提高作业效率,降低作业成本。这可以通过改进作业方法、优化作业顺序、减少不必要的作业等来实现。通过优化作业流程,企业可以提高资源利用效率,降低生产成本。

(三)作业预算的基本步骤

1. 预测产品或劳务的需求量

预测下一经营期间产品或劳务(即成本标的)的需求量。

2. 确定作业消耗比率

确定每单位产品或劳务消耗的作业数量。

3. 预测作业量

用作业消耗比率乘以产品或劳务的预测需求量,预测出下一经营期间可以满足成本标的消耗需求的作业量。

4. 确定资源消耗比率

确定每单位作业消耗的资源数量。

5. 预测资源量

用资源消耗比率乘以预测出来的作业需求量,预测出下一经营期间可以满足作业消耗需求的资源量。注意资源需求量与资源供给量的关系,要保证两者的平衡。

6. 预测资源需求成本

用资源供应量乘以资源的预计单价,就可以预测出资源需求成本数据。

7. 分配资源成本

将资源成本分配到产品或劳务上。

（四）作业预算需要处理好几个关系

1. 作业预算与绩效管理

建立绩效指标：根据作业预算的目标和要求，建立相应的绩效指标。这包括作业完成率、作业成本控制率、作业质量合格率等。通过建立绩效指标，企业可以对各项作业的执行效果进行量化评估。

绩效评估与反馈：定期对各项作业的执行效果进行评估，及时反馈评估结果。这可以通过建立绩效评估系统来实现。通过绩效评估与反馈，企业可以及时发现和解决作业执行过程中出现的问题，提高作业执行效果。

2. 作业预算与战略管理

支持战略决策：作业预算为企业的战略决策提供支持。通过对作业成本和资源需求的分析，企业可以了解各项作业对战略目标的贡献，为战略决策提供依据。

促进战略实施：作业预算促进企业的战略实施。通过将战略目标分解为具体的作业目标，企业可以确保各项作业的执行符合战略要求，推动战略目标的实现。

3. 作业预算与信息化管理

信息化平台建设：企业可以建立信息化平台，支持作业预算的编制、执行、监控和调整。这包括建立作业管理系统、成本管理系统、绩效评估系统等。通过信息化平台建设，企业可以提高作业预算管理的效率和准确性。

数据共享与协同：通过信息化平台，实现各部门之间的数据共享和协同。这可以提高作业预算管理的透明度和协同性，促进各部门之间的合作。

4. 作业预算与持续改进

持续改进机制：建立持续改进机制，不断优化作业预算管理。这包括定期对作业预算进行评估和调整，持续改进作业流程和管理方法。

员工参与与培训：鼓励员工参与作业预算管理，提供相应的培训和支持。这可以提高员工的参与度和责任感，促进作业预算管理的持续改进。

总之，作业预算是一种以作业管理为基础的预算管理方法，通过实施作业预算，企业可以提高资源利用效率，优化作业流程，支持战略决策，促进战略实施，提高管理效率和经济效益。作业预算是一个与企业战略目标联系在一起的计划过程，通过总体作业优化实现了最低的资源费用耗费，创造最大的产出成果，为企业定义了成本改进机会，为控制提供了业绩计量目标，为资源的合理配置提供了有效依据，但预算过程较复杂，收集数据的成本较高。

第十章　业绩评价与责任会计

[学习目标及开篇案例]

[学习目标]

了解业绩评价的含义和构成要素。

掌握责任中心的分类及评价方法的应用。

理解内部转移价格的确定和作用。

[开篇案例]

平衡计分卡在铁路运输企业绩效管理中的应用

铁路运输行业是我国经济和社会发展过程中的基础行业之一，是我国国民经济的大动脉。G集团是经国务院批准、依据《中华人民共和国公司法》设立、由中央管理的国有独资公司，以铁路客货运输为主业，实行多元化经营。当前G集团以习近平新时代中国特色社会主义思想为指导，按照铁路高质量发展要求，聚焦交通强国、铁路先行，深化强基达标、提质增效，制定了客运提质计划、货运增量行动和"复兴号"品牌战略三大战略举措。

G集团一直在推进绩效管理的改革，目前形成了以关键绩效指标为核心的绩效评价体系，其指标体系包括安全指标、效益指标、经营效率指标、监控指标、专项奖励加分、年度重点任务清单六类。其中，安全指标包括行车安全、生产安全和旅客安全等多项指标；效益指标包括利润、收入和总资产报酬率指标；经营效率指标包括劳动生产率和运输经营效率指标；监控指标包括服务质量、党建工作和党风廉政建设等指标；专项奖励加分只针对部分集团公司，如边疆地区服务国家战略的奖励加分；年度重点任务清单针对当年重点任务的完成情况进行考核，如周转量、库存控制等。

尽管G集团在推进绩效管理改革方面有所成效，但由于绩效管理体系缺乏战略导向，虽然当前指标体系比较庞大，但背后缺乏内在逻辑。这不仅导致指标之间可能相互制衡，还可能令集团公司各单位无法准确定位，找不到工作重点，以至于分散管理和运营的精力。因此，集团管理层试图探索绩效管理方法的优化。

2018 年，来自国内知名高校的教授和他的团队为 G 集团构建了以三大战略目标为导向、以平衡计分卡为基础、以关键绩效指标为构成要素的战略绩效管理框架。

（1）社会效益维度。G 集团应以"实现社会效益"为目标，从积极承担社会责任和服务国家战略两大战略层面，将社会效益指标分为促进区域经济发展、一般以上事故率、环境质量指数等细化指标。

（2）财务维度。G 集团应以"提升国有资产保值增值率"为目标，从收入增长和节支降耗两大战略层面，将财务指标分为运输业务收入实现率、劳动生产率、经济增加值等细化指标。

（3）客户维度。G 集团应以"提高客户满意度"为目标，从产品特征、客户关系和企业形象三大战略层面进行指标设计。主要的评价指标有列车正点率、上座率、客运/货运服务便捷化、旅客行车安全、客户投诉率等。

（4）内部流程维度。G 集团应根据三大战略举措从"全面强化安全保障""客户领先""运营卓越""全面推进技术创新"四个战略层面进行指标设计。主要的评价指标有工程质量、作业事故率、客户要求反应时间、旅客/货物发送量、线路资源利用率、技术创新节约成本金额等。

（5）学习与成长维度。为了实现高质量发展的要求，有效服务国家重大战略实施，稳步提升运输服务能力水平，加快推动科技创新，G 集团应着眼于"人力资本""信息资本""组织资本"三大战略层面进行指标设计。主要的评价指标有关键员工达标率、专业技术人员增加率、信息化系统投入占收入比重、内部客户满意度等。

资料来源：戴璐，余思诚，陈占燎. 基于平衡计分卡的铁路运输企业绩效考核研究——以 G 集团为例［J］. 管理会计研究，2020（5）：37-48.

请问，案例中新构建的战略绩效管理框架包括的五个维度是什么关系？

第一节 业绩评价概述

业绩评价与责任会计是企业管理中不可或缺的重要工具。业绩评价通过明确战略目标、激发员工积极性、提供标杆与反馈，支持企业战略的实施和竞争力的提升。责任会计通过促进分权管理、优化业绩评价、加强内部控制，提高了企业的管理效率和资源配置效率。业绩评价与责任会计两者相辅相成，共同推动企业实现可持续发展和战略目标。

一、业绩评价的定义

业绩评价，也称为绩效评价，是指企业运用系统的工具和方法，对一定时期内企业运营效率与效果进行综合评判的管理活动。它通过对企业的财务和非财务指标进行量化分析，评估企业在实现战略目标方面的进展和成效。业绩评价不仅关注企业的整体表现，还涉及对各个部门、团队以及个人的工作成果进行评估。通过业绩评价，企业能够及时发现运营中的问题和不足，采取相应的改进措施，从而提升整体绩效和竞争力。

二、业绩评价的意义和作用

业绩评价对企业的发展具有重要的影响。它不仅能够支持战略实施和目标达成，还能激发员工的积极性和创造力，提升管理水平和决策质量，优化资源配置和成本控制，增强企业竞争力和市场地位，加强风险管理和内部控制，塑造绩效文化和促进团队建设。通过有效的业绩评价，企业能够实现可持续发展，提升整体绩效和市场竞争力。

1. 支持战略实施

业绩评价系统将企业的战略目标具体化和量化，使各层级、部门和岗位都能清晰理解企业的战略意图，确保行为的战略一致性。通过将战略目标分解为具体的业绩指标，业绩评价系统能够引导员工的行为，使其在追求个人和部门利益的同时，推动企业战略的实施。

2. 激发员工积极性

有效的业绩评价系统能够使员工感受到自己的工作对企业整体目标的贡献，从而提升工作的意义感和成就感。通过将员工的业绩与奖励挂钩，业绩评价系统能够激发员工的创新力和积极性，提高工作效率和质量。

3. 提供标杆与反馈

业绩评价系统通过设定明确的业绩指标和目标值，为企业提供了标杆，引导企业与行业最佳实践进行对比。通过业绩评价结果的反馈，企业能够及时发现与先进企业经营的差异，采取有效措施进行改进，提高管理水平和经济效益。

4. 优化资源配置

业绩评价系统能够帮助企业了解各部门和业务单元的业绩表现，从而合理分配资源，支持高绩效部门和业务的发展。通过业绩评价，企业能够发现资源利用中的问题，采取措施提高资源利用效率，降低成本。

5. 增强企业竞争力

业绩评价系统能够促进企业管理水平的提升，通过持续的业绩监控和反馈，企业能够及时调整管理策略，提高决策的科学性和有效性。通过业绩评价，企业能够及时了解市场变化和竞争态势，采取有效措施保持竞争优势，实现可持续发展。

三、业绩评价系统的构成

业绩评价系统依据企业目标设计评价指标体系，根据评价标准，采用相应评价方法，对企业一定经营期间的业绩作出客观、公正的评价。该系统一般包含以下七大要素。

1. 评价主体

（1）定义。评价主体是指对客体进行评价的对象，包括资产的所有者、经营管理者、政府部门或其他利益相关者。

（2）内容。

①资产所有者：关注企业的整体绩效和投资回报，确保企业价值的持续增长。

②经营管理者：负责企业的日常运营，关注各部门和业务单元的业绩表现，以实现企业的战略目标。

③政府部门：可能涉及对企业的监管和政策指导，关注企业的合规性和社会责任履行情况。

④其他利益相关者：员工、客户、供应商等，他们关注企业在不同方面的表现，如员工满意度、客户满意度等。

2. 评价客体

（1）定义。评价客体是指被评价的对象，可以是整个企业、部门、项目或个人。

（2）内容。

①企业整体：评估企业的整体运营效率和效果，包括财务绩效、市场表现等。

②部门：评估各部门的业绩表现，如生产部门的生产效率、销售部门的销售业绩等。

③项目：评估特定项目的执行情况和成果，如新产品的研发项目、市场推广项目等。

④个人：评估员工的个人绩效，包括工作成果、工作态度、专业技能等。

3. 评价目标

（1）定义。评价目标是由评价主体确定的，用于指导业绩评价的方向和重点。

（2）内容。

①战略目标：与企业的长期战略规划相一致，如市场份额的增长、新产品开发等。

②经营目标：与企业的短期经营计划相一致，如销售收入的增长、成本控制等。

③管理目标：与企业的管理提升和优化相关，如流程改进、团队建设等。

4. 评价指标

（1）定义。评价指标是指对评价客体的哪些方面进行评价的具体标准。

（2）内容。

①财务指标：如净利润、营业收入、资产回报率等，用于评估企业的财务绩效。

②非财务指标：如客户满意度、员工满意度、市场占有率等，用于评估企业的非财务绩效。

③实物指标：如产量、销量等，用于评估具体的业务活动。

④价值指标：如成本、利润等，用于评估经济价值。

⑤相对指标：如增长率、比率等，用于评估相对变化。

⑥绝对指标：如总量、金额等，用于评估绝对值。

⑦单项指标：针对某一具体方面的指标。

⑧综合指标：综合多个方面的指标，用于全面评估。

5. 评价标准

（1）定义。评价标准是对评价客体进行分析评价的具体标准。

（2）内容。

①经验标准：基于历史经验和行业最佳实践制定的标准。

②预算标准：基于企业预算目标制定的标准。

③行业标准：基于行业平均水平或先进水平制定的标准。

④其他标准：如政策标准、法规标准等。

6. 评价方法

（1）定义。评价方法是业绩评价的具体手段，用于实现评价目标。

（2）内容。

①单项指标计分法：对单一指标进行评分，适用于简单、明确的评价。

②多指标综合计分法：对多个指标进行综合评分，适用于复杂的、多维度的评价。

③功效系数法：用于财务绩效定量评价指标的计分，通过功效系数反映指标的完成情况。

④综合分析判断法：用于管理绩效定性评价指标的计分，通过综合分析和判断得出评价结果。

7. 评价报告

（1）定义。评价报告是呈现最终评价结论的载体。

（2）内容。

①评价主体：明确评价的主体，如评价部门或评价人员。

②评价客体：明确被评价的对象，如企业、部门、项目或个人。

③评价指标：列出用于评价的具体指标。

④数据来源：说明评价数据的来源，确保数据的可靠性和准确性。

⑤评价结果：呈现评价的具体结果，包括各项指标的得分和综合评价结论。

⑥相关建议：根据评价结果提出改进建议和措施。

四、业绩评价方法

业绩评价的方法有多种，每种方法都有其优缺点，企业应综合考虑，根据自身的特点和需求选择合适的方法，以下是一些常见的业绩评价方法。

1. 财务指标法

通过财务数据来衡量企业的业绩，如净利润、营业收入、资产回报率等。优点是数据易于获取，评价结果客观、可量化。缺点是过于关注短期财务结果，可能忽视长期发展和非财务因素。

2. 非财务指标法

通过非财务数据来衡量企业的业绩，如客户满意度、员工满意度、市场占有率等。优点是能够全面反映企业的运营状况，关注长期发展。缺点是数据难以量化,评价结果可能不够客观。

3. 平衡计分卡

从财务、客户、内部流程、学习与成长四个维度来衡量企业的业绩。优点为全面、平衡地考虑了企业的各个方面,有助于实现战略目标。缺点为实施复杂,需要大量的数据支持。

4. 经济增加值(EVA)

通过计算企业的经济增加值来衡量企业的业绩,即企业的净营业利润减去资本成本。优点是关注企业的长期价值创造,能够反映企业的实际经济收益。缺点是计算复杂,需要准确的资本成本数据。

5. 关键绩效指标(KPI)

通过设定关键绩效指标来衡量员工或部门的业绩。优点为目标明确,易于量化和监控。缺点为指标选择可能过于主观,忽视了其他重要的非关键因素。

6. 360度绩效评价

通过多维度的反馈来评价员工的绩效,包括上级、同事、下属、客户等。优点为全面、客观,能够提供多方面的反馈。缺点是实施成本高,可能受到主观偏见的影响。

7. 目标与关键成果法(OKR)

通过设定目标和关键成果来衡量员工或部门的业绩。优点是目标明确,能够激发员工的积极性和创造力。缺点是目标设定可能过于理想化,难以量化。

8. 行为锚定评分法(BARS)

通过具体的行为描述来评价员工的绩效。优点是评价结果具体、可操作。缺点是行为描述可能过于主观,难以量化。

第二节 分权管理与责任会计

分权管理的概念最早可以追溯到古希腊时期,亚里士多德在其著作中提出了将政府权力分为讨论、执行、司法三个要素的思想,主张权力活动应普遍地、严格地遵守制定得完好的法律。然而,作为现代企业管理理念的分权管理,其发展与企业组织的演变密切相关。20世纪初,随着企业规模的扩大和业务的复杂化,传统的集权管理模式逐渐暴露出决策迟缓、信息不畅等问题。为了提高管理效率和适应市场变化,企业开始探索将决策权下放给下属组织或部门的管理模式。这一时期,美国的通用汽车公司(GM)在阿尔弗雷德·斯隆(Alfred P. Sloan)的领导下，实施了"集中控制下的分权管理"模式，被认为是现代分权管理的典范。这种模式既保证了公司整体战略的统一性，又赋予了各事业部一定的自主权，使其能够快速响应市场变化，从而实现了企业的持续发展和壮大。

一、集权管理与分权管理

1. 集权管理

在传统企业组织中，企业通常实施集权管理。在这种模式下，企业高层管理者直接参与生产经营，拥有管理决策权，下属单位仅负责执行工作。

集权管理有助于加强各职能部门职责与行为的协调和控制，提升资源的配置与使用效率，推动企业经济效益的提升；权力集中，上级管理当局可迅速对问题作出反应。

但是集权管理也存在缺点，不利于下级部门管理人员积极性、主动性和创造性的发挥；决策链条长，不利于企业及时应对突发事件，可能导致错失盈利机会，给公司带来损失。随着经济发展和经营管理复杂度增加，这些缺点对企业不利影响增大，阻碍企业进步。

2. 分权管理

将部分经营管理决策权授予下属单位及其管理者，让决策及行动在下属单位内完成。下属单位可以是大的分公司，也可以是部门。

分权管理可以激发各职能部门及其管理者的工作积极性、主动性和创造性，增强员工对企业的忠诚度和贡献度。解放高层管理者，使其集中精力处理公司长远发展和整体利益的重大事项，提升管理决策效率。减少决策和批准层次，组织能更迅速地对市场作出反应和改变。下级单位管理者对市场信息更了解，能更好地应对市场变化。

二、分权管理的意义和作用

1. 提高管理效率

分权管理通过将决策权下放给下属组织或部门，使决策更加贴近实际，能够快速响应市场变化和客户需求，从而提高管理效率。这种管理模式减少了决策层级，缩短了决策时间，使企业能够更灵活地应对各种挑战。

2. 激发员工积极性和创造力

分权管理赋予员工更多的自主权和责任感，激发了员工的积极性和创造力。

员工在拥有一定决策权的情况下，能够更主动地参与到企业的管理中，提出创新的想法和解决方案，为企业的发展注入新的活力。

3. 促进组织灵活性和适应性

分权管理使企业能够更好地适应市场变化和外部环境的不确定性。各事业部或部门可以根据自身的业务特点和市场情况，灵活调整经营策略，快速作出决策，从而提高企业的整体竞争力。

4. 培养管理人才

分权管理为员工提供了更多的管理实践机会，有助于培养和锻炼管理人才。通过在实际工作中承担更多的责任和决策任务，员工能够积累丰富的管理经验，提升自身的管理能力和综合素质。

5. 优化资源配置

分权管理有助于企业更合理地配置资源。各事业部或部门在拥有一定自主权的情况下，能够根据自身的业务需求和发展目标，更有效地利用和调配资源，提高资源的利用效率和经济效益。

6. 增强企业竞争力

通过提高管理效率、激发员工积极性、促进组织灵活性和优化资源配置，分权管理最终能够增强企业的整体竞争力。企业能够更好地满足客户需求，提高市场份额，实现可持续发展。

分权管理也有缺点，分权管理导致次优决策。部门管理者可能因自身能力局限和对自身利益的考虑，作出有损公司整体利益的决策。分权管理可能导致部门间竞争。部门为追求自身业绩，可能仅从自身利益出发决策，引发部门间矛盾与冲突。

为最大限度地发挥分权管理的优势，协调和统一企业内部各分权单位的利益，使其与企业整体利益最大化目标一致，就需要采用一定的方法、在赋予其相应权力的同时，明确划分其责任，并加强对责任落实情况的考核和评价。责任会计就是顺应此要求发展和完善起来的一种行之有效的企业内部会计控制制度，责任会计应运而生。

三、责任会计

（一）责任会计的内涵

责任会计是指为适应企业内部经济责任制的要求，对企业内部各责任中心的经济业务进行规划与控制,以实现业绩考核与评价的一种内部会计控制制度。其核心在于将企业划分为若干个责任中心,明确各责任中心的责、权、利范围,并通过责任预算、责任控制和责任考核等手段,对各责任中心的业绩进行计量、控制与考核。

(二) 责任会计的意义和作用

1. 适应分权管理模式

随着企业规模的扩大和业务的复杂化,传统的集权管理模式逐渐暴露出决策迟缓、信息不畅等问题。责任会计通过将决策权下放给下属组织或部门,使决策更加贴近实际,能够快速响应市场变化和客户需求,从而提高管理效率。

2. 提高管理效率和灵活性

分权管理使各责任中心能够根据自身的业务特点和市场情况,灵活调整经营策略,快速作出决策,从而提高企业的整体竞争力。

3. 激发员工积极性和创造力

责任会计赋予员工更多的自主权和责任感,激发了员工的积极性和创造力。员工在拥有一定决策权的情况下,能够更主动地参与到企业的管理中,提出创新的想法和解决方案,为企业的发展注入新的活力。

4. 优化资源配置

通过责任会计,企业能够更合理地配置资源。各责任中心在拥有一定自主权的情况下,能够根据自身的业务需求和发展目标,更有效地利用和调配资源,提高资源的利用效率和经济效益。

5. 强化内部控制

责任会计通过明确各责任中心的职责和权限,规范了管理行为,减少了管理中的随意性和盲目性。通过责任预算、责任控制和责任考核等手段,企业能够及时了解各责任中心的经营状况和业绩表现,提高了管理的透明度和可控性。

6. 促进企业目标的实现

责任会计通过将企业的总体目标分解为各责任中心的具体目标,确保每个责任中心的工作都与企业的整体战略保持一致。通过定期的业绩评价和反馈,企业能够及时发现和解决各责任中心在实现目标过程中遇到的问题,从而推动企业整体目标的实现。

7. 建立有效的激励机制

责任会计通过业绩评价和奖惩制度,建立了有效的激励机制。通过将员工的业绩与奖励挂钩，激发了员工的工作积极性和创造力，提高了工作效率和质量。

（三）责任会计的实施基础和条件

1. 合理划分责任中心，明确责权利范围

责任中心是具有一定权力并承担相应工作责任的各级组织和管理层次。需明确规定中心负责人对其分工负责的成本、收入、贡献毛益、投资收益等经济指标的经管责任，并赋予相应决策权，使其经济利益与业绩和贡献挂钩。

2. 编制责任预算，确定业绩考核标准

应将企业生产经营总体目标按责任中心分解落实，作为日常经营活动和评价工作成果的标准。考核标准应具可控性、可计量性、协调性。

3. 合理制定内部转移价格

为分清经济责任，便于评价各责任中心工作成果，各责任中心间相互提供的产品和劳务应根据经营活动特点制定内部转移价格，并据以计价结算。内部转移价格应调动生产经营积极性，实现局部和整体目标一致。

4. 建立信息跟踪与报告系统

按责任中心建立信息跟踪系统，对实际执行情况进行跟踪反映，并定期编制"业绩报告"。该系统需具备相关性、及时性、准确性。

5. 及时反馈控制

根据业绩报告分析预算执行差异原因，通过信息反馈控制调节日常经营活动，督促采取措施纠正偏差，提高经济效益。

6. 评价和考核实际工作业绩

根据业绩考核标准比较各责任中心实际成绩，找出差异，分析原因，采取措施，并按奖惩制度进行奖惩，确保生产经营活动按目标运行。

第三节　责任中心及其业绩评价

根据企业内部责任单位权责范围和业务活动特点，可将责任中心分为成本中心、利润中心和投资中心。应根据各责任中心特点确定相应业绩评价、考核重点，实施责任会计。

一、成本中心

(一) 含义及类型

1. 含义

成本中心是有权发生并控制成本的单位，一般处于企业基础层次，工作成果不形成可用货币计量的收入。例如制造业车间或服务过程中的步骤。

2. 类型

（1）标准成本中心：生产产品稳定明确，已知单位产品投入量的责任中心。通常为制造业工厂、生产车间、班组等。任何重复性活动只要能计量产出实际数量并说明投入产出关系，都可建立标准成本中心。

（2）费用中心：产出不能用财务指标计量或投入产出无明确关系的部门或单位，如财务、人力资源、行政管理和研发部门。这些部门产出难以量化或投入产出关系不明确。

(二) 业绩评价

1. 成本中心需归集、核算责任成本，而非产品成本

责任成本按"谁负责、谁承担"原则归集核算，与产品成本有区别：成本归集对象不同，产品成本按产品归集，责任成本按责任中心归集；目的不同，责任成本用于评价考核，需划分可控成本和不可控成本，产品成本则不需要。

2. 成本中心需计量考核可控成本，而非全部成本

可控成本是指可预先知道、可计量、能为责任中心控制并受其工作影响的成本。成本可控性受责任中心、时期和权限影响。例如，直接材料耗用量对生产部门可控，对采购部门不可控；直接材料价格对采购部门可控，对生产部门不可控。从时间角度看，长期所有成本都可控，短期所有成本都不可控。从权限角度看，有些成本对基层单位不可控，对高层管理部门可控。

3. 针对不同成本中心，选择不同业绩考核指标

对于标准成本中心，考核指标包括财务指标和非财务指标。财务指标为既定产品质量和数量条件下的标准成本，非财务指标包括产品质量、生产计划完成情况。对于费用中心，考核主要通过费用预算完成情况，结合非财务指标：工作质量和服务水平。

(三) 业绩报告

成本中心业绩考核对象是责任成本,即各项可控成本之和。考核主要通过比较实际责任成本与预算责任成本,确定成本发生和控制绩效,并采取奖惩措施激励实现。成本中心业绩报告一般只包含实际责任成本和预算责任成本信息,聚焦于弹性预算差异。由于成本中心逐级设置,业绩报告应自下而上逐级汇编。每一级业绩报告除最基层只有自身可控成本外,都应包括本身可控成本和下属部门转来的责任成本。

【例 10-1】假设某公司制造部为成本中心,下属两个分厂,每个分厂设有两个生产车间,其业绩报告及相互关系如表 10-1 所示。

表 10-1　　　　　　　成本中心的业绩报告　　　　　　　单位：万元

项目	预算	实际	差异额	差异率
A 车间业绩报告				
直接材料	56 000	55 900	100F	-0.18%
直接人工	32 000	34 000	2 000U	6.25%
水电费	5 700	5 640	60F	-1.1%
折旧费	4 000	4 000	—	0
设备维修费	2 100	2 090	10F	-0.48%
保险费	1 000	1 000	—	0
一般管理人员工资	6 000	6 000	—	0
责任成本合计	106 800	108 630	1 830U	1.71%
一分厂业绩报告				
A 车间责任成本	106 800	10 8630	1 830U	1.71%
B 车间责任成本	120 000	12 2100	2 100U	1.75%
管理费用	17 000	16 500	500F	-2.94%
责任成本合计	243 800	247 230	3 430U	1.41%
制造部责任成本				
一分厂责任成本	243 800	247 230	3 430U	1.41%
二分厂责任成本	360 000	359 500	500F	-0.14%
管理费用	20 000	19 800	200F	-1%
责任成本合计	623 800	626 530	2 730U	0.44%

从表 10-1 中可以看出，制造部成本发生不利差异，主要原因是由于一分厂产生不利差异。进一步分析一分厂内部情况，发现其两个生产车间均存在不利差异，其中，A 车间的不利差异主要源于人工成本超支。依据成本业绩报告，各责任中心负责人可针对成本差异寻找原因，采取相应措施，以实现成本费用的有效管理控制，提升业绩水平。

二、利润中心

（一）含义及类型

1. 含义

利润中心是指既能控制成本，又能控制收入和利润的责任单位，适用于企业中具有独立收入来源的较高责任层次，如分公司、事业部等。

2. 类型

（1）自然利润中心：这种利润中心虽然是企业内部责任单位，但可向企业内外部市场销售产品、提供劳务，获取收入并赚取利润。最典型的是事业部，具备独立的采购、生产、销售等功能，能独立发生成本和取得收入。

（2）人为利润中心：仅向企业内部其他单位提供产品或劳务，按"内部转移价格"取得"内部销售收入"并进行内部结算的利润中心。例如，某纺织厂的纺纱、织布和印染车间，通过内部销售和结算，各自独立核算，形成人为利润中心。常见的划小核算单元，如日本京瓷集团的阿米巴、韩都衣舍的产品小组等，也属于人为利润中心。

（二）业绩评价

对利润中心的业绩考核评价应以责任利润完成情况为依据，通过比较实际利润与预算利润，评价责任履行情况。由于不同类型、层次的利润中心可控范围不同，评价指标也有所不同，常见的有贡献毛益、可控贡献毛益、部门税前经营利润等。

（1）贡献毛益反映利润中心产品的盈利能力。

贡献毛益 = 销售收入 - 变动成本

（2）可控贡献毛益用于评价责任中心负责人在其权限和控制范围内有效使用资源的能力。

可控贡献毛益 = 贡献毛益 – 部门经理可控固定成本

（3）税前经营利润反映责任中心对企业利润的贡献。

税前经营利润 = 可控贡献毛益 – 不可控固定成本

（三）业绩报告

通过利润中心业绩报告，可用可控贡献毛益评价责任中心负责人的业绩，用部门税前经营利润分析部门对公司利润的贡献。

【例10-2】某企业一个地区运营部门的经营情况及业绩报告如表10-2、表10-3所示。

表10-2　　　　　某企业某地区运营部门业务经营情况　　　　　单位：万元

项目	金额
部门销售收入	3 000
已销商品变动成本	2 000
部门可控固定成本	300
部门不可控固定成本	500

表10-3　　　　　某企业某地区运营部门业绩报告　　　　　单位：万元

项目	金额
销售收入	3 000
减：变动成本	2 000
贡献毛益	1 000
减：可控固定成本	300
可控贡献毛益	700
减：不可控固定成本	500
部门税前经营利润	200

其中，可控贡献毛益700万元用于评价利润中心负责人的业绩，部门税前经营利润200万元用于评价利润中心对公司整体利润的贡献。利润中心业绩报告形式因企业战略、商业模式、组织结构不同而多样，海尔集团的共赢增值表是较具代表性的形式。

三、投资中心

(一) 含义

投资中心是对投资负责的责任中心,既对成本、收入、利润负责,又对投入资金或占用资产的使用效果负责。与一般利润中心相比,投资中心具有更大的决策权和责任。通常,大型集团的集团总部或所属的子公司、分公司、事业部等为投资中心。在组织形式上,成本中心一般不是独立法人,利润中心可以是也可以不是独立法人,投资中心一般是独立法人。

由于投资的目的是获取利润,因此,投资中心属于利润中心,但它又不同于一般的利润中心,二者的区别主要有两点:一是权力不同。利润中心只是运用企业已形成的生产能力开展生产经营,没有投资决策权;投资中心不仅具有一般利润中心所拥有的生产决策权、产品销售权和价格制定权,而且有权决定企业资金的投放方向与金额,能够独立作出购建或处理固定资产、扩大或缩减现有生产能力的决策。二是业绩考核的内容不同。在考核利润中心业绩时,重点考察其创造贡献毛益和产生经营利润的情况,不考虑投资多少或占用资金的情况;考核投资中心业绩时,需要综合考察其投入产出情况,即需要将所获得的利润与所占用的资产进行比较。

(二) 业绩评价

对投资中心的业绩评价需考虑经营利润和资产利用效率。本部分介绍三种评价指标。

1. 投资利润率

投资利润率 = (部门税前经营利润/部门平均净经营资产) × 100%

无论是税金还是利息,都与资金如何投放、资产如何使用无关,属于投资中心的不可控因素,应被排除在投资中心经营利润之外。投资利润率反映投资中心的综合盈利能力,有助于比较多个投资中心的经营业绩,引导投资中心选择有利的投资机会,优化资源配置。然而,投资利润率可能导致投资中心为追求高指标而减少投资或放弃对企业有利的项目,损害企业整体利益。为克服这一缺陷,可采用其他指标进行评价。

为进一步说明影响投资利润率指标的各个因素,可进一步将投资利润率指标分解为：

$$投资利润率 = \frac{销售收入}{经营资产} \times \frac{税前经营利润}{销售收入}$$

$$= 经营资产周转率 \times 销售利润率$$

不难看出，提高投资利润率的有效途径有：增加销售收入，降低成本费用，加快占用资产的周转等。

【例 10 – 3】 假设某公司有两个投资中心 A 和 B，有关数据如表 10 – 4 所示。

表 10 – 4　　　　　　　　　　投资中心相关数据　　　　　　　　　　单位：元

项目	A 投资中心	B 投资中心
部门税前经营利润	120 000	100 000
所得税（税率 25%）	25	25
部门税后经营净利润	90 000	75 000
部门平均经营资产	900 000	600 000
部门平均经营负债	150 000	100 000
部门平均经营净资产	750 000	500 000

A 投资中心投资利润率 = 120 000 ÷ 750 000 = 16%

B 投资中心投资利润率 = 100 000 ÷ 500 000 = 20%

然而，我们也要认识到投资利润率指标也存在一定的不足，尤其是投资利润率会使得个别投资中心为了获得高的投资利润率指标而减少投资，或者放弃对整个企业有利的投资项目，从而作出错误的投资决策。这不仅造成投资中心自身的本位主义和短视行为，而且会损害企业的整体利益和长远发展。为克服投资利润率的这一缺陷，有必要采用其他指标，对投资中心的业绩进行评价。

【例 10 – 4】 假设《例 10 – 2》中，公司要求的税前投资利润率是 10%。B 投资中心的经理面临一个税前投资利润率为 16% 的投资项目，投资额为 100 000 元，税前经营利润为 16 000 元。尽管对公司而言，由于投资利润率高于公司要求的投资利润率，这个项目对于公司是有利的。但 B 投资中心的经理会放弃这个投资项目，因为进行这项投资会使该投资中心的投资利润率从 20% 降到 19.33%。

$$投资利润率 = \frac{100\,000 + 16\,000}{500\,000 + 100\,000} \times 100\% = 19.33\%$$

2. 剩余收益

剩余收益 = 部门税前经营利润 – 部门平均净经营资产应计报酬

= 部门税前经营利润 - 部门平均净经营资产 × 要求或预期获取的税前投资报酬率

剩余收益的优点表现为以下两个方面：（1）可以消除利用投资利润率进行业绩评价所带来的错误信号，并促使管理当局重视对投资中心的业绩用金额的绝对数进行评价。（2）可以鼓励投资中心负责人乐于接受比较有利的投资，使部门目标与企业整体目标趋于一致。

【例 10 - 5】续〖例 10 - 2〗，假设 A 投资中心要求的税前投资报酬率为 12%，B 投资中心由于风险较高，要求的税前投资报酬率为 15%，则：

A 投资中心的剩余收益 = 120 000 - 12% × 750 000 = 30 000（元）

B 投资中心的剩余收益 = 100 000 - 15% × 500 000 = 25 000（元）

假设如〖例 6 - 3〗，B 投资中心如果采纳税前投资利润率为 15% 的投资项目，其剩余收益会从 25 000 元上升为 26 000 元。

采纳投资方案后的剩余收益 = (100 000 + 16 000) - 15% × (500 000 + 100 000) = 26 000（元）

因此，B 投资中心就会采纳该项目，实现与企业整体目标的一致性。

然而，单纯依靠剩余收益进行投资中心的业绩评价，也会出现错误信号。剩余收益是一个绝对数指标，当投资中心规模不相等时，利用剩余收益对投资中心负责人进行业绩评价时，会出现不合理的结果。规模大的投资中心即使运行效率较低，也能比规模较小的投资中心获得较大的剩余收益。

【例 10 - 6】假设某公司有两个投资中心 A 和 B，其经营结果如表 10 - 5 所示。

表 10 - 5　　　　　　　　　投资中心剩余收益的比较　　　　　　　　　单位：元

项目	A 投资中心	B 投资中心
部门经营净资产	250 000	750 000
部门税前经营利润	55 000	131 250
部门资产最低投资报酬（按14%）计算	35 000	105 000
剩余收益	20 000	26 250

可以看出，若以剩余收益进行业绩评价，则 B 投资中心的经营业绩更好。但若同时考虑占有的经营资产这一因素，B 投资中心的比 A 投资中心多投资 500 000 元。这时应结合投资利润率指标进行业绩评价。

A 投资中心投资利润率 = 55 000 ÷ 250 000 = 22%

B 投资中心投资利润率 = 131 250 ÷ 750 000 = 17.5%

通过投资利润率的比较，我们可以得出 A 投资中心比 B 投资中心的业绩更好的结论。

另外，由于剩余收益的计算依赖于会计数据的计算，包括税前利润、投资额等，因此，会计信息的质量将影响剩余收益指标的质量，影响业绩评价的结果。

3. 经济增加值

经济增加值（Economic Value Added），由思腾思特公司（Stern-Stewart）于20世纪90年代提出并申请了专利。它是指税后净营业利润扣除全部投入资本的成本后的剩余收益。经济增加值及其改善值是全面评价经营者有效使用资本和为企业创造价值的重要指标。经济增加值为正，表明经营者在为企业创造价值；经济增加值为负，表明经营者在损毁企业价值。

经济增加值 = 税后净营业利润 – 平均资本占用 × 加权平均资本成本

其中，税后净营业利润衡量的是企业的经营盈利情况；平均资本占用反映的是企业持续投入的各种债务资本和股权资本；加权平均资本成本反映的是企业各种资本的平均成本率。

经济增加值是剩余收益的一种变化形式，与剩余收益有两点不同：一是在计算经济增加值时，需要进行一系列会计数据的调整，包括税后净营业利润和资本占用；二是需要根据资本市场的机会成本计算资本成本，而剩余收益根据投资要求的报酬率计算，该报酬率可以根据管理的要求作出不同的选择，带有一定的主观性。

【例10-7】续〖例10-2〗，假设加权平均税前资本成本为14%，所得税税率为25%，假设没有需要调整的项目，计算 A、B 两个投资中心的经济增加值。

A 投资中心的经济增加值 = 90 000 – 14% × (1 – 25%) × 750 000 = 11 250（元）

B 投资中心的经济增加值 = 75 000 – 14% × (1 – 25%) × 500 000 = 22 500（元）

续〖例10-3〗，B 投资中心如果采纳前面提到的投资项目（投资额为100 000元，每年税前利润为16 000元，税前投资报酬率为16%），B 投资中心的经济增加值为：

B 投资中心采纳投资项目后的经济增加值 = 75 000 + 16 000 × (1 – 25%) – 14% × (1 – 25%) × (500 000 + 100 000) = 24 000（元）

由于经济增加值提高，所以 B 投资中心负责人会采纳该投资项目。

经济增加值的主要优点是：考虑了所有资本的成本，更真实地反映了企业的价值创造能力；实现了企业利益、经营者利益和员工利益的统一，激励经营者和所有员工为企业创造更多价值；能有效遏制企业盲目扩张规模以追求利润总量和增长率的倾向，引导企业注重长期价值创造。

经济增加值的主要缺点是：一是计算主要基于财务指标，无法对企业的营运效率与效果进行综合评价；二是不同行业、不同发展阶段、不同规模等的企业，其会计调整项和加权平均资本成本各不相同，计算比较复杂，影响指标的可比性。

（三）业绩报告

投资中心的业绩评价指标除成本、收入和利润外，主要是投资报酬率、剩余收益或经济增加值。因此，投资中心的业绩报告主要是这些指标的实际数与预算数的对比。

【例10-8】假定某公司A分公司为投资中心，公司规定的最低报酬率为12%，根据A公司资料，编制的业绩报告如表10-6所示。

表10-6　　　　　　　　A投资中心业绩报告　　　　　　　　单位：元

项目	预算	实际	差异
销售收入	550 000	568 000	18 000F
变动成本	228 000	233 200	52 00U
贡献毛益	322 000	334 800	12 800F
可控固定成本	130 000	131 400	1 400U
可控贡献毛益	192 000	203 400	11 400F
不可控固定成本	12 000	15 000	3 000U
部门税前经营利润	180 000	188 400	8 400F
经营资产：			
现金	15 000	16 500	1 500
应收账款	100 000	121 000	21 000
存货	90 000	92 500	2 500
固定资产	500 000	500 000	0
经营资产合计	705 000	730 000	25 000
投资报酬率	25.53%	25.81%	0.28%
要求的最低报酬率	12%	12%	
剩余收益	95 400	100 800	5 400F

从表10-6中可知，A分公司的实际投资报酬率和剩余收益均高于预算值，表明该投资中心业绩较好。

第四节 内部转移价格

在实施分权管理的企业中,各责任单位责、权、利相对独立。但企业实际运营中,不少责任单位的产品是其他责任单位所需的原材料或半成品。此时,如何保障交易双方经济利益、准确划分经济责任、鼓励作出有利于整体利益的决策、客观评价业绩,成为亟待解决的问题。内部转移价格应运而生。

一、内部转移定价的概念与应用原则

(一)概念

内部转移价格是指企业内部分公司、分厂、车间、分部等责任中心之间相互提供产品(或服务)、资金等内部交易时所采用的计价标准。内部转移价格的制定与使用,使企业内部交易双方处于类似外部市场的氛围和压力下,有助于改善经营管理,提高产品质量,降低成本费用,明确划分经济责任,协调各责任中心利益,实现局部与整体利益一致。

(二)应用原则

全局性原则:制定内部转移价格必须强调企业整体利益高于各责任中心利益。当交易双方发生局部利益冲突时,应站在全局高度,通过协商合理制定价格。

公平性原则:内部转移价格应公平合理,对交易双方都有利,体现各责任中心的工作态度和经营业绩,实现努力程度与收益的有效匹配。

自主性原则:内部转移价格应在确保企业整体利益的前提下,在各责任中心自愿基础上制定。交易双方应有讨价还价权利和选择自由,企业高层管理当局不宜过多行政干预。

适应性原则:内部转移定价体系应与企业所处行业特征、企业战略、业务流程、产品(或服务)特点、业绩评价体系等相适应,便于企业统筹各责任中心利益,达成共识。

二、内部转移价格的制定方法

内部转移定价通常分为价格型、成本型和协商型。

（一）价格型内部转移定价

以市场价格为基础制定内部转移价格的方法，一般适用于人为利润中心。具体包括：

产品（或服务）经常外销且外销比例大或有外部活跃市场可靠报价的，可外销价或活跃市场报价作为内部转移价格。

一般不对外销售且外部市场无可靠报价的产品（或服务），或企业认为不需要频繁变动价格的，可参照外部市场价或预测价制定模拟市场价作为内部转移价格。

没有外部市场但企业出于管理需要设置为模拟利润中心的责任中心，可在生产成本基础上加一定比例毛利作为内部转移价格。

应用此方法时，需对市场价格进行必要调整，扣除内部交易时不需要发生的费用，如销售费用、广告宣传费用、运输费用等，以确保内部交易价格的公平性和合理性。

应用此方法时，不是直接将外部市场价格用于内部交易结算或内部责任结转，而是在对此价格进行必要调整后才能作为内部交易价格，包括扣除内部交易时不需要发生的销售费用、广告宣传费用、运输费用等。

（二）成本型内部转移定价

以标准成本等相对稳定的成本数据为基础制定内部转移价格的方法，一般适用于内部成本中心。具体包括：

实际成本定价法：以产品（半成品）或劳务的实际成本作为内部转移价格，适用于成本中心之间产品或劳务转移的内部结算。此方法简单易用，但不利于划清经济责任和激励降低成本。

实际成本加成定价法：按产品（半成品）或劳务的实际成本加计一定合理利润作为内部转移价格定价方法的基础，适用于利润中心或投资中心之间产品或劳务转移的内部结算。此方法可激励提供方取得利润，但仍存在经营业绩与缺陷转嫁问题。

标准成本定价法：以产品（半成品）或劳务的标准成本作为内部转移价格的定价方法，适用于成本中心之间产品（半成品）或劳务转移的内部结算。此方法可克服实际成本定价法的缺陷，划清责任，调动双方降低成本的积极性。

标准成本加成定价法：按产品（半成品）或劳务的标准成本加计一定合理利润作为计价基础，适用于利润中心或投资中心之间产品或劳务转移的内部结算。

此方法融合了标准成本定价法与实际成本加成定价法的优点,但确定加成利润率时仍存在主观随意性。

(三) 协商型内部转移定价

企业内部供求双方通过协商机制制定内部转移价格的方法。协商价取值范围一般不高于市场价,不低于变动成本。协商定价的前提是内部交易产品或劳务能在非竞争性市场上买卖,且交易双方有权自行决定是否买卖。协商定价的优点是双方都有讨价还价的权利,能充分发表意见,统一协调利益,调动积极性。但协商过程可能耗费大量人力、物力和时间,且可能因各持己见而相持不下,需要高层领导裁定,影响激励作用和分权管理效果。

主要参考文献

[1] 安东尼·A. 阿特金森，罗伯特·S. 卡普兰，等. 管理会计 [M]. 6 版. 王立彦，陆勇，等译. 北京：清华大学出版社，2011.

[2] 财政部. 关于全面推进管理会计体系建设的指导意见 [Z]. 2014.

[3] 财政部. 管理会计应用指引第 101 号——战略地图 [Z]. 2017.

[4] 财政部. 管理会计应用指引第 200 号——预算管理 [Z]. 2017.

[5] 财政部. 管理会计应用指引第 201 号——滚动预算 [Z]. 2017.

[6] 财政部. 管理会计应用指引第 202 号——零基预算 [Z]. 2017.

[7] 财政部. 管理会计应用指引第 203 号——弹性预算 [Z]. 2017.

[8] 财政部. 管理会计应用指引第 204 号——作业预算 [Z]. 2017.

[9] 财政部. 管理会计应用指引第 300 号——成本管理 [Z]. 2017.

[10] 财政部. 管理会计应用指引第 302 号——标准成本法 [Z]. 2017.

[11] 财政部. 管理会计应用指引第 404 号——内部转移定价 [Z]. 2017.

[12] 财政部. 管理会计应用指引第 504 号——约束资源优化 [Z]. 2017.

[13] 财政部. 管理会计应用指引第 600 号——绩效管理 [Z]. 2017.

[14] 财政部. 管理会计应用指引第 602 号——经济增加值法 [Z]. 2017.

[15] 曹容宁. 全面预算管理工作流智能化的设计与实现——以 C 公司为例 [J]. 会计之友，2017（23）：50 - 52.

[16] 程芳，吴江龙. 徐工集团全面预算"315"法则 [J]. 新理财，2016（6）：73 - 74.

[17] 程芳. 徐工集团全面预算信息化管控体系建设 [J]. 财务与会计，2016（17）：29 - 31.

[18] 戴璐，余思诚，陈占燎. 基于平衡计分卡的铁路运输企业绩效考核研究——以 G 集团为例 [J]. 管理会计研究，2020（5）：37 - 48.

[19] 杜素生. 基于区块链的企业全面预算管理体系构建 [J]. 财会通讯，2021（6）：172 - 176.

[20] 樊燕萍，蔚利芝. 大数据背景下企业作业链成本管理的优化研究 [J].

价格理论与实践, 2016 (8): 155-158.

[21] 冯雁凌, 熊宁欣. 厦航运用本量利分析法持续创新优化航班决策的探索实践 [J]. 财务与会计讯, 2024 (10): 23-25.

[22] 韩向东. 智能管理会计全面赋能业财融合的实战指南 [M]. 北京: 中国工信出版集团、人民邮电出版社, 2021.

[23] 郝蒲花. 标准成本法在军工企业管理中的应用 [J]. 价值工程, 2016 (27): 246-247.

[24] 贺颖奇. 管理会计概念框架研究 [J]. 会计研究, 2020 (8): 115-127.

[25] 胡玉明. 管理会计应用指引详解与实务 [M]. 北京: 经济科学出版社, 2019.

[26] 焦兰, 陈学林. 标准成本法在成飞公司制造过程中的应用 [J]. 财务与会计, 2018 (2): 28-30.

[27] 金静红, 蒲文燕. 成本管理会计 [M]. 西安: 西安交通大学出版社, 2015.

[28] 克里斯托弗·S. 查普曼, 安东尼·G. 霍普伍德, 等. 管理会计研究 (第二卷) [M]. 王立彦, 吕长江, 等译. 北京: 中国人民大学出版社, 2009.

[29] 孔令一. 大数据云会计在企业全面预算管理中的应用 [J]. 财务与会计, 2017 (13): 54-56.

[30] 李培清. 大数据时代国有企业集团预算管理改进探索 [J]. 财会月刊, 2021 (20): 63-67.

[31] 刘俊勇. 管理会计 [M]. 北京: 高等教育出版社, 2020.

[32] 刘若晨. 大数据视角下企业全面预算管理体系优化——以 Z 进出口有限公司为例 [J]. 财会通讯, 2019 (23): 101-105.

[33] 刘曙光, 陈静. 管理会计学 [M]. 6 版. 北京: 清华大学出版社, 2011.

[34] 刘秀洁, 董娜. 基于价值链的企业集成成本管理实践——以中国五矿集团有限公司为例 [J]. 财会通讯, 2020 (10): 172-176.

[35] 刘洋, 曲远洋. 管理会计 [M]. 上海: 上海财经大学出版社, 2017.

[36] 祁金祥. 云会计下企业全面预算管理构建探究 [J]. 财会通讯, 2019 (14): 91-95.

[37] 邵丹蕾. 徐工的全面预算"魔方" [J]. 新理财, 2014 (12).

[38] 斯坎特·达塔, 马达夫·拉詹. 管理会计——决策制定与业绩评价 [M]. 王立彦, 谵嘉席, 等译. 北京: 中国人民大学出版社, 2015.

[39] 孙茂竹, 支小强, 戴璐. 管理会计 [M]. 9 版. 北京: 中国人民大学出

版社，2020.

[40] 谭丽霞. 管理会计的创新驱动产业战略转型［J］. 中国管理会计，2017（7）：56-62.

[41] 滕斌圣，王小龙. 元气森林：爆红背后的秘密［J］. 商业评论，2022（3）：113-125.

[42] 托马斯·约翰逊，罗伯特·卡普兰. 管理会计兴衰史：相关性的遗失［M］. 金马工作室，译. 北京：清华大学出版社，2004.

[43] 王能民，王梦丹. 海尔人单合一模式：基于数据驱动的大规模定制［J］. 工业工程，2022（2）：1-10.

[44] 韦恩·J. 莫尔斯，詹姆斯·R. 戴维斯，等. 管理会计——侧重于战略管理［M］. 3版. 张鸣，译. 上海：上海财经大学出版社，2005.

[45] 温素彬. 管理会计［M］. 2版. 北京：机械工业出版社，2014.

[46] 温兆文. 全面预算管理：让企业全员奔跑［M］. 北京：机械工业出版社，2015.

[47] 吴大军，牛彦秀. 管理会计［M］. 5版. 大连：东北财经大学出版社，2018.

[48] 姚瑶. "大数据+云平台"环境下的高校全面预算管理构建——以D大学为例［J］. 会计之友，2020（1）：172-176.

[49] 于富生，黎来芳，张敏. 成本会计学［M］. 9版. 北京：中国人民大学出版社，2019.

[50] 于增彪. 管理会计［M］. 北京：清华大学出版社，2014.

[51] 余绪缨. 管理会计学［M］. 北京：中国人民大学出版社，1999.

[52] 张德红. 管理会计学［M］. 北京：经济科学出版社，2019.

[53] 朱秀梅. 大数据、云会计下的企业全面预算管理研究［J］. 会计之友，2018（8）：96-99.